博士论文
出版项目

人口结构变动的经济增长效应分析

An Analysis of the Effects of
Population Structure Change on Economic Growth

刘 丰 著

中国社会科学出版社

图书在版编目(CIP)数据

人口结构变动的经济增长效应分析/刘丰著. —北京：中国社会科学出版社，2023.9
ISBN 978-7-5227-2570-3

Ⅰ.①人⋯ Ⅱ.①刘⋯ Ⅲ.①人口构成—影响—中国经济—经济增长—研究 Ⅳ.①C924.24②F124.1

中国国家版本馆 CIP 数据核字（2023）第 167299 号

出 版 人	赵剑英
责任编辑	李斯佳
责任校对	王佳玉
责任印制	戴 宽

出 版	中国社会科学出版社
社 址	北京鼓楼西大街甲 158 号
邮 编	100720
网 址	http://www.csspw.cn
发 行 部	010-84083685
门 市 部	010-84029450
经 销	新华书店及其他书店
印 刷	北京君升印刷有限公司
装 订	廊坊市广阳区广增装订厂
版 次	2023 年 9 月第 1 版
印 次	2023 年 9 月第 1 次印刷
开 本	710×1000 1/16
印 张	16.75
字 数	235 千字
定 价	96.00 元

凡购买中国社会科学出版社图书，如有质量问题请与本社营销中心联系调换
电话：010-84083683
版权所有 侵权必究

出 版 说 明

为进一步加大对哲学社会科学领域青年人才扶持力度，促进优秀青年学者更快更好成长，国家社科基金2019年起设立博士论文出版项目，重点资助学术基础扎实、具有创新意识和发展潜力的青年学者。每年评选一次。2021年经组织申报、专家评审、社会公示，评选出第三批博士论文项目。按照"统一标识、统一封面、统一版式、统一标准"的总体要求，现予出版，以飨读者。

全国哲学社会科学工作办公室

2022年

摘　　要

以生育率下降和预期寿命延长为特征的内生性人口结构变动，势必对中国经济产生深远的影响。随着中国人口结构的转变，科学总结与客观把握人口对经济的作用规律，实现少子老龄化背景下的经济高质量发展是一个亟待探究的命题。本书旨在系统研究我国人口结构与经济发展的内在关系，揭示人口结构变动对经济增长的影响，厘清人口结构对经济增长与自主技术创新的作用机制和影响规律。

本书以生育率下降的宏观和微观因素分析、人口结构变动的经济增长效应研究作为主线，以经济增长理论、人口转变理论及其他相关理论为基础，综合运用了经济计量分析、抽象归纳、数理模型与蒙特卡洛模拟等多种方法系统性地、全方面地和多维度地评估人口结构的经济增长效应。本书共计八章，其中第一章、第八章分别为全书的绪论和结论、政策启示与展望。第二章、第三章分别就生育率下降的宏观、微观因素展开讨论，重点分析生育率、死亡率与收入之间的关系，计量分析育龄延迟的收入效应。第四章至第七章基于理论构建、方法创新与视角拓展研究人口结构变动对经济增长与自主技术创新的影响，并讨论人口结构变动对它们作用机制。

本书的研究表明，改革开放 40 多年以来，中国人口年龄结构变动对经济增长的贡献为年均 2.7241 个百分点，但人口结构老化的负面影响将在未来逐渐释放；中国城乡结构变动促进生育率的下滑，通过劳动力再配置、资本扩张与生育质量提升，促进经济增长；尚未发现中国人口结构老化会抑制自主技术创新，且人口流动促进了技术创新，但要注意成果的转化率；影响生育率的因素已由外生政策性因素向内生经济性因素转变，单一的生育数量政策调整无法充分释放生育潜力，需要生育配套支持措施共同发力；配套支持措施需因群施策，侧重于生育的收入补偿与职业发展补偿，分群解决"想生而没能力生"和"有能力生而不生"的问题。

本书为后续深入探讨人口结构与经济增长之间的关系提供了理论模型借鉴和实证方法应用，为研判人口结构变动对中国未来经济增长的影响提供了经验基础，为优化生育政策及配套措施提供了决策参考。

关键词：人口结构；生育率；经济增长；经济计量分析

Abstract

The endogenous population structure change, characterized by declining fertility rates and increasing life expectancy, will undoubtedly have a profound impact on China's Economy. As the population structure of China changes, scientific summary and objective grasp on the law of population's role in economy is a subject that needs to be explored urgently, in order to achieving high-quality economic development under the background of an aging population with fewer children. The book's aims are to systematically study the internal relationship between China's population structure and economic development, reveal the influence of population structure changes on economic growth and clarify the mechanisms and influence laws of population structure on economic growth and independent technological innovation.

The book takes the macro and micro factors analysis of declining fertility rates and research on the economic growth effects of population structure changes as its main focus. Drawing on the economic growth theories, demographic transition theories and other related theories, the book comprehensively utilizes various methods, such as econometric analysis, abstract inductive method, mathematical models and Monte Carlo simulation, to assess the effects of population structure on economic growth systematically, comprehensively and multi-dimensionally. The book consists of eight chapters, with the first and eighth chapters serving as the introduction and conclusions, policy implications, and prospects, respectively. The second and third chapters respectively discuss the macro and micro factors of fertility decline, with a particular emphasis on analyzing the relationships among fertility rate, mortality rate, and income. The chapters also conduct econometric analysis of the income effect of delaying motherhood. Based on theoretical construction, method innovation, and perspective expansion, the fourth to seventh chapters examine the effects of population structure changes on economic growth and independent technological innovation. These chapters also discuss the mechanisms through which population structure changes influence them.

The studies of the book have shown the following conclusions. Firstly, the average annual contribution of population age structure change to economic growth in China is 2.7241 percentage points since the reform and opening-up over 40 years ago. However, the negative effects of aging population structure will be gradually released in the future. Secondly, the change of urban and rural structure in China promotes the decline in fertility rates and economic growth through labor reallocation, capital expansion, and improvement in fertility quality. Thirdly, there is no evidence indicating that aging population structure will restrain independent technological innovation. Population mobility can promote technological innovation. However, we should pay attention to the conversion rate of innovative achievements. Fourthly, determinants of fertility have shifted from exogenous policy factors to endogenous economic factors. A single adjustment of children number policy cannot fully release the fertility potential, and it needs the joint efforts of supporting measures for fertility. Fifthly, supporting measures should be tailored to different groups, focusing on income compensation for those who desire to have children but lack the ability to do so, and on professional development compensation for hose who have the ability but are unwilling to give birth.

The book provides theoretical model reference and empirical method application for the follow-up in-depth discussion of the relationship between population structure and economic growth. Besides, it provides a empirical basis for studying and judging the impacts of population structure changes on China's future economic growth. Last but not least, it provides decision-making reference for optimizing fertility policies and supporting measures.

Key words: Population Structure; Fertility; Economic Growth; Econometric Analysis

目 录

第一章 绪论 (1)
  第一节 研究背景与研究意义 (1)
  第二节 文献述评 (6)
  第三节 研究内容、研究方法、研究思路与技术路线 (22)
  第四节 本书的主要创新点 (27)

第二章 生育率下降的宏观分析 (29)
  第一节 生育率下降的现状分析 (29)
  第二节 生育率下降的理论分析 (31)
  第三节 中国1952—2015年时间序列分析 (35)
  第四节 中国省际面板数据实证分析 (44)
  第五节 本章小结 (52)

第三章 生育率下降的微观分析 (54)
  第一节 研究现状分析 (54)
  第二节 研究假说与理论分析 (56)
  第三节 实证研究设计与数据说明 (61)
  第四节 实证结果分析 (68)
  第五节 教育回报率极化的机制验证 (76)
  第六节 本章小结 (78)

第四章　人口年龄结构与经济增长：基于静态面板估计 ……… (80)
第一节　人口年龄结构现状及相关分析……………………… (80)
第二节　理论模型构建………………………………………… (82)
第三节　样本分析与计量模型构建…………………………… (89)
第四节　实证研究……………………………………………… (95)
第五节　拓展分析……………………………………………… (103)
第六节　本章小结……………………………………………… (109)

第五章　人口年龄结构与经济增长：基于动态面板估计……… (112)
第一节　本章问题的提出……………………………………… (112)
第二节　动态空间面板数据模型研究现状分析……………… (113)
第三节　计量模型……………………………………………… (115)
第四节　估计量渐近性质……………………………………… (123)
第五节　蒙特卡洛模拟………………………………………… (128)
第六节　动态面板数据模型应用……………………………… (138)
第七节　本章小结……………………………………………… (139)

第六章　人口空间再配置、年龄结构变动与经济增长………… (141)
第一节　城乡人口流动研究背景分析………………………… (141)
第二节　中国城乡人口流动理论模型构建…………………… (143)
第三节　计量分析……………………………………………… (154)
第四节　本章小结……………………………………………… (164)

第七章　人口结构与自主技术创新……………………………… (166)
第一节　人口结构变动与技术创新现状分析………………… (166)
第二节　考虑环境变量的网络 DEA 模型……………………… (168)
第三节　蒙特卡洛模拟………………………………………… (176)
第四节　人口结构变动与自主技术创新……………………… (181)
第五节　本章小结……………………………………………… (188)

第八章 结论、政策启示与展望 …………………………………（190）
  第一节 本书主要结论 …………………………………………（190）
  第二节 政策启示 ………………………………………………（195）
  第三节 本书的不足及展望 ……………………………………（197）

附 录 ……………………………………………………………（199）
  附录A 与第五章五个定理证明相关的四个定理及证明 ……（199）
  附录B 第五章五个定理证明 …………………………………（211）
  附录C 第七章相关定理证明 …………………………………（218）

参考文献 ………………………………………………………（223）

索 引 ……………………………………………………………（244）

后 记 ……………………………………………………………（247）

Contents

Chapter 1 Introduction (1)
- Section 1 Research Background and Research Significance (1)
- Section 2 Literature Review (6)
- Section 3 Research Contents, Research Methods, Research Thoughts and Technical Route (22)
- Section 4 Main Innovative Points of the Book (27)

Chapter 2 Macro-analysis of Fertility Decline (29)
- Section 1 Analysis of the Status ofFertility Decline (29)
- Section 2 Theoretical Analysis of Fertility Decline (31)
- Section 3 Time Series Analysis of China from 1952 to 2015 (35)
- Section 4 Empirical Analysis of China's Provincial Panel Data (44)
- Section 5 Chapter Summary (52)

Chapter 3 Micro-analysis of Fertility Decline (54)
- Section 1 Analysis of the Research Status (54)
- Section 2 Research Hypothesis and Theoretical Analysis (56)
- Section 3 Empirical Research Design and Data Description (61)
- Section 4 Analysis of the Empirical Results (68)

Section 5　Verification of the Mechanism of Polarized Returns to Education ……………………………………………………（76）
Section 6　Chapter Summary ……………………………………（78）

Chapter 4　Population Age Structure and Economic Growth: Based on the Estimation of the Static Panels ……（80）
Section 1　Current State of the Population Age Structure and Correlation Analysis ……………………………………（80）
Section 2　Theoretical Model Building ……………………………（82）
Section 3　Sample Analysis and Econometrics Model Building ……………………………………………………（89）
Section 4　Empirical Study ……………………………………（95）
Section 5　Extended Analysis ……………………………………（103）
Section 6　Chapter Summary ……………………………………（109）

Chapter 5　Population Age Structure and Economic Growth: Based on the Estimation of the Dynamic Panels ……（112）
Section 1　Raising the Question in this Chapter ………………（112）
Section 2　Analysis of the Research Status of Dynamic Spatial Panel Data Models …………………………………（113）
Section 3　Econometric Model ……………………………………（115）
Section 4　Asymptotic Properties of Estimators …………………（123）
Section 5　Monte Carlo Simulation ………………………………（128）
Section 6　Application of the Dynamic Panel Data Model ……（138）
Section 7　Chapter Summary ……………………………………（139）

Chapter 6　Spatial Redistribution of Population, Population Age Structure and Economic Growth …………（141）
Section 1　Analysis of Research Background of Urban-rural Population Mobility ……………………………………（141）

Section 2	Theoretical Model Building of Chinese Urban-rural Population Mobility	(143)
Section 3	Econometric Analysis	(154)
Section 4	Chapter Summary	(164)

Chapter 7 Population Structure and Independent Technological Innovation ················ (166)

Section 1	Analysis of the Status of the Population Structure Change and Technological Innovation	(166)
Section 2	Network DEA Model with Considering Environmental Variable	(168)
Section 3	Monte Carlo Simulation	(176)
Section 4	Population Structure Change and Independent Technological Innovation	(181)
Section 5	Chapter Summary	(188)

Chapter 8 Conclusions, Policy Implications and Prospects ················ (190)

Section 1	Main Conclusions of the Book	(190)
Section 2	Policy Implications	(195)
Section 3	Shortcomings and Prospects of the Book	(197)

Appendix ················ (199)

Appendix A	Four Theorems and Proofs Related to Five Theorems Proving in Chapter 5	(199)
Appendix B	Five Theorems Proving in Chapter 5	(211)
Appendix C	Related Theorems Proving in Chapter 7	(218)

References ……………………………………………………（223）

Index ……………………………………………………（244）

Postscript ……………………………………………………（247）

第一章

绪　论

第一节　研究背景与研究意义

一　研究背景

人口是社会存在与发展的必要前提。在经济不断发展的过程中，人口再生产过程也发生了根本性转变。人口再生产过程由传统的高出生率、高死亡率与低自然增长率阶段，经高出生率、低死亡率与高自然增长率阶段，进入低出生率、低死亡率与低自然增长率阶段。在人口再生产模式转变的同时，人口年龄结构也在不断地变化。无论是已进入高收入水平行列的发达国家，还是仍处于中低收入水平的发展中国家，人口年龄结构的变动对它们的经济发展均会产生十分重要的影响。在过去的一个多世纪里，世界各国人口年龄结构呈现两大特征：一是少子化，二是老龄化。由于生育率水平持续下降，许多国家的总和生育率已经低于人口更替水平。低生育率导致出生人口数量下降，少儿人口占比减少，使社会呈现少子化的状态。低死亡率与高预期寿命使老年人口的占比不断攀升，社会逐渐步入人口老龄化阶段。少子化意味着未来生产性人口的减少，这为国家人口与经济的可持续发展埋下隐患，而老龄化意味着国民的抚养负担不断加重，且对产业结构调整、需求结构变化、经济增长以及社会发展均产生深远影响。因此，研究人口年龄结构的变动，对于优化人口结构与保持经济的持续增长具有极其深远的意义。

自20世纪60年代以来，中国的人口年龄结构经历了快速转变的过程。人口出生率与死亡率均趋于下降，且死亡率先于出生率下降。人口自然增长率在20世纪60年代一直处于较高水平，在26‰—33‰波动。这一波婴儿潮出生的婴儿在20世纪80年代成为劳动适龄人口，形成巨大的潜在人口红利。随着改革开放逐步推进，大量的剩余劳动力从农村来到城镇，参与国际分工，释放出巨大的人口红利，推动经济的快速发展，使经济进入刘易斯经济增长阶段，人口年龄结构在这一时期的变动对中国的经济发展起到了十分关键的作用。中国人口结构在社会（死亡率下降）、经济（人均收入水平提高）与政策（计划生育政策）等多重因素叠加作用下，发生了重大的转变。至21世纪初，人口年龄结构已开始老化，中国步入人口老龄化社会。与发达国家相比，中国的老龄化速度更快、规模更大且影响更加深远。中国的人口老龄化与发达国家所处的经济发展阶段、具体国情均大不相同，不能直接照搬照抄国外发达国家应对人口老龄化的成功经验。因此，有必要立足中国国情，对中国人口结构变动成因及其经济效应进行分析，借鉴国外成功经验，摸索出适合我国人口年龄结构优化的应对措施。

人口年龄结构老化与经济动力渐失密切相关，最典型的是日本。日本于1995年前后进入劳动人口数量减少时期，与泡沫经济破裂进入"失去的十年"在时间上高度重合。当前的欧洲常被比作20世纪90年代的日本，除深陷通货紧缩风险共同特征之外，老龄化是其另一个重要共同点。人口结构的变动伴随社会消费偏好、风险厌恶情绪、劳动力制度、房地产需求和养老金偿付压力等社会各个方面的变化。在面对严峻的人口老龄化形势时，世界各国均采取了许多相应的措施。欧洲国家（包括德国、法国及意大利等）率先对养老金制度进行改革，灵活调整退休年龄，采取资本基金模式，运用市场机制提高养老金保险的运行效率，改善老年人的就业环境，提高社会服务能力。日本制定了《老人福利法》《老人保健法》和《国民年金法》，从社会福利、医疗保健和经济收入三个方面保障老年人的权益，使老年人的权益在制度层面上得到根本保证，且日本通过完善的保险制度保障老年人的重大开支。

中国正值产业结构升级、城镇化推进与跨越"中等收入陷阱"的关键时期，日益加剧的人口老龄化将会导致中国经济面临更大的阻碍与下行压力。为避免掉入"低生育率陷阱"、减缓人口结构老化速度、实现中国新旧动能转换、跨越"中等收入陷阱"、保持经济的中高速增长，国家相继出台了一系列政策，以期提高生育水平，优化人口结构，减轻老龄化压力。[①] 2011 年 11 月，中国各地全面实施"双独二孩"政策；2013 年 12 月，中国实施"单独二孩"政策；2015 年 10 月，《中国共产党第十八届中央委员会第五次全体会议公报》指出，坚持计划生育基本国策，积极开展应对人口老龄化行动，实施"全面二孩"政策。2021 年 5 月 31 日，中共中央政治局召开会议，审议《关于优化生育政策促进人口长期均衡发展的决定》并指出，为进一步优化生育政策，实施一对夫妻可以生育三个子女政策及配套支持措施。除此之外，渐进式延长退休亦成为应对人口老龄化与养老金不足的一个方案。

在人口年龄结构变动的同时，中国的人口城乡结构也在转变。截至 2021 年年底，中国的常住人口城镇化率已经达到 64.72%，全国人户分离的人口为 5.04 亿人，其中流动人口为 3.85 亿人。[②] 城镇化是现代化的必由之路，是我国最大的内需潜力和发展动能所在。在过去的几十年里，大量的农村人口流向城镇，人口城乡结构不断地调整，劳动力从农业向非农产业转移，带动经济的增长。人口城乡结构的变动还会导致人口年龄结构进一步地变动，人口年龄结构与城乡结构间存在着非常紧密的联系。当前，我国正处于加速推进

---

① 目前中国关于"低生育率陷阱"探讨的相关文献可参见石人炳（2010）、靳永爱（2014）及吴帆（2016）。

② 资料来源于国家统计局《2021 年国民经济和社会发展统计公报》。

以人为本的新型城镇化建设时期，人口城乡结构处于动态的调整过程中。

生育率的转变在人口年龄结构与人口城乡结构变动中均发挥着重要的作用。从因果关系上看，人口城乡结构变动会引致生育率的转变，人口城乡结构变动是生育率转变的因，生育率转变是人口城乡结构变动的果；生育率的转变会引致人口年龄结构的变动，生育率转变是人口年龄结构变动的因，人口年龄结构变动是生育率转变的果。但在中国，三者间还存在着相反的因果关系。中国早期的生育率下降一方面引起人口年龄结构的变动；另一方面也为农村储存丰富的劳动力，为日后城乡人口流动与人口城乡结构的变动打下基础。因此，从这一角度而言，生育率转变是人口城乡结构的因。总而言之，无论谁是谁的因，还是谁是谁的果，生育率转变在人口年龄结构变动和人口城乡结构变动中均起到了至关重要的作用。因此，本书分析生育率下降的宏观、微观因素，厘清人口（年龄与城乡）结构与经济增长间的关系，对优化中国人口结构具有重要的现实意义。

二 研究意义

（一）理论与方法意义

目前，国内外关于人口结构变动的研究已经取得了很多有价值的成果。研究对象从国家宏观层面到地区和行业等中观层面，再到家庭和企业等微观层面。现有文献按研究内容的前因后果展开，从人口结构变动的成因到人口结构变动的经济效应，对人口结构变动进行多维度、多视角的剖析。本书的主要理论意义在于：第一，拓展了 Blackburn 人力资本模型，将人力资本投资的时间花费与人力资本对女性起薪的影响纳入理论的分析框架中，从人力资本投资的视角解释生育延迟与女性收入提升的内在关联，弥补人力资本模型的不足，得到更具现实解释力的理论模型，并将其应用于生育率下降的微观因素分析中。第二，通过对现有人口年龄结构与经济增长间关系的各种理论进行梳理和整合，基于新古典经济增长分析框架，利用世代交叠模型，从生育率、死亡率与预期寿命年限等多维人口年龄结构的变动因素角度入手，分析人口年龄结构变动对经济增长的作用路径。试图从多维度将人口年龄结构对经济增长的作用效应进行剖析，丰富人口年龄结构与经济增长间关系的理论研究。第三，基于城乡人口流动的视角，分析人口城乡结构与经济增长间的关系，从我国城乡人口流动的特点出发，引入城乡劳动力间的比较优势，首次将人口年龄结构与家庭生育决策纳入人口城乡结构变动模型的分析框架内，分析城乡人口流动对经济增长的作用效应，探讨人口城乡结构与人口年龄结构间的关系。第四，本书放松现有动态空间面板数据模型关于同方差分布的假定条件，提出时间相关系数与空间相关系数的矩类估计方法，弥补现有动态空间面板数据模型的不足。本书从理论上严格证明了估计量的大样本性质，并利用蒙特卡洛模拟对估计量的有限样本性质进行了检验。第五，放松环境同质性的假定条件，构建包含环境变量的网络 DEA 模型，测度环境变量对生产前沿及生产决策单元效率的影响效应。构建的模型放松了投入产出变量集合与环境变量集合间的独立性假定，并且不需要先验性地判断环境变量的作用方向，弥补了现有处理环境变量方法的不足。提出的距离函数是一种非径向非导向的效率测度类型，能够有效地测度所有潜在的松弛。

（二）实践应用意义

首先，目前我国已经放松生育数量限制，亟待厘清现阶段低生育率的关键成因，而首胎育龄的推迟与女性最佳育龄期是影响二胎的重要因素。本书基于微观调查数据，利用微观计量方法，实证分析女性生育延迟的原因，深入挖掘低生育率的影响因素，对于完善我国生育政策具有重要实际的参考价值。此外，生育率转变亦是人口结构变动的核心因素，厘清生育率下降的宏观与微观因素对于制定合理的人口结构优化政策极具参考价值。

其次，本书通过面板数据模型及相关内生性的处理，实证分析了人口年龄结构变动的各因素对经济增长的作用效应。这有助于政策制定者了解人口结构变动经济效应的来源，厘清生育率、死亡率、预期寿命及抚养比等对经济增长的作用程度，便于政策制定的程度设计。通过对比分析不同人口结构变动因素的经济效应作用路径，有助于政策制定者厘清人口年龄结构变动对经济增长作用的传导机制，从而设计出合理的人口年龄结构优化政策。

再次，当前我国正处于推进城镇化建设的关键阶段，城乡人口流动规模巨大，人口城乡结构处于动态变化中。在人口的空间流动过程中，厘清人口城乡结构、人口年龄结构与经济增长间的关系，有助于分析城镇化推进对家庭生育决策的影响，剖析城乡生育差距的原因，以便相关决策者在制定城镇化发展规划时，兼顾家庭生育模型转变的影响，保持人口再生产的可持续性。

最后，本书拓展的考虑异方差分布和时空效应的空间面板数据模型不仅适用于对人口结构变动经济增长效应的分析，而且适用于生产函数的分析、消费偏好的研究以及能源低碳方面的研究。因此，本书拓展的空间面板数据模型及其得出的矩类估计量具有较广领域的应用价值，具有普遍的适用意义。此外，本书建立的考虑环境变量的网络 DEA 模型能够测度环境变量对多阶段生产过程的影响，该模型尤其适用于具有生产关联的产业上下链的效率研究。

第二节　文献述评

一　文献述评视角

本书的文献述评主要从研究问题与计量分析两个方面进行。其中，针对研究问题的文献述评主要包括四个方面：生育率下降的宏观因素、生育率下降的微观因素、人口年龄结构与经济增长、人口城乡结构与经济增长。关于计量分析方面的文献述评，本书主要针对方法创新涉及的两个方面文献进行梳理，一是考虑时空效应的空间面板数据模型估计方法的研究,二是针对效率评估的网络 DEA 模型研究。本书文献述评按上述六个方面分别单独进行文献综述,并统一进行评论。

(一) 生育率下降的宏观因素

生育率下降不仅仅是一场人口上的变革,也是与经济社会发展紧密相连的一场变革,那么究竟是哪些因素在推动生育率下降的进程呢,尤其是影响我国生育率下降的因素?经典的人口结构变动是由率先下降的死亡率开始的,紧接着是生育率的下降,从而导致一个先高速后低速的人口增长模式,最后引起人口的老龄化。因此,研究生育率下降的影响因素之前,有必要先厘清死亡率下降的相关影响因素。

现代社会死亡率下降的三个阶段是特别明显的。第一个阶段是 18 世纪的后半段至 19 世纪的前半段。其间,虽然收入的提高有利于死亡率的下降,但是现代的发展模式才是决定性的因素。公共管理秩序的建立直接减少了局部战争、部落宗族间冲突以及意外暴力发生带来的死亡人数,进而降低了死亡率。此外,交通等基础设施的建设和商业贸易的发展间接地减少了局部地区严重饥荒带来的致命危害,降低了流行性疾病的发生次数。公共秩序的建立和国家政权的稳定也有助于农作物产量的提高,减少因粮食不足产生的死亡数量。对这一阶段死亡率转变的成因分析在学术界主要呈现出两种观点:一种观点认为是农业的发展导致营养水平的提高和抗传染性疾病能力的增强,另一种观点认为是肥皂和棉质材料衣服的消费提高了卫生水平 (Razzell,1974)。第二个阶段是 19 世纪的后 30 年至第一次世界大战。其间,死亡率下降主要是由医药变革引起的。在巴斯德疫苗、巴氏杀菌法、科赫对多种致病病菌的发现以及其他专家的共同推动下,医药行业发生了历史性的变革,导致包括痢疾和肺结核在内的多种疾病致死率的下降 (Schofield 等,1991)。第三个阶段是第二次世界大战至今,弗莱明在 1943 年发现的盘尼西林掀起了抗生素研究的狂潮。这些医药方面的研究成果的积累有效地降低了流行性疾病和接触性疾病的死亡率,特别是近几十年来在器官疾病方面的研究成果,降低了循环系统和癌症的死亡率(Gage,1993)。

生育率下降的成因是最具有争议性的。现在理论界主要由人口学家和经济学家的两种观点组成。人口学家认为生育率的下降主要是由死亡率的下降引起的。死亡率的作用路径主要是由生理机制与家庭理想规模机制引起的。生理机制强调母乳喂养孩子的重要性,而家庭理想规模机制认为一个家庭存在一个最理想的家庭成员规模。当有孩子死亡时,父母会通过再生孩子来替代已故孩子,保持家庭的理想规模。因此,生理机制和家庭理想规模机制导致生育率与死亡率存在因果关系。由于许多国家的历史数据均表明死亡率的下降先于生育率的下降,Cleland(2001)等认为死亡率和生育率存在因果关系。虽然死亡率能够部分解释生育率的转变,但是死亡率无法解释净生育率的下降,每个家庭平均存活的孩子数量在不断减少。Kalemli-Ozcan(2002)通过对风险厌恶型父母的预防性孩子抚养行为来分析净生育率下降的成因。此外,Cervellati 和 Sunde(2007)与 Strulik(2008)分别基于成年人寿命与孩子存活及健康条件的视角来分析生育率的下降。Becker 和 Lewis(1973)等人单独地分析经济发展对生育率的影响,目的是在保留孩子是正常商品的条件下解释收入与生育率间的负相关关系。Galor(2005,2011)通过统一增长理论来分析经济发展对生育率的动态效应,将焦点从生育率与收入间的静态关系转移到生育率、收入水平和人力资本积累三者间的动态关系。此外,郭凯明和龚六堂(2012)强调了社会保障制度的重要性,指出社会保障对家庭养老具有替代作用,并引起生育率水平的下降。

现有文献中关于现代人口生育率的决定因素分析仅有较少的宏观计量证据,从整体上看,现有文献研究结果尚未得出清晰且较为一致的结论。Schultz(1997)发现成年人平均收入与死亡率负相关,而与生育率正相关。Ahituv(2001)的研究结果表明生育率与人均收入间存在负向关系。Cervellati 和 Sunde(2011)指出样本的选择对实证结果具有重要影响，这表明欧美研究的结果并不能被直接应用于对中国现状的分析。不仅仅是样本，由于内生性的问题，估计方法的选择亦能导致结果的不同。Angeles（2010）利用Arellano和Bond（1991）的差分广义矩估计量来处理生育率潜在的内生性，并发现死亡率的下降显著地降低了生育率，但人均GDP对生育率的作用在统计上并不显著。Murtin（2012）应用Blundell和Bond（1998）的系统广义矩估计量，结果表明人均收入和死亡率对生育率均不具有稳健的作用效应。实际上，动态面板广义矩估计方法也存在一定的局限性，当工具是弱工具时，上述估计量会引起过度的拟合问题，且会降低Sargan检验功效。Herzer等（2012）针对这一问题，使用面板协整技术来检验生育率、死亡率和收入间的长期均衡关系，研究结果表明死亡率和收入均对生育率下降具有解释能力，且研究结论对估计方法、潜在异常值、样本选择、死亡率的不同测度在样本时期均稳健。此外，Herzer等（2012）通过因果检验方法发现，生育率变化既是经济发展的因，也是经济发展的果。李子联（2016）发现收入水平与生育率存在非线性关系，呈现U形曲线，高收入与低收入群体比中间收入群体具有相对更高的生育率水平。

（二）生育率下降的微观因素

关于生育率下降的微观因素研究，现有文献主要分为两类：一类是最优育龄选择机制研究，另一类是生育延迟收入效应的来源研究。

总结已有文献，最优育龄的选择主要取决于生育年龄的边际收益与边际成本间的比较。生育延迟的收益主要来源于工资的溢价、收入的增加、事业的成功（女性社会地位的上升）以及子女认知能力的促进效应（Hanushek，1992；Billari等，2007；Miller，2011）。而生育延迟的成本来源于生理效应（错过女性排卵旺盛期后的受孕困难）、合意配偶匹配成本的上升和母亲及其子女的健康风险增加（Alonzo，2002；Hewlett，2004；Royer，2005；Bratti，Tatsiramos，2012）。除受收益—成本的决定外，生育育龄的选择还受到社会文化和政策制度的影响，例如，缺乏家庭友好型的企业和歧视生育员工的雇主会导致女性生育的后延，晚婚晚育的倡导和晚育假期制度均会弱化女性的早育偏好（Budig, Paula, 2001）。

关于生育延迟收入效应的来源主要从人力资本理论、Berker 努力假说、工作特征与女性工作效率角度阐释。人力资本理论认为晚育未育女性的收入高于早育女性的收入的原因在于人力资本投资的增加。Blackburn 等（1993）认为弱早育偏好的女性更倾向于投资教育，并延迟生育年龄。除教育外，工作时间和任职期也是重要的人力资本投资（Taniguchi, 1999；Erosa 等, 2002）。由于抚养子女时间与工作时间之间存在着相互替代效应，未育女性的工作时间和任职期相对更长，且收入相对更高。同时，已育女性相对于未育女性更加倾向于业余工作，而业余工作的小时工资相对于正式工作要更低。Berker 努力假说（Becker, 1985）假定所有女性花费在各种活动上的努力程度的总和是相同的。由于已育女性需要花费更多的精力在家庭和抚养子女上，花费在工作上的努力程度减少，导致工作效率和工资水平下降。工作特征理论认为工作的灵活自由程度与工资间存在着替代效应，高工资能够吸引女性参与工作灵活程度较低的就业岗位，而灵活自由型的工作，已育女性也乐意接受其相对低的工资水平（Budig, Paula, 2001）。已育女性更需自由安排的时间，以抚养子女和照顾家庭，因此她们更倾向于选择时间自由支配而工资相对低的工作。基于女性工作效率视角，一方面是已育未育女性实际工作效率间的差异，另一方面是来自雇主的偏见（Kalist, 2008）。已育女性生产效率下降的原因可以归结于人力资本积累的减少（孩子的抚养使工作时间减少）和抚养占用精力（Becker 努力假说）。即使生育并未改变实际的工作效率，女性的就业待遇仍会受到雇主的偏见影响，雇主倾向于认为未育女性具有更多的精力和更高的生产效率。

上述的理论研究主要存在以下几点不足。一是将最优育龄选择机制与育龄延迟收入效应机制纳入统一分析框架的文献较少（Blackburn 等，1993）。事实上，育龄的选择与工作的收入间存在着相互作用的双向因果关系，单一将任一方面视为外生的影响因素，很难对作用机制具有准确的认识。二是考虑人力资本对育龄的收益影响主要集中在人力资本对工资的增长效应上，忽视了人力资本投资对女性起薪（工资的水平效应）及时间的花费效应。人力资本花费的时间成本是女性是否选择投资人力资本的一个重要考虑因素，高龄女性寻找合意配偶的试错成本更加昂贵。事实上，起薪的变动是女性进行人力资本投资的最直观诱惑因素，女性在考虑是否投资人力资本时，往往首先进行起薪的比对。

许多的实证研究已证实了上述观点。Miller（2011）使用流产相关变量作为工具变量，发现生育年龄每延迟一年，工资率和收入分别增加 3% 和 10%；同时，将生育延迟的工资溢价归因于生育造成的职业生涯与工作经历上的差异。Buckles（2007）的实证分析表明对于处于职业上升期的女性，谁有能力利用避孕措施来控制生育并延迟职业中断，谁就将获得更高的收入。Ellwood 等（2004）的研究发现生育年龄超过一定时间的拐点后，高技能女性更易获得更高的终生收入。Buckles（2008）对教育、工作经验、技能、高学历、专业性与管理职业等影响因素进行实证分析，发现教育、工作经验与第一次婚龄最具有解释能力。

女性对工作与家庭的选择可能是联立的，育龄的选择与女性的工资收入均是内生变量。因此，在实证分析的过程中，如何识别育龄女性的收入效应是一个非常重要的问题。Hofferth（1984）与 Taniguchi（1999）分别通过控制母亲的特征与个体固定效应来缓解不可观测变量带来的内生偏误问题，但这些方法不能处理双向因果关系导致的内生偏误或者育龄与收入的联立内生问题。一些学者开始将社会经济变量或信仰作为首胎育龄的工具变量（IVs）。Blackburn 等（1993）使用兄弟姐妹数、父母教育水平、母亲的劳动参与情况及家庭中断变量作为 IVs，Chandler 等（1994）使用宗教信仰与兄弟姐妹数作为 IVs，Amuedo-Dorantes 和 Kimmel（2005）将父母教育水平与家庭中断变量作为IVs。工具变量的引入在一定程度上解决了联立内生性的问题，但是上述的IVs具有不精确性与不稳定性，甚至IVs在一定程度上是内生的，对女性的工资收入具有直接的效应。Miller（2011）进一步利用生理冲击的相关变量（包括流产情况与女性初潮年龄）作为IVs，得到了较可信的结果，但是在实证分析中国的育龄女性收入效应时，生理冲击相关信息难以获得，这类IVs在中国目前无法运用。

我国目前对于家庭生育行为选择与收入间的关系的研究主要集中于生育数量的影响因素以及生育率下降对收入的作用效应上，且收入差距的研究主要集中于城乡的收入差距上，而性别收入差距的研究也主要从人力资本和劳动力市场分割的视角展开研究（郭剑雄，2005；邓峰、丁小浩，2012）。贾男等（2013）探讨了生育对女性收入的影响，实证研究表明生育对女性收入在生育当年具有18%的负向效应。在中国，对于最优生育年龄选择行为研究和生育延迟的收入效应研究较少。一方面是过去的三十多年我国一直处于人口红利的释放期，国内学者更多地关注生育数量下降所带来的经济增长效应与家庭收入效应；另一方面是关于女性生育方面的微观数据相对贫乏，近些年这方面的微观数据才得到不断丰富。

（三）人口年龄结构与经济增长

人口年龄结构的动态变化是生育率、出生婴儿死亡率与预期寿命等影响因素的综合反映。人口年龄结构变动的经济效应可以被分解为各个影响因素对经济增长的作用效应。不同的人口年龄结构变动因素产生不同的经济行为和后果，现有文献主要从储蓄—物质资本路径和人力资本路径两个方面分析各人口年龄结构变动因素对经济增长的作用效应。

人口结构可以通过物质资本路径作用于经济增长。物质资本路径的理论基础是生命周期理论（Modigliani，Brumberg，1954），该理论认为生育率的下降和预期寿命的延长能够影响人口增长和储蓄水平，进而提高物质资本的积累。一方面，生育率的下降能够带来丰厚的"第一次人口红利"（Kelley，Schmidt，1995；Lee，Mason，2010；蔡昉，2010），这是由于它能够减轻少儿抚养的负担。而且在资本的黄金律水平下，人口增长的放缓进一步提高了人均资本（Deardorff，1976）。然而随着少儿人口比例的不断下滑以及老年人口的不断上升，社会逐渐进入老龄化，从而"第一次人口红利"逐渐消失了。另一方面，预期寿命的延长能够带来两种储蓄效应，第一种储蓄效应源于预期寿命的延长减少了父母对孩子的预防性需求（Kimball，1990），而且婴幼儿存活率的上升具有正的预防性储蓄效应（Kalemli-Ozcan，2002）。另一种储蓄效应源于预期寿命的延长引起了储蓄动机的变化，退休期的延长使理性人增加了储蓄，这提高了物质资本的积累（Bloom 等，2007；刘生龙等，2012）。然而，老年抚养比的上升加重了抚养负担，人口增长的放缓降低了储蓄率（Horioka，2010；王德文等，2004）。Li 等（2007）、汪伟和艾春荣（2015）发现老年抚养比上升带来的负担效应会逐渐抵消预期寿命延长带来的储蓄效应。Mason 和 Lee（2006）、蔡昉（2010）认为生育率的下降能够提高人均资本，从而带来"第二次人口红利"，这降低了老年抚养比上升带来的负担效应。

人口结构还可以通过人力资本路径作用于经济增长。人力资本路径的理论基础在于经济增长机制的内生性（Romer，1986；Lucas，1988），它强调要素投入的可循环使用、人力资本的溢出效应以及"干中学"效应。近期，关于人口结构对人力资本积累的影响引起了学者们的广泛关注（Becker，Barro，1988；Kalemli-Ozcan，2002；Cervellati，Sunde，2005；Hazan，Zoabi，2006；Lee，Mason，2010；刘穷志、何奇，2012）。Tamara（2010）研究了生育率对公共人力资本和私人人力资本的影响，发现生育率的上升并没有影响公共人力资本投资，但是却降低了私人人力资本投资。预期寿命的延长，一方面提高了教育的边际回报，增加了子女教育的投资；另一方面加剧了人口老龄化程度，加快了人力资本折旧的速度（Kalemli-Ozcan，2002；刘穷志、何奇，2012）。

因此，人口年龄结构变动对经济增长的作用不仅通过影响储蓄率和物质资本积累路径，还通过增加人力资本投入的路径来实现。由于不同人口结构变动的因素具有不同的经济效应，单靠人口结构对经济增长的作用机制分析已无法确定人口结构变动的经济效应，需结合相应的定量分析工具来确定。胡鞍钢等（2012）利用中国省际面板数据研究表明人口老龄化对经济增长具有负向效应。孙爱军和刘生龙（2014）利用人口抚养比和劳动年龄人口份额研究了中国人口结构变动对经济增长的影响，实证结果表明劳动年龄人口份额的上升与人口抚养比的下降对中国过去20年的高速经济增长起到重要作用。胡翠和许召元（2014）从家庭层面实证分析了人口老龄化对储蓄率的影响，表明人口老龄化对城乡具有截然相反的影响。陆旸和蔡昉（2014）通过对比中国和日本发现，中国的潜在增长率在未来将迅速降低，指出中国应避免通过刺激经济来人为地推高经济增长。龚锋和余锦亮（2015）指出人口老龄化会降低平均消费能力与意愿，对财政的可持续性产生压力。李兵和任远（2015）指出人口抚养比的上升会显著降低该国的企业家创新精神和投资水平。

（四）人口城乡结构与经济增长

引起人口城乡结构变动的来源主要为城乡人口自然增长速度差异和人口在城乡间的双向流动两类。其中，人口在城乡间的双向流动是人口城乡结构变动的主要因素，特别是乡村向城镇的人口流动。因此，对于人口城乡结构与经济增长间的关系研究主要围绕着城乡人口流动所产生的经济增长效应展开。截至目前，刻画城乡人口流动的经济增长模型主要有刘易斯模型、拉尼斯—费景汉模型与托达罗模型（Lewis，1954；Ranis，Fei，1961；Todaro，1969）。刘易斯模型把发展中国家经济划分为非资本主义部门和资本主义部门。非资本主义部门主要以传统的农业部门为代表，这类部门的生产方式比较传统，且生产率水平较低；资本主义部门主要以现代的工业部门为代表，这类部门的生产方式比较现代，且生产率水平较高。刘易斯模型的研究结论认为资本主义部门的扩张有助于经济的增长，资本主义部门需要非资本主义部门提供丰富且廉价的劳动力资源。因此，城乡人口流动有利于经济增长。拉尼斯—费景汉模型进一步将刘易斯模型进行改进，认为农业劳动力流入工业部门的先决条件是因农业生产率提高而出现农业剩余。托达罗模型与刘易斯模型及拉尼斯—费景汉模型的观点相反，该模型基于发展中国家城市普遍存在的失业现象和无农村剩余劳动力两个基本条件，研究人口流动对经济增长的影响，笔者认为城乡人口流动不仅导致城市失业人口大量增加，而且导致农村劳动力严重不足，进而影响农业的发展。因此，城乡人口流动会阻碍经济的增长，应该控制农村劳动力向城市迁移。

与上述模型相比，中国的城乡人口流动具有以下特征。

第一，农村劳动力的人力资本投资相对不足。刘易斯模型假定城乡劳动力是同质的，而中国农村流入城镇的劳动力大多数是非熟练的劳动力，且人均人力资本水平较低。虽然城乡流动人口的人均人力资本水平趋于上升，特别是大学生农民工的出现，但相对于城镇户籍劳动力的人均人力资本水平仍然较低。由于人力资本水平与劳动力供给特性的差异，城镇户籍劳动力具有在知识密集型产业就业方面的比较优势，而城乡流动劳动力在劳动密集型产业就业方面具有比较优势。钟笑寒（2006）同样指出，劳动力的流动会促进城镇劳动力在行业间的再配置，使外来劳动力与本地劳动力形成工资与职业上的差别。

第二，农村劳动力剩余与城镇失业现象并存。刘易斯及其继任者的出发点是农村剩余劳动力，假设条件是城镇无失业人口，而托达罗的出发点是城镇失业问题，假设农村不存在剩余劳动力，因此，当农村剩余劳动力与城镇失业现象并存时，上述模型均无法单独进行阐释。此外，中国的实证结果也并未证实托达罗模型的假说。袁志刚（2006）使用1995年1%人口抽样调查和2000年第五次全国人口普查数据对托达罗模型的假说"农村劳动力的流入增加城镇劳动力的失业率"进行了检验,结果并未得到支持。刘学军与赵耀辉(2009)利用 2005 年 1% 人口抽样调查数据实证分析外来劳动力对本地劳动力的就业率与工资的影响,结果表明其影响规模是非常小的。

第三,中国进入低生育率阶段先于完成城镇化。在城乡人口流动的过程中,家庭的生育决策也会随之改变,即城市化暗含着生育率变动(郑勤华、赖德胜,2008;都阳,2010;戈艳霞,2015)。OECD 国家的平均总和生育率下降到 1.8 时,OECD 国家的平均城镇化率已经接近 75%,与 OECD 国家相比,2010 年中国的总和生育率已经下降到低于 1.8 的水平,即使按照城镇常住人口来算,城镇化率也才达到 50% 左右。贝克尔与刘易斯模型、巴罗与贝克尔模型均表明在经济增长中家庭的收入与工资的变化会对生育数量与生育质量进行权衡,这隐含着中国的城乡人口流动与家庭的生育决策间存在着某种联系,伍海霞等(2006)及郭志刚(2010)的研究结果均支持了这种联系的存在。根据 Modigliani 和 Brumberg(1954)的生命周期理论以及 Becker 等(1990)的贝克尔—墨菲—田村模型,家庭生育决策可以通过储蓄路径(人口红利释放)与人力资本路径作用于经济增长。因此,考虑中国的城乡人口流动与经济增长的可持续性必须加入生育与人口年龄结构的因素。到目前为止,鲜有文献将这两点纳入人口流动的经济增长模型当中。

(五)考虑时空效应的空间面板数据模型估计方法研究

同时包含时间相关关系和空间相关关系的面板数据模型已经成为一系列热点经济问题研究的重要工具之一。Ertur 和 Koch(2007)及 Mohl 和 Hagen(2010)的研究表明一个国家的技术水平不仅依赖于其自身人均物质资本存量的积累水平,而且同与其地理或经济密切相关的国家的人均物质资本存量的积累水平相关。Keller 和 Shiue(2007)强调了在分析中国各地区间的跨区贸易活动时考虑时空交互效应的重要性。Korniotis(2010)在分析消费习惯养成的影响因素时,利用空间固定效应动态面板数据模型的参数估计,提出了一种偏误矫正的估计量。消费习惯养成包含自身消费习惯养成和外部消费习惯影响两个部分，笔者分别用消费时间滞后项和消费空间依赖项分别测度自身消费习惯养成和外部消费习惯影响。Parent 和 LeSage（2012）运用索洛增长模型分析框架，发现通过对计量模型进行时空相关项的设定后，模型与现实面板数据非常吻合。Elhorst 等（2013）分析了金融自由化改革产生的时空交互溢出效应，指出金融自由化不仅影响自身，而且会影响其他与其具有地理或经济紧密关联的国家，这种影响具有动态持续性。上述的所有实际应用例子均强调了一个重要的事实，即时空相关特征是上述领域及劳动经济学（Lottmann，2012）和公共经济学（Revelli，2001；Franzese，2007）等领域的一个重要特征，因此，在进行这些领域问题的研究时，考虑时空相关特征是极其必要的。

为了在实际应用中分析时空特征，针对同时包含时间相关和空间相关的面板数据模型的估计方法研究在近年来受到了越来越广泛的关注。如表 1-1 所示，现有面板数据时空相关模型可以被归纳为四类。第一类是时间相关项与空间相关项均被设定在因变量中，包括 Korniotis（2010）及 Parent 和 LeSage（2012）。第二类是时间相关项和空间相关项均被设定在误差项中，例如，Baltagi 等（2007）、Lee 和 Yu（2015）及 Parent 和 LeSage（2011）。第三类是时间相关项被设定在因变量中，空间相关项被设定在因变量与误差项中，包括 Lee 和 Yu（2014）、Yu 等（2008，2012）及 Yu 和 Lee（2010）。第四类与第三类相似，时间相关项被设定在因变量中，而空间相关项仅在误差项中，例如，Su 和 Yang（2015）。就模型的估计方法而言，Korniotis（2010）基于最小虚拟变量二乘法介绍了一种新的偏误矫正估计量，估计包含时空相关的面板数据模型。此外，Parent 和 LeSage（2011，2012）提出贝叶斯估计方法，并估计随机效应空间动态面板数据模型。Yu 等（2008，2012）与 Yu 和 Lee（2010）针对固定效应空间动态面板数据模型分别研究了拟极大似然估计量在平稳、空间协整及单位根过程的渐近性质。在满足一定的条件下，拟极大似然估计量具有一致性与渐近正态性。然而，当空间截面单元个数较大时，上述模型的拟极大似然估计量面临较大的计算复杂难度。通过选择恰当的线性和二次型矩条件，广义矩估计量具有和拟极大似然估计量一样的渐近收敛速度，且计算相对拟极大似然估计量更简便。Lee 和 Yu（2014）得出了固定效应空间动态面板数据模型的广义矩估计量的渐近性质，Lee 和 Yu（2014）进一步研究了平稳与非平稳条件下不可分离时空相关空间动态面板数据模型的广义矩估计量。除模型的估计方法研究外，现有文献还包括对模型相关检验的研究，Baltagi 等（2007）针对空间动态面板数据模型中的时间相关、空间相关及随机效应问题，构造拉格朗日乘子检验估计量并进行检验。Lee 和 Yu（2012）进一步构造豪斯曼检验与拉格朗日乘子检验估计量来识别模型的个体效应类型，即固定效应与随机效应模型的选择。

表 1-1 空间动态面板数据模型相关文献回顾

相关类型				个体效应类型		方差类型		估计方法	文献
空间相关		时间相关		固定效应	随机效应	同方差	异方差		
因变量	误差项	因变量	误差项						
	√		√	√		√		(Q) MLE	Baltagi 等（2007）
√		√		√		√		LSDV	Korniotis（2010）
√	√	√		√		√		GMM	Lee 和 Yu（2014）
		√	√	√		√		(Q) MLE	Lee 和 Yu（2015）
		√	√		√	√		Bayesian	Parent 和 LeSage（2011）
√					√	√		Bayesian	Parent 和 LeSage（2012）
		√	√	√		√		(Q) MLE	Su 和 Yang（2015）
√	√	√	√	√		√		(Q) MLE	Yu 等（2008）
√	√	√	√	√		√		(Q) MLE	Yu 和 Lee（2010）
√	√	√	√	√		√		(Q) MLE	Yu 等（2012）
		√	√	√			√	GMM	本书第五章内容

注：LSDV、QMLE、GMM 和 Bayesian 分别表示最小虚拟变量二乘法（Least Squares Dummy Variable）、拟极大似然估计方法（Quasi-Maximum Likelihood Estimation Method）、广义矩估计方法（Generalized Method of Moments）和贝叶斯估计方法。

（六）针对效率评估的网络 DEA 模型研究

自 Charnes 等（1978）的开创性工作以来，网络数据包络分析（Network Data Envelopment Analysis，Network-DEA）方法已成为测度生产过程整体效率及其内部各子过程效率的有效工具（Li 等，2012；Kao，2014）。① 相比传统的数据包络分析（Data Envelopment Analysis，DEA）方法，Network-DEA 方法考虑生产过程的内部结构，将整体生产过程划分为几个子过程，并测度整体效率和每一个子过程的效率，从而能够判定整体效率究竟来源于哪一个子过程，弥补了 DEA 方法"暗箱操作"带来的不足。但是，现有的大多数关于 Network-DEA 方法的文献都基于环境同质性的假定，而忽视环境变量对整体生产过程及其内部子过程的作用效应。Yang 和 Pollitt（2009）指出，当环境变量的影响效应无法控制时，效率测度的结果是有偏误的，即在异质性环境下，现有方法测度的结果是不可靠的。

在现有文献中，测度环境变量对生产过程的作用效应主要存在两种方法：一阶段方法和二阶段方法。

一阶段方法先验性地将环境变量作为投入或者产出变量，提供一个扩大的生产可能性集合（Banker，Morey，1986；Reinhard 等，2000）。② 虽然一阶段方法能够反映环境变量影响生产前沿的效应，但是其需要假定环境变量在其所有取值范围内具有相同的作用方向。因此，无法测度潜在的作用方向变化情况。即使是同向关系，一阶段方法也可能存在先验性的误设定。

二阶段方法是指将惯常的 DEA 模型测度的效率结果在第二个阶段与环境变量进行回归，以探究二者间的关系（Fried 等，2002；McDonald，2009；Park 等，2008；Simar，Wilson，2007；魏楚、沈

---

① 现有的网络结构包括二阶段结构、序列结构、平行结构、混合结构和动态结构，Kao 已对现有的 Network-DEA 方法文献进行了详细的综述，详见 Kao（2014）。

② 一阶段方法将负向作用效应的环境变量作为投入变量、将正向作用效应的环境变量作为产出变量，并将二者包含在生产可能性集合内。

满洪，2007；袁晓玲等，2009；王兵等，2010）。[①] 正如 Bǎdin 等（2010）指出，二阶段方法能够检测环境变量与效率间潜在的作用方向变化情况，但是该方法假定环境变量对生产前沿函数只有量上的影响，没有质的变化，即环境变量不会改变生产前沿的形状。显然，这一假定条件过于严格。

Cazals 等（2002）提出了生产过程的概率表达形式，Daraio 和 Simar（2005，2007）进一步提出生产可能性集合的条件 DEA 估计量。基于生产过程的概率形式，Simar 和 Vanhems（2012）提出条件性方向（Conditional Directional，CD）距离函数，通过构造环境变量下的 DEA 模型来弥补现有效率测度方法上的不足，该模型放松了环境变量集合与生产可能性集合独立性的假定，且能够影响生产前沿的形状，刻画环境变量与效率间的非线性关系。Halkos 和 Tzeremes（2013）运用该模型测度了经济增长对效率的作用效应。然而究其本质，条件性方向距离函数，仍是一种径向的效率测度类型，无法测度潜在的松弛。

二 现有文献研究的不足

通过上述六个方面的文献综述分析，可以归纳出以下几个方面的不足。

第一，国内对生育率下降的微观因素研究较少，尤其是对女性育龄延迟的研究。我国目前对于家庭生育行为选择与收入间的关系的研究主要集中于生育数量影响因素以及生育率下降对收入的影响，且收入差距的研究主要集中于城乡之间，而性别收入差距的研究也主要从人力资本和劳动力市场分割的视角进行。在中国，对于最优生育年龄选择行为研究和生育延迟的收入效应研究较少。

---

① 对于二阶段方法而言，在第二个阶段存在多种分析方法。Fried 等（2002）、McDonald（2009）、魏楚和沈满洪（2007）、袁晓玲等（2009）和王兵等（2010）使用受限因变量的 Tobit 模型。Simar 和 Wilson（2007）利用 Bootstrap 方法。Park 等（2008）利用非参数回归方法。

第二，在对人口年龄结构与经济增长间的关系进行研究时，鲜有文献按成因进行分析，且缺乏对内生性的处理。从具体的影响因素入手分析人口年龄结构的经济增长效应可以更加清晰地了解各个因素的贡献程度，且生育率、死亡率与预期寿命等影响因素对经济增长的作用路径不一，需区分研究。而且经济增长具有时空效应，在进行计量分析时，若忽视经济增长的时空效应，人口年龄结构变动因素的偏回归系数估计由于内生性问题将不再是无偏和有效的。

第三，在对人口城乡结构与经济增长间的关系进行研究时，结合中国人口流动特征的人口空间流动模型较少。中国的人口空间流动存在农村劳动力的人力资本投资相对不足、农村劳动力剩余与城镇失业现象并存以及中国进入低生育率阶段先于完成城镇化的特征。现有刻画城乡人口流动的经济增长模型（刘易斯模型、拉尼斯—费景汉模型与托达罗模型）框架均无法独立分析上述全部特征。中国学者研究认为考虑中国的城乡人口流动与经济增长的可持续性有必要加入生育与人口年龄结构的因素，然而迄今为止，鲜有文献将这两点纳入人口流动的经济增长模型当中。

第四，现有考虑时空效应的面板数据模型忽视了异方差问题。Kelejian 和 Prucha（2010）、Lin 和 Lee（2010）指出在许多的实际应用当中同方差的设定往往不成立。由于不同的国家间以及同一国家不同地区间的经济发展水平、空间地理位置和产业结构等方面均存在差异，经济增长的幅度存在明显的差异，受技术创新的冲击程度也不一样。因此，国家间以及地区间均存在异方差现象。由于现有研究成果均建立在同方差的假定条件的基础上，在异方差分布的条件下，已有的估计量是非一致的，无法被直接运用于实证分析中。

第五，现有网络 DEA 模型缺乏对环境变量的研究。到目前为止，上述关于异质性环境下的效率测度方法探讨都集中于传统的 DEA 模型，而在网络 DEA 模型中有关环境变量作用效应的探讨较少。此外，考虑环境变量的 DEA 模型虽然能够刻画环境变量与效率间的非线性关系，但是条件性方向距离函数的本质仍是径向的，无法测度潜在的松弛问题。

第六，现有文献主要从结果的视角来反映人口年龄结构的变化，优点是直观，不足是无法识别人口年龄结构的内在机理。事实上，从成因来看，人口年龄结构变动是生育和死亡两个维度变化的综合结果，生育率和预期寿命对经济增长的作用机制是不尽相同的，而人口年龄结构对经济增长的作用效应是生育率和预期寿命的叠加结果。生育率和预期寿命不仅在作用机制上呈现差异，而且各国在生育率和预期寿命水平上也存在着很大的差异，这种差异的叠加结果往往造成不同国家得出不一致的结论。

第三节 研究内容、研究方法、研究思路与技术路线

一 研究内容

本书的研究内容以生育率下降的宏观、微观因素分析和人口结构变动的经济增长效应分析作为主线。如图1-1所示，第二章和第三章着重探讨生育率下降的宏观、微观因素，其中第二章分析生育率下降的宏观因素，第三章分析生育率下降的微观因素。第四章至第七章主要集中研究人口结构与经济增长间的关系，其中第四章和第五章侧重分析人口年龄结构与经济增长间的关系，第六章侧重研究人口城乡结构与经济增长间的关系，第七章着重分析人口（年龄和城乡）结构与自主技术创新间的关系。每一章的具体内容如下。

第一章主要是对本书研究问题的背景及研究意义进行探讨。首先，按研究主线对相关文献进行梳理与归纳，指出现有文献研究的不足。其次，概括本书的主要研究内容、相关的研究方法以及技术路线。最后，总结本书的主要创新点。

第二章探讨生育率下降的宏观因素。围绕经济学家和人口学家分别关注的经济发展（人均收入提高）与死亡率两个焦点对生育率

下降的宏观成因进行理论梳理、归纳与总结。以中国1952—2015年全国时间序列数据作为研究对象，运用（面板）协整方法、误差修正模型及脉冲响应函数等工具对生育率下降的主要影响因素进行计量分析。同时，本章还根据中国省际面板数据对时间序列分析结论进行稳健性检验。

第三章主要分析生育率下降的微观因素。引起生育率下降的另一因素是女性生育延迟。本章首先基于女性人力资本投资的视角，建立女性生育延迟——家庭收入变动间的理论模型，探讨生育延迟的原因及其收入效应。其次，基于理论分析结论，利用2013年中国家庭收入调查项目微观数据对女性生育延迟的成因及其收入效应进行实证分析，并通过一系列计量工具处理，对结论进行稳健性估计。

第四章主要研究人口年龄结构与经济增长间的关系。本章首先从经济学理论和世代交叠模型出发，探讨人口年龄结构变动主要因素的经济增长效应。基于理论模型，运用空间计量方法，以1971—2013年中国和OECD国家为研究对象，实证分析人口年龄结构变动的经济增长效应，并分析生育政策调整对中国未来人口年龄结构和经济增长的作用效应。

第五章主要对第四章实证研究结论的稳健性进行检验。本章针对现有文献研究及第四章实证计量模型的不足之处，提出考虑异方差分布的空间面板数据模型。利用矩类估计方法对模型进行估计，运用实变与泛函、矩阵论、概率论与数理统计等理论探讨估计量的大样本性质（包括一致性和收敛速度），通过蒙特卡洛模拟对其有限样本性质进行检验。运用构建的空间面板数据模型与第四章的面板数据对人口年龄结构变动的经济增长效应进行再估计，检验第四章结论的稳健性。

第六章主要研究人口城乡结构与经济增长间的关系。本章结合当前中国城乡人口流动的特征，基于现有城乡人口流动模型，将人口年龄结构与生育决策纳入中国人口城乡流动模型的构建中，从理论模型角度分析人口城乡结构、人口年龄结构与经济增长间的关系。

利用全国时间序列数据实证分析城乡人口流动、生育率下降与经济增长间的因果关系。

第七章基于对人口结构变动与技术创新水平现状的分析，探讨人口年龄结构与人口城乡结构对我国自主技术创新的作用效应。本章首先分析人口结构与自主技术创新间的关系；其次，针对当前效率评估模型具有的不足，提出考虑环境变量的网络 DEA 模型，探讨模型的性质，并通过相关的蒙特卡洛模拟检验模型的可靠性；最后，利用构建的网络 DEA 模型分析我国技术创新的生产过程，实证分析人口年龄结构与人口城乡结构对自主技术创新的作用效应。

第八章阐释了本书的主要结论、政策启示与展望。本章主要是对第二章至第七章研究结论的进一步提炼与总结，并对优化我国人口结构、缩小家庭收入差距与实现经济增长提出政策建议。此外，本章指出了本书研究的局限性及未来可以进一步深入研究的方向。

二 研究方法

本书以经济增长理论、人口转变理论及其他相关理论为基础，综合运用了经济计量分析方法、抽象归纳法、数理模型方法、蒙特卡洛模拟方法和实证研究等多种分析方法。通过抽象归纳法得出经济理论模型存在的问题，通过数理模型方法探讨估计量的大样本性质，通过蒙特卡洛模拟方法检验估计量的有限样本性质。本书的研究内容从现实问题出发，基于经济和人口方面的相关理论，在实际获取的数据基础上建立相应的经济理论模型，根据经济理论模型应用或构造计量模型，对研究问题进行系统性、全方面和多维度的实证分析。本书主要的经济计量分析方法如下。

第一，微观计量分析方法。通过均值回归分析方法和分位数回归方法分析人力资本投资对女性生育延迟的作用效应，利用样本选择模型矫正样本选择偏误的问题，利用工具变量方法解决模型的内生性问题，分析女性生育延迟的收入效应以及人力资本投资与生育率下降间的关系。

第二,空间面板数据分析方法。本书运用静态空间面板数据分析方法来处理因经济增长空间关联而存在的内生性问题,实证分析人口年龄结构变动的经济增长效应。通过构建考虑异方差分布和时空效应的动态空间面板数据模型来考虑经济增长的时空效应,对人口年龄结构变动的经济增长效应进行再估计,讨论静态空间面板数据分析方法回归结果的稳健性。

第三,网络数据包络分析方法。网络数据包络分析方法是一种测度多阶段生产过程效率的方法。本书构建了一个考虑环境变量的 Network-DEA 模型,以探究环境变量对生产内部子过程的作用效应。该模型由拓展的条件 Network-DEA 估计量和定义的加权条件性网络方向距离函数两部分组成。拓展的条件 Network-DEA 估计量继承了条件 DEA 估计量的优点,而且具有一般的 Network-DEA 估计量的性质。定义的加权条件性网络方向距离函数是一种非径向非导向的效率测度类型,弥补了条件性方向距离函数无法测度潜在松弛的不足。本书利用构建的网络 DEA 模型实证分析人口(年龄和城乡)结构对自主技术创新的影响。

第四,时间和面板协整分析方法。本书利用时间序列和面板数据,通过协整方法分析生育率与人均收入和死亡率间的长期均衡关系,运用修正误差模型与 VAR 系统探讨三者间的短期与长期因果关系及变量的弱外生性。通过方差分析与脉冲响应函数说明死亡率相应的冲击和人均收入相应的冲击对生育率的影响。估计后的系统可以用于研判未来时期的生育率变化趋势。

三 研究思路与技术路线

本书的主要研究目的是在探究生育率下降的宏观、微观因素的基础上,分析人口(年龄与城乡)结构与经济增长间的关系。本书研究思路按生育率下降的宏观、微观因素分析,导致人口结构变动的经济增长效应分析两部分内容展开,如图 1-1 所示。

对于第一部分的内容,本书侧重于分析生育率下降的宏观因素

图 1-1　技术路线

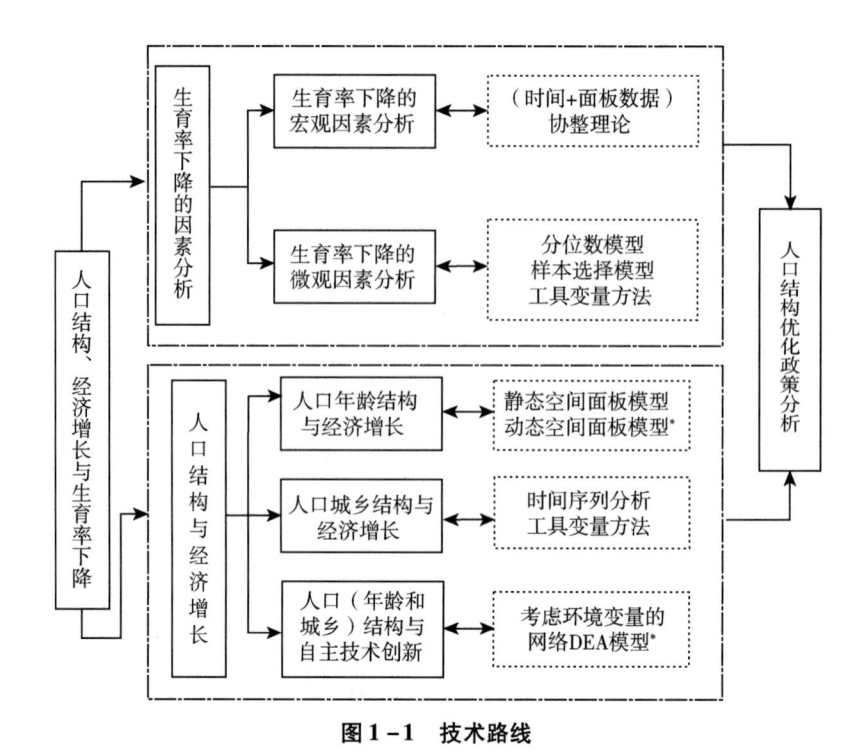

注：＊表明该模型与估计方法为本书提出。

与微观因素。第一部分内容围绕生育率展开的原因有二：一是生育率是人口结构变动的核心因素，生育率在人口年龄结构与人口城乡结构变动中起至关重要的作用；二是本书的政策建议主要围绕生育政策展开。因此，本书需要对生育率下降的成因有整体的把握。对于第二部分内容，本书通过人口年龄结构和人口城乡结构两个方面，分析人口结构与经济增长间的关系。由于技术创新是经济增长的内在动力，本书进一步分析了人口（年龄和城乡）结构与自主技术创新间的关系。

其中，生育率下降的宏观、微观因素分析的相关内容在第二章和第三章。第二章从宏观视角分析生育率与死亡率和人均收入间的长期均衡关系；第三章从微观视角分析生育率下降的因素（女性生育延迟），并着重分析人力资本投资、女性生育延迟及收入三者间的内在关联。人口结构变动的经济增长效应分析为第五章至第七章的内容。第四章与第五章着重分析人口年龄结构对经济增长的作用效应及其作用机制。第六章重点探讨人口城乡结构变动对经济增长的影响，同时分析人口城乡结构与人口年龄结构间的内在关联。第七章分析人口年龄结构与人口城乡结构对技术创新的影响。因此，本书始终围绕生育率下降、人口结构变动与经济增长展开。

第四节　本书的主要创新点

本书的主要创新之处可以归纳为理论、方法与视角三个方面。

第一，在理论上，本书从生育率与预期寿命年限维度构建世代交叠模型，分析人口年龄结构对经济增长的作用机制，并将人口年龄结构与家庭生育决策纳入城乡人口流动模型分析人口城乡结构对经济增长的作用机制，从生育率与预期寿命维度分解人口结构变动的经济增长效应。基于世代交叠模型和内生经济增长理论，从生育率与预期寿命年限维度研究人口结构变动对经济增长的影响。从具体的影响因素入手分析人口结构的经济增长效应可以把握各个因素的贡献程度。首次将生育与人口年龄结构纳入中国城乡人口流动模型中，根据农村劳动力转移对生产要素的二次配置，将城乡人口流动对经济增长的效应分解为直接效应与（通过家庭生育决策转变作用于经济增长的）间接效应，考察人口城乡结构与经济增长间的关系。

第二，在方法上，本书提出通过带有时空相关和异方差分布结构的空间动态面板数据模型和考虑环境变量的网络 DEA 模型来分别测度经济增长的时空效应和人口结构对技术创新的作用效应，弥补现有方法的不足。对于提出的空间动态面板数据模型，本书基于截面单元间的空间相关性，提出了一类新的工具变量，能够在不损失自由度的基础上增加工具变量的个数，并构建了时间相关系数和空间相关系数的广义矩估计量。对于考虑环境变量的网络 DEA 模型，拓展的条件网络 DEA 估计量继承了条件性 DEA 估计量的上述优点，而且具有一般网络 DEA 估计量的性质，定义的加权条件性网络方向距离函数是一种非径向非导向的效率测度类型，弥补了条件性方向距离函数无法测度潜在松弛的不足。

第三，在视角上，本书不仅从宏观视角分析生育率下降的因素，还从微观视角分析生育率下降的因素，弥补中国对女性育龄延迟这方面研究的不足。导致生育率下降的因素除引起生育数量减少的因素之外，还包括致使生育年龄延迟的因素。本书从人力资本投资的微观视角分析女性生育延迟的机制。本书将人力资本投资的时间花费和人力资本投资对女性起薪的影响纳入育龄收入效应的机制分析中，对理论模型进行补充。利用中国的家庭收入调查数据对中国的育龄收入效应及其作用机制进行实证分析；同时，利用女性配偶的相关信息丰富首胎育龄的工具变量。

第 二 章

生育率下降的宏观分析

第一节 生育率下降的现状分析

人口转变在 19 世纪末开始席卷全球，后马尔萨斯时代的快速人口增长态势已经被逆转，生育率和人口增长速度开始明显下降。与马尔萨斯时代的人口变量特征不同，后马尔萨斯时代的人口变量特征的演变伴随着工业化、城市化。人力资本的作用开始由社会领域向经济生产领域全面渗透，生育质量在家庭生育决策中的权重稳步提升。人口结构变动因素通过物质资本集中、人力资本积累及人口红利释放三条路径促进生产要素积累和技术进步，推动人均收入水平的上升。人口转变是人口再生产从传统的马尔萨斯稳态阶段（高出生率、高死亡率与低人口增长速度）向现代人口再生产稳态阶段（低出生率、低死亡率与低人口增长率）转变的过程，一般包含马尔萨斯人口阶段、人口过渡阶段和现代人口阶段。Krik（1996）在对人口转变理论形成的归纳中指出，人口转变理论基于对欧洲人口再生产过程动态变化的特征进行统计性描述和经验分析，由 Thompson 在 1929 年率先提出，后经 Landry 和 Carr-Saunders 两位代表性先驱的发展，最后由 Notestein 完善。人口转变理论在剖析转变因素的同时，成为预测未来人口变化的一种有力工具，尽管在过去的数年里成功预测的次数较少。

人口转变理论的核心是死亡率转变和生育率转变。

在过去的几十年里，死亡率的下降几乎发生在所有的和平国家，成为经济社会进步的一大标志。无论是发达国家还是发展中国家，预期寿命不断地延长，欧美及日本等发达国家的预期寿命已达到80—85岁，中国的预期寿命也从中华人民共和国成立初期的40来岁延长到当前的77岁左右。出生婴儿的死亡率也降至了历史最低，包括中国在内的许多国家均已经降至10‰以下，尤其是一些欧洲国家和日本，它们的出生婴儿死亡率已降至5‰以下。出生婴儿死亡率的下降空间和预期寿命年限上升的空间已经达到了一个历史性的顶点。欧美等发达国家的死亡率转变过程可以被视为已经完成，而世界上其他国家的死亡率转变过程正在进行中。

生育率的转变也已经在每个主要的地区发生了。除东帝汶、索马里、乌干达、乍得、冈比亚、几内亚、刚果（金）、安哥拉、尼日利亚与尼日尔等少数国家的总和生育率仍维持在5.00以上，其他国家的生育率均已经降低至3.00，甚至2.00，甚至低于更替水平（总和生育率等于2.01）。中东及北非地区的平均总和生育率已经降至接近2.80，拉丁美洲与加勒比海地区的总和生育率已接近更替水平。欧美及中亚地区的总和生育率已经低于更替水平，降至1.80左右。总而言之，生育率转变已经成为全球性且具有持续性的现象。在生育率的转变过程中，学者发现，生育率的下降与第二次世界大战后人口转变理论的预测并不一致，总和生育率并未稳定在人口更替和保持平均拥有两个孩子的水平上，人口转变的结果并不是回归到零人口增长和无需（或少数）移民的均衡人口状态上，而是朝着总和生育率继续下降、无稳定人口的状态运动。在这种背景下，经典的四阶段人口转变理论已无法解释，一些欧洲学者为此提出了"第二次人口转变"的概念，基于家庭的变革、婚姻与生育间的纽带断裂角度阐释欧洲生育率长期陷入"低生育陷阱"现象之谜。低生育率加之不断延长的预期寿命，使人口结构不断地老化，而低于更替水平的生育率又无法弥补人口结构的老化，若欧洲无人口移民，人口增长将陷入负增长。

截至目前，虽然中国具体的总和生育率水平尚未确定，但中国学者对生育率低于人口更替水平已经基本达成共识，刘爽等（2012）根据第六次全国人口普查数据及其他抽样调查数据，指出我国的部分城市已经出现符合"第二次人口转变"特征的现象，这表明中国正在走向类似欧洲的"第二次人口转变"过程当中。李建名（2000）提出了"后人口转变"的概念，这一概念基于对人口再生产过程动态发展规律的认识，认为人口再生产过程是一个长期演变的过程，并不终止于人口转变，这是对建立更具包容性和广泛性理论的呼吁。吴帆和林川（2013）认为，"第二次人口转变"在一定程度上是文化传承与价值转变在家庭婚姻与生育领域里的具体表现形式，且具有重要的经济社会影响力。

由于生育率和死亡率的滞后结构在不同国家间均不同，且多数文献对我国生育率转变成因的分析停留在理论层面，因此，有必要对我国的生育率转变成因进行计量实证分析，考察人口变量和经济变量对生育率转变的作用效应。本章通过协整分析方法对我国时间序列数据和省际面板数据进行分析，检验死亡率和收入对生育率的作用效应。

第二节　生育率下降的理论分析

人均收入水平提高先于生育率的下降启发一些经济学家提出"在工业化进程中生育率的下降是由收入水平的提高引起的"的观点，主要包括孩子商品理论和孩子数量质量替代理论。孩子商品理论认为收入水平的上升会提高抚养孩子的机会成本，降低孩子的数量，导致生育率的下降。孩子商品理论将孩子作为一种正常商品来看待，同样存在商品的替代效应与收入效应。当收入水平提高时，孩子作为一种正常商品，收入效应使孩子数量上升，但由于收入增加导致抚养孩子的机会成本上升，替代效应导致孩子数量下降，即存在正向的收入效应和负向的替代效应，最终的效应取决于收入效应与替代效应间的权衡。孩子商品理论认为生育的替代效应占据主导地位，从而收入水平与生育率间呈现反向关系。孩子商品理论实际上暗含着在收入超过一定水平时，个人消费偏好在商品与孩子间更偏好于孩子的假定，即个人的效用函数不能是对数线性的形式。事实上，经济体制内的许多变化均可以被归结为偏好的转变，然而偏好是不可观测的，基于偏好变化的理论是不容易辩驳的。孩子数量质量替代理论认为，收入的变动会改变在孩子身上的人力资本投资水平，收入水平提高一方面会倾向于提高孩子的人均人力资本水平；另一方面会增加孩子的数量，收入对生育变动的综合效应取决于投资教育的收入弹性和孩子数量收入弹性间的比较。该理论认为前者的收入弹性较后者大。因此，收入水平的提高会使父母由关注孩子数量向关注孩子质量转变，这一方面降低了孩子的数量，另一方面增加了对孩子的人力资本投资。就本质而言，孩子数量质量替代理论与孩子商品理论是一样的，同样暗含着偏好倾斜孩子质量的假定。

　　事实上，孩子商品理论和孩子数量质量替代理论是可以统一在一个框架内的，合为一个理论。孩子商品理论的重点在于孩子抚养的机会成本上升，而孩子数量质量替代理论的重点在于孩子质量的提升要求。也就是说，要找到一个相同的契合点，说明两个子问题，一是为什么孩子的抚养成本在收入水平提高后会上升，二是为什么在收入提高后需要增加对孩子的人力资本投资。回答这两个子问题前，需弄清一个关键性问题，即收入提高的根本决定性因素是什么？本书认为是工业化。人均收入水平提高是工业革命的具体体现之一，也是衡量工业化程度的具体指标之一。工业化导致产业结构的变动与技术的进步，很多研究已经证实技术进步往往不是中性的，它存在技术偏向性。当技术进步偏向于体力劳动使用或技能的节约，对脑力劳动和技能要求相对较低时，在一定范围内的收入水平提高，会导致孩子数量增加，因为此时父母更偏好于收入效应，且孩子数量的收入弹性相对更高。当技术进步偏向于脑力劳动使用或技能的使用，对脑力劳动和技能要求相对高时，工业化需要大量的复杂劳动，对就业人员的脑力劳动要求越来越高，此时，收入水平要想进一步地提高，就需要提高对人力资本水平的投资，孩子人力资本投资也需要大量的成本投入，即表现为孩子的机会成本随着收入水平的提高而增加。因此，在收入水平达到一定程度后，收入水平的上升使孩子的替代效应占主导，且投资教育的收入弹性更高，最终导致生育率下降。因此，工业化进程中不同的技术进步偏向导致收入与生育率存在不同的作用关系。根据 Acemoglu（2002）的调查与总结发现，在 19 世纪及之前的时期，英国与美国早期的工业化阶段的技术进步是技能节约型；在 20 世纪后，工业化进程中的技术进步才是技能使用型。Galor 和 Weil（2000）指出在后马尔萨斯时代，虽然技术进步使经济逐渐摆脱马尔萨斯陷阱的困扰，但是在这一时期生活水平的提高是非常缓慢的，而人口的增长速度却在不断地提高。到 19 世纪末期，技术水平加速进步，人均收入水平迅速提高，这些变化导致出生率的下滑和教育水平的上升，使人口进入转变阶段。Goldin 和 Katz（2008）利用大量的证据也表明，在 20 世纪，美国的技术进步已由技能节约型转向技能使用型，并持续到今天。

死亡率先于出生率下降的典型性事实常作为人口学家提出死亡率对生育率转变具有重要影响的一个判断依据。虽然该假说常受到理论上的不稳健和历史证据不一致的困扰，但在人口转变理论的研究中是不可或缺的。死亡率理论认为一个家庭存在一个最理想的存活孩子数量，父母会基于孩子的存活概率来决定生育孩子的数量，使期望存活的孩子数量达到理想状态。因此，随着死亡率的下降，孩子存活的概率会上升，相对而言，更少的孩子生育数量就能维持期望的存活孩子数量，父母会减少孩子生育的数量。这一理论表明死亡率与存活的孩子数量并无关系，这也是为什么死亡率无法解释净生育率下降的原因，但死亡率能够影响生育率，且对其产生一个正向的作用效应。换言之，存活孩子数量是确定性的。若是不确定性的，死亡率对孩子存活数量将产生影响。父母是风险厌恶型时，他们对孩子具有预防性需求效应，尤其在高死亡率的环境下，父母会增加孩子的缓冲库存。此外，父母对孩子存活数量的风险规避意识要强于对商品消费的风险规避意识，在进化动力下，消费者可能会追逐高风险产品的消费。

我们用 Galor（2012）的数理模型来说明上述理论，考虑一个家庭的效用来源于产品的消费（c）和孩子存活数量（n），假定每个孩子存活的概率是 θ，那么一个家庭生育孩子的数量 n^b 与存活孩子数量间的关系为：

$$n = \theta n^b \qquad (2-1)$$

家庭被赋予一个单位时间，如果这一个单位时间均供给于劳动力市场，那么能够产生收入 y。假定抚养孩子是时间密集型的且每一个孩子的抚养成本是父母单位时间禀赋的 τ 比例，那么抚养一个孩子的货币成本或机会成本是 τy，那么家庭面临的预算约束是：

$$\tau y n + c \leqslant y \qquad (2-2)$$

式（2-2）表明一个家庭的最大消费水平是扣除抚养 n 个存活孩子成本后的收入。每一个单元时间的收入增加时，y 产生两种效应，即替代效应与收入效应。一方面，y 的增加产生正向的收入效应，由于孩子是正常商品，故孩子存活数量 n 会增加；另一方面，y 的增加产生负向的替代效应，提高了抚养孩子的机会成本 τy。因此，y 的综合效应取决于效用函数 u 的形式，即对偏好倾斜的假定。对于孩子商品理论而言，该理论设定偏好不是同位相似的，当收入增加时，偏好倾斜于孩子一方。若设定偏好是同位相似的，当收入增加时，偏好不存在倾斜于消费和孩子的任一方，那么收入效应与替代效应将相互抵消。假定收入水平为 y 时，家庭对孩子和消费的偏好程度分别为 $\gamma(y)$ 和 $(1-\gamma(y))$，其中 $0<\gamma(y)<1$，此时，偏好是否同位相似或者倾斜可以表示为：

$$\frac{\partial \gamma(y)}{\partial y} \begin{cases} >0, & \text{偏好倾斜孩子} \\ =0, & \text{偏好同位相似} \\ <0, & \text{偏好倾斜消费} \end{cases} \quad (2-3)$$

基于式（2-3）的假定，可以进一步地将效用函数具体化为对数线性形式，即：

$$u = \gamma(y)\ln n + (1-\gamma(y))\ln c \quad (2-4)$$

结合式（2-1）、式（2-2）与式（2-4）可以得到家庭最优的生育孩子数量为：

$$n^b = \frac{\gamma(y)}{\theta\tau} \quad (2-5)$$

式（2-5）表明一个家庭最优的孩子生育数量与偏好孩子程度 $\gamma(y)$ 成正比，与存活率 θ 成反比（或与死亡率成正比）。式（2-5）还暗含着家庭最优的孩子生育数量与收入水平存在着某种关联，当家庭父母随着收入提高偏好向孩子（消费）倾斜时，偏好孩子程度 $\gamma(y)$ 增大（变小），使家庭最优的孩子生育数量上升（下降）。当偏好是同位相似时，偏好孩子程度 $\gamma(y)$ 将变为一个常数 γ，此时，家庭最优的孩子生育数量独立于收入水平变化。

第三节 中国 1952—2015 年时间序列分析

一 中国时间序列数据说明与描述

本节通过我国 1952—2015 年的时间序列分析收入水平与死亡率对生育转变的影响。选取出生率作为生育率指标，它表示每千人中的活产婴儿数量。用以 1952 年为基期的实际人均 GDP 作为收入水平的衡量指标，死亡率以每千人中的死亡人口数量来衡量，死亡率与人口老龄化程度、当年整体环境的特殊因素（例如战争、流行性疾病及自然灾害等）息息相关。本章之所以选择每千人死亡率作为死亡率变量，而不选择出生婴儿死亡率作为死亡率变量的原因是每千人死亡率不仅涵盖婴儿死亡的情况，还包含成年人死亡的信息（特别是包含了预期寿命年限延长的信息）。三个时间序列指标均来自国家统计局数据库。

如图2-1（a）所示，我国在1952—1978年，人均GDP从1952年的119元增长到1978年的136元，增长极其缓慢。其中，1953—1960年人均GDP在125元上下徘徊，几乎没有什么变动；1961年人均GDP提高至145元，之后在1962—1978年的十几年里，人均GDP一直在140元上下波动，且呈现微小下滑的态势。其中1961年人均GDP突然快速上升，主要有两个方面的原因，一是1961年GDP达到823亿元，较1960年的714亿元增加了100多亿元；二是三年困难时期我国总人口的暂时性减少。① 综合上述分析可以断定，这次的人均GDP上升大部分还是由经济总量的增加导致的。从1978年开始至2015年，我国人均GDP开始快速拉升，从1978年的136元增长到2015年的838元，人均GDP提高了5倍多，年均提高19元左右。

从图2-1（b）中可以发现，1952年以来我国人口出生主要出现了三个峰值与两个谷值，第一个出生高潮是20世纪50年代初（其中1952—1954年出生率平均维持在37‰左右），峰值出现在1954年（出生率达37.97‰），这是中华人民共和国成立与第二次世界大战后的第一个生育高峰。第二个出生峰值是1963年（出生率达43.6‰），这与三年困难时期过后的补偿性生育和1961年开始的国民经济好转相关。这一波出生的婴儿成家立业，在20世纪80年代进入生育年龄阶段，带动第三波的婴儿潮，其中在1987年出生率达到第三个峰值（23.3‰）。第一个出生低谷出现在1959—1961年（1961年的出生率仅为18.1‰），这一波出生的婴儿成家立业，在20世纪70年代末进入生育年龄阶段，出现第二个出生低谷，其中在1979年出生率达到第二个谷值（17.8‰）。在1952—2015年，出生

---

① 我国生产总值以1952年价格为基期进行平减，数据均来自国家统计局数据库。

率从 37‰ 降至 12‰。

如图 2-1（c）所示，不考虑 1959—1961 年的死亡率，死亡率在 20 世纪 50 年代和 60 年代经历快速下滑阶段，在 20 世纪 70 年代至 2015 年一直维持在 7‰ 上下。

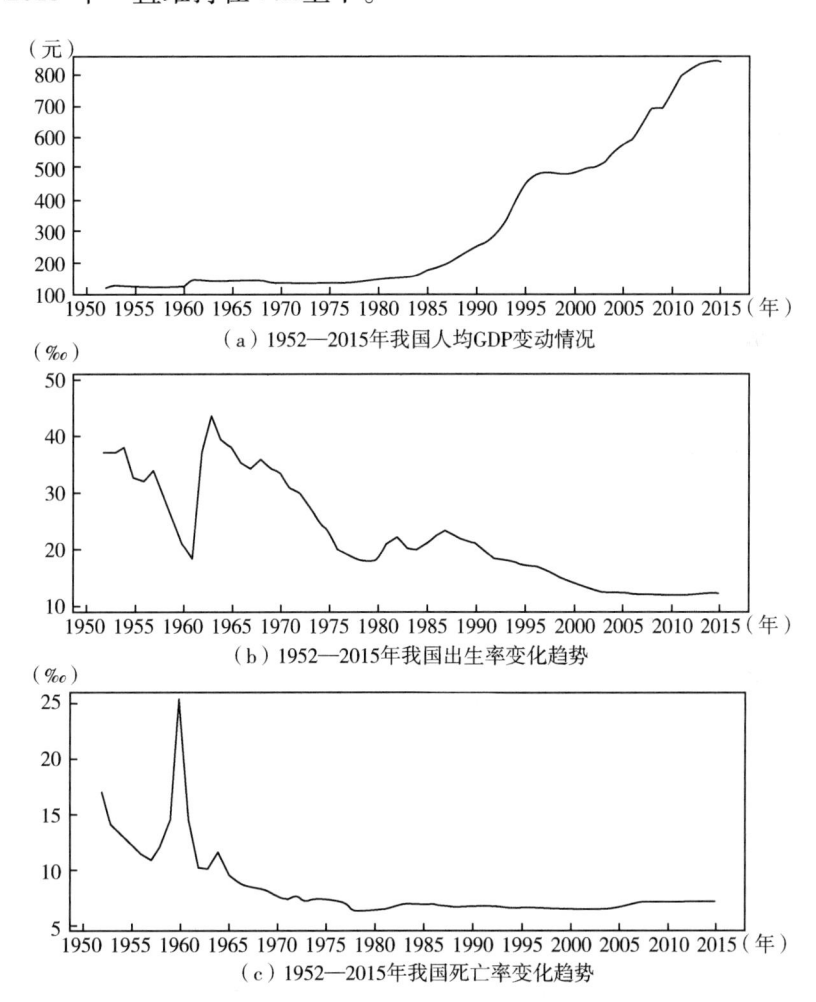

（a）1952—2015 年我国人均 GDP 变动情况

（b）1952—2015 年我国出生率变化趋势

（c）1952—2015 年我国死亡率变化趋势

图 2-1　1952—2015 年我国人口与经济相关变量变化趋势

对比人均 GDP、出生率与死亡率的时间变化趋势可以得出以下几点结论：一是死亡率先于出生率下降，在改革开放前，出生率与死亡率存在较好的对应关系，根据欧美的人口转变理论，这可能暗含着死亡率在这一阶段对出生率具有因果关系；二是改革开放后，死亡率几乎没有变动，这一阶段的生育变动不能由死亡率来解释；三是改革开放前，人均 GDP 变动极其缓慢，这一阶段的生育变动不能由人均 GDP 来解释；四是改革开放后，人均 GDP 与出生率存在一致的下滑趋势，根据生育率转变理论，人均 GDP 在这一阶段对出生率具有因果关系；五是综合 1952—2015 年情况，出生率将由死亡率、人均 GDP、自然灾害与国家计划生育政策共同决定。

二 时间序列数据协整分析

本节对以下计量模型进行分析：

$$br_t = \beta_0 + \beta_1 \ln y_t + \beta_2 dr_t + \varepsilon_t \qquad (2-6)$$

其中，br_t、$\ln y_t$ 与 dr_t 分别表示 t 时期的出生率、对数人均 GDP 与死亡率，β_1 与 β_2 分别表示对数人均 GDP 与死亡率的偏回归系数，ε_t 表示随机扰动项。利用 DF-GLS 单位根检验方法对时间序列人均 GDP、出生率与死亡率进行单位根检验，结果表明三个序列均存在单位根过程。从图 2-1 中可以发现，出生率与死亡率和对数人均 GDP 的升降具有一定的联动性。因此，出生率与死亡率和对数人均 GDP 间很可能存在长期的均衡关系，即协整系统。为此，有必要首先弄清存在多少个线性无关的协整向量，确定协整秩。对式（2-6）进行协整秩的迹检验和最大特征值检验，表 2-1 给出了协整秩检验的 Stata 程序结果。包含常数项与时间趋势的协整秩迹检验的 Stata 程序结果表明，只有一个线性无关的协整向量，而最大特征值统计量也表明，可以在 5% 的水平上拒绝"协整秩为 0"的原假设，但无法拒绝"协整秩为 1"的原假设。因此，综合两种检验结果，可以认为式（2-6）存在唯一的长期均衡关系。

表 2-1　　　　　　　协整秩检验的 Stata 程序结果

协整秩	迹统计值	5% 临界值	最大特征值统计量	5% 临界值
0	61.60	34.55	47.83	23.78

续表

协整秩	迹统计值	5%临界值	最大特征值统计量	5%临界值
1	13.78*	18.17	9.39	16.87
2	4.39	3.74	4.39	3.74

注：*表示统计量选择的协整秩。

为了进一步建立该系统的向量误差修正模型，需要给出该系统所对应的向量自回归表示法的滞后阶数，利用各种准则进行判断，表2-2给出了结果。结果表明包括FPE和SBIC在内的所有统计量均选择滞后阶数为2。

表2-2　　　　　　　　模型滞后阶数的确定

滞后阶数	LL	LR	df	p	FPE	AIC	HQIC	SBIC
0	-393.73	—	—	—	111.12	13.22	13.27	13.33
1	-164.77	457.91	9	0.00	0.07	5.89	6.06	6.31
2	-91.93	145.68*	9	0.00	0.01*	3.76*	4.05*	4.50*
3	-88.51	6.85	9	0.65	0.01	3.95	4.36	5.00
4	-80.13	16.76	9	0.05	0.01	3.97	4.50	5.33

注：*表示统计量选择的滞后阶数。

基于表2-1与表2-2的结果，分别利用Johansen的MLE对式（2-6）进行估计，得出表2-3的回归结果，其结果与理论部分分析相吻合，人均GDP和死亡率的系数均显著，通过1%的显著性水平，表明出生率与死亡率和人均GDP间存在一个长期的均衡关系。人均GDP对出生率具有负向效应，系数估计值为-5.94，表明人均收入每相对增加1个单位，出生率绝对量下降5.94‰；死亡率对出生率具有正向效应，系数估计值为1.63，表明死亡率每下降1个单位，出生率将下降1.63‰。

表2-3　　　　　　　　长期均衡关系回归结果

当被解释变量为br时，解释变量为	系数	标准误	z统计量	p值
$\ln y$	-5.94	1.44	-4.13	0.00

续表

当被解释变量为 br 时，解释变量为	系数	标准误	z 统计量	p 值
dr	1.63	0.30	5.35	0.00
常数项	39.19	—	—	—

标准的增长模型表明更高的生育率将会降低人均 GDP 水平，这是因为人口的增加会导致资本的广化，而不是深化。此外，更高的生育率也可能导致死亡率的上升，这是因为更庞大数量的孩子群体会使人均儿童的营养与健康水平下降。因此，生育率可能分别与死亡率和人均 GDP 存在双向的相关关系。为了检验因果关系，利用表 2-3 的回归结果，可以得到误差修正项：

$$ec_t = br_t - (39.19 - 5.94\ln y_t + 1.63 dr_t) \quad (2-7)$$

再结合表 2-2 的结果选取滞后阶数 2（$k=1$），那么可以构建以下误差修正模型：

$$\begin{pmatrix} \Delta br_t \\ \Delta \ln y_t \\ \Delta dr_t \end{pmatrix} = \begin{pmatrix} c_1 \\ c_2 \\ c_3 \end{pmatrix} + \sum_{i=1}^{k} \Gamma_i \begin{pmatrix} \Delta br_{t-i} \\ \Delta \ln y_{t-i} \\ \Delta dr_{t-i} \end{pmatrix} + \begin{pmatrix} a_1 \\ a_2 \\ a_3 \end{pmatrix} ec_{t-1} + \begin{pmatrix} \varepsilon_{t1} \\ \varepsilon_{t2} \\ \varepsilon_{t3} \end{pmatrix} \quad (2-8)$$

其中误差修正项 ec_{t-1} 表示对长期均衡水平的偏离程度，调整系数 a_1、a_2 和 a_3 分别表示出生率、对数人均 GDP 和死亡率对长期均衡关系偏离的反应程度。根据格兰杰定理可知，调整系数必定至少存在一个不为零，因为本书的协整秩检验为 1，存在一个长期的均衡关系。当误差修正项的系数显著时，表明存在长期的格兰杰因果，亦表明存在长期的内生关系；当误差修正项的系数不显著时，表明该变量为弱外生变量，不存在从该变量到因变量的长期格兰杰因果。在协整系统中，对滞后差分解释变量的显著性检验是对短期的格兰杰非因果检验，对误差修正项的显著性检验是对长期的格兰杰非因果检验（等同于变量的弱外生性检验），且弱外生性是格兰杰非因果的必要不充分条件。

表 2-4 给出了式（2-8）的回归结果，在对模型结果进行理论

分析之前，有必要进行一系列的假设条件检验，以评判得出的结果的可靠性。首先，通过对误差修正模型的残差进行自相关检验，以判断是否需要增加滞后阶数，对残差的滞后一期与滞后二期进行 LM 检验，结果表明卡方值分别为 8.95 与 12.19，相应的 p 值分别为 0.44 与 0.20，在 5% 的显著性水平下无法拒绝"无自相关"的原假设，上述误差修正模型无需再增加滞后阶数。通过对残差进行正态性检验，D_br、$D\_lngdppc$ 和 D_dr 的残差项的 JB 检验的值分别为 6.16、6.25 和 949.52，相对应的 p 值分别为 0.046、0.044 和 0，可在 5% 的显著性水平下拒绝 D_br、$D\_lngdppc$ 和 D_dr 的残差项服从正态分布的原假设，且 D_br 的偏度检验结果无法拒绝对称性的假设条件，表明 D_br 的残差在对称性方面与正态分布较接近。虽然上述估计方法 Johansen 的 MLE 是基于扰动项服从正态分布而推导出来的，但作为拟极大似然估计量，在更弱的非正态条件下也是成立的。因此，残差的非正态性对误差修正模型估计的结果影响不大，但可能对出生率的区间预测产生影响。

表 2-4　　误差修正模型回归结果

		D_br	D_lny	D_dr
1	$L1\_ec$	-0.251173 ***	-0.000463	0.110928 **
		(0.036183)	(0.000653)	(0.045829)
2	LD_br	0.177986 **	0.001250	-0.053808
		(0.072462)	(0.001307)	(0.091779)
3	LD_lny	7.769016	0.698652 ***	0.266660
		(4.967259)	(0.089585)	(6.291445)
4	LD_dr	-1.114072 ***	0.010912 ***	-0.052036
		(0.109082)	(0.001967)	(0.138161)
5	常数项	-0.178184	0.011847 **	-0.403410
		(0.287673)	(0.005188)	(0.364361)

注：小括号内为标准误，***、** 分别表示在 1%、5% 的显著性水平下显著。其中 $D\_$ 表示变量的一阶差分，$L1\_$ 表示变量的滞后一期，$LD\_$ 表示变量的一阶差分滞后一期。

通过特征值条件进一步判断误差修正模型系统的稳定性，结果如图2-2所示。除了误差修正模型本身所假设的单位根，伴随矩阵的所有特征值均落在单位圆之内，故误差修正模型系统是稳定的。

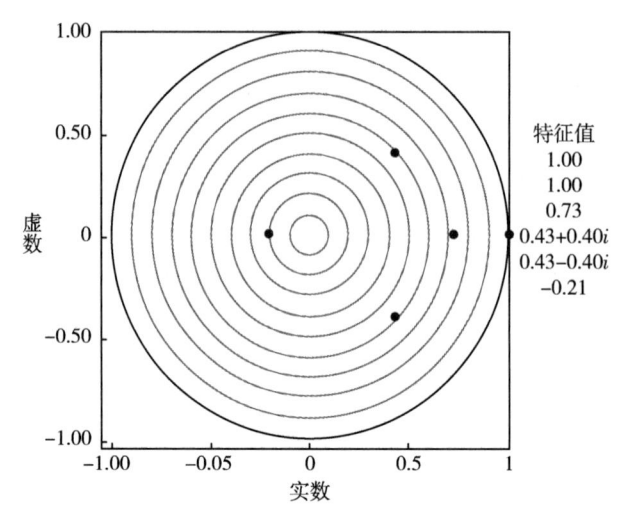

图2-2　误差修正模型系统稳定性判别

注：其中两个点值相同，均为1。

特征值
1.00
1.00
0.73
0.43+0.40i
0.43−0.40i
−0.21

通过上述检验之后，可以基本断定基于Johansen的MLE结果是基本可靠的。从表2-4的调整系数的显著性可以发现，在5%的显著性水平下出生率和死亡率的调整系数项拒绝弱外生性的原假设。因此，出生率与死亡率是通过偏离长期均衡关系的离差进行调整的，但人均GDP不是，它是一个弱外生变量。由短期的格兰杰因果关系可知，死亡率对出生率存在单向的格兰杰因果关系，死亡率对人均GDP对数存在单向的格兰杰因果关系。

图2-3给出了出生率、死亡率和人均GDP的三个脉冲响应函数。由此可知，其一，对于一个含有单位根的协整系统，对一个变量的冲击可能对其自身和其他变量均具有持久性的影响，而平稳VAR的脉冲响应函数是不具有这种性质的。其二，出生率和死亡率对各个变量的冲击存在响应，这与表2-4的结果相对应，因为出生率与死亡率是内生变量，而由于人均GDP是弱外生变量，无论是出

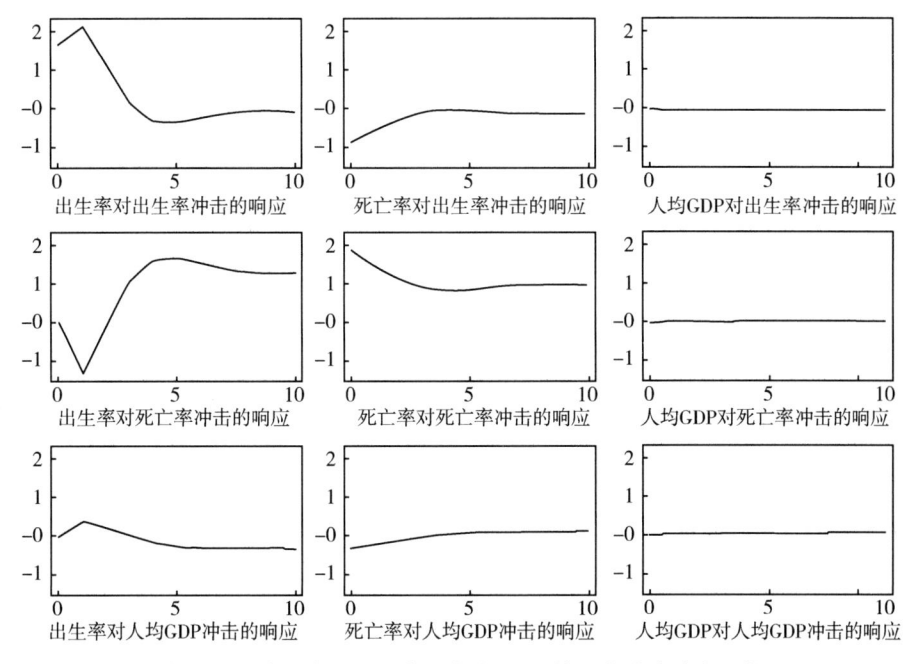

图 2-3　出生率、死亡率和人均 GDP 的三个脉冲响应函数

生率、死亡率还是人均 GDP 自身的冲击,均对人均 GDP 不产生持久性影响。此外,由于出生率与死亡率是内生变量,它们之间的冲击对彼此具有较大且更持久性的效应。其三,图 2-3 的第一列三个图分别反映了出生率对出生率、死亡率和人均 GDP 的冲击的响应,出生率对出生率的冲击具有正向的响应,对死亡率的冲击具有负向的响应,而对人均 GDP 的冲击的响应极其微弱且不显著,这与表 2-4 的 "2" 横排结果相对应。图 2-3 的第二列三个图分别反映了死亡率对出生率、死亡率和人均 GDP 的冲击的响应,死亡率对出生率的冲击具有负向的响应,对死亡率的冲击具有正向的响应,而对人均 GDP 的冲击的响应极其微弱且不显著,这与表 2-4 的 "3" 横排结果相对应。图 2-3 的第三列三个图分别反映了人均 GDP 对出生率、死亡率和人均 GDP 的冲击的响应,从中可以发现人均 GDP 对所有的冲击均不产生响应,这与表 2-4 的 "4" 横排结果相对应。

通过分析出生率与死亡率和人均 GDP 的协整系统发现,人均

GDP 对出生率具有负向的效应，这表明收入上升引起孩子的替代效应大于其对孩子的收入效应，也表明中国当前技术创新朝着技能使用方向前进。死亡率对出生率具有正向的效应，这意味着死亡率的下降的确有助于出生率的下降，死亡率的下降提高了出生婴儿的存活概率，在保持不变的期望存活孩子数量下，父母会减少孩子的生育数量。

将协整系统分析结果与图 2-1 的结论相结合可以发现，死亡率对出生率下降的作用效应主要体现在改革开放前，其间，人均 GDP 水平长期停滞，若死亡率保持高位或不下降，中国在这段时期将可能陷入马尔萨斯陷阱。死亡率先行下降，一方面使出生率随之下降，避免马尔萨斯陷阱在我国出现；另一方面，死亡率与生育率间的"剪刀差"形成人口转变过程中巨大的人口红利，这一人口红利在改革开放后得以释放，对经济增长起到巨大的作用。人均收入对出生率下降的作用效应主要体现在我国的改革开放后，其间，人均收入水平的提高与出生率的下降同行，使中国从马尔萨斯增长逐渐摆脱并向现代经济增长过渡，这就是中国的刘易斯增长阶段。死亡率与人均收入在不同的历史时期和不同的经济社会环境中对生育的转变产生重要影响，这表明死亡率与人均收入对生育率的具体作用效应受到环境变量的影响，且因时间与空间的变化而变化，这也与各国的生育转变速度差异较大相印证。

第四节　中国省际面板数据实证分析

一　中国生育现状分析

我国各省份人口转变的主要趋势是一致的，但是在初始阶段及后来的升降速度仍存在一定程度的差异。如表 2-5 所示，中国各省份出生率存在一定差异，在 1955 年，出生率最高的是上海，高达 42.30‰；出生率最低的是湖北（扣除数据缺失的省份排名），为

26.17‰，两者间的差距达到约16个千分点。这一差距在1970年一度扩大到将近30个千分点（贵州出生率最高，为43.09‰；上海出生率最低，为13.90‰）。不过近年来这一差距又在不断地缩小，截至2015年，出生率最高的是西藏，为15.75‰，出生率最低的是天津，为5.84‰，两者间的差距缩小至10个千分点左右。此外，从标准差也可以发现省际的出生率差异在不断地变小，标准差由1955年的4.35，降低至2015年的2.94，其间，省际差异或出生率波动幅度一度增大，达到6.90（1960年）。由主要年份的出生率前五位和出生率后五位省份可知，在20世纪50年代与20世纪60年代初时处于出生率前列的省份，其出生率从20世纪70年代开始以更快的速度下降；从20世纪70年代开始，这些省份的出生率排名较靠后，例如上海、北京与辽宁等。相反，在20世纪50年代与20世纪60年代初出生率较低的省份，其出生率在20世纪70年代开始以慢于北京、上海等的速度下降；从20世纪70年代开始，这些省份的出生率反倒位居前列，例如重庆、甘肃等。截至2015年，西藏、新疆、青海与广西等省份的出生率位居全国前列，这些省份具有一些共同特征，一是少数民族人口比重较高，二是经济发展水平较东部地区不发达，地处西南与西北地区。

表2-5　　　　　　　　中国部分省份出生率主要年份情况

年份	1955	1960	1970	1980	1990	2000	2010	2015
最大值	42.30	33.03	43.09	25.17	26.41	20.59	15.99	15.75
平均值	34.02	22.36	31.95	18.08	20.85	12.77	11.29	11.15
最小值	26.17	11.35	13.90	11.16	10.20	5.30	6.68	5.84
标准差	4.35	6.90	6.34	4.01	4.17	3.88	2.72	2.94
前五位	上海	北京	贵州	广西	新疆	贵州	新疆	西藏
	黑龙江	黑龙江	宁夏	宁夏	西藏	西藏	西藏	新疆
	北京	吉林	青海	贵州	河南	青海	青海	青海
	辽宁	辽宁	甘肃	海南	海南	云南	海南	海南
	浙江	内蒙古	重庆	广东	江西	新疆	宁夏	广西

续表

年份	1955	1960	1970	1980	1990	2000	2010	2015
后五位	重庆	河南	浙江	黑龙江	浙江	江苏	吉林	上海
	甘肃	青海	西藏	天津	重庆	天津	北京	辽宁
	四川	重庆	天津	四川	辽宁	北京	黑龙江	黑龙江
	安徽	四川	北京	上海	北京	上海	上海	吉林
	湖北	安徽	上海	重庆	上海	陕西	辽宁	天津

注：由于广东、海南和西藏数据缺失，故1955年与1960年的排名不涉及这三个省份。

从图2-5中可以发现，各省份的死亡率变动趋势与图2-1中的死亡率变动趋势一致。死亡率最大值的下降速度是最快的，呈现不断下降的态势，而均值和最小值在1970年后下滑的速度非常缓慢，使省际死亡率的差异不断地缩小。从标准差就能发现，其中在1950年，标准差为3.74，省际差异较大；到2010年，标准差缩减至0.66，省际死亡率差异明显减小。此外，从1970年开始，省际死亡率变动非常缓慢，几乎维持不变。死亡率偏低多数集中在北京、上海及广东等收入水平较高的省份，或者是宁夏、海南等收入增速较快的省份。而死亡率偏高多数集中在西南地区和西北地区。特别的，1960年左右的死亡率波动最大，这与三年困难时期相关，其中安徽及西南地区死亡率较高，而城市化水平及工业化水平较高的北京、上海及天津等的死亡率相对较低。

二 影响生育率下降的可能因素

我国各省份生育率转变的趋势与经济、社会、文化及环境等方面的影响息息相关，其中，与经济发展水平的提高、死亡率的下降、国家相关政策（包括计划生育政策与民族人口政策）的出台与人口的空间流动均存在紧密联系。

（一）经济发展

我国地区间经济由于产业结构、资源禀赋、空间地理及国家区域政策等多方面因素差异的综合影响，呈现东西部地区非平衡发展

图 2-4　1949—2015 年各省份死亡率变动趋势

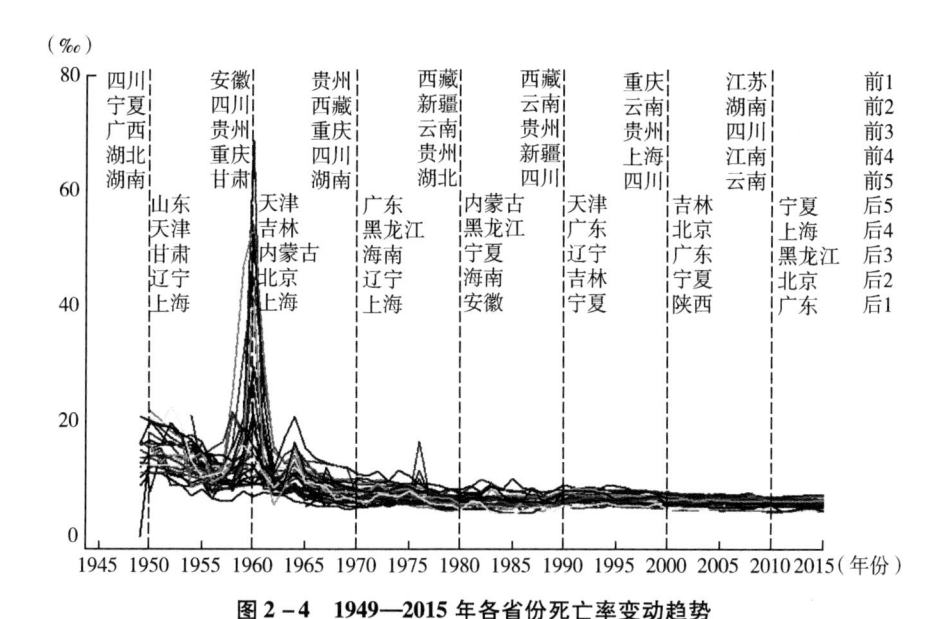

资料来源：根据国家统计局数据整理得出。某些年份省份数据缺失不纳入统计指标。

的地区经济格局，省际人均 GDP 增长存在较大差异。

区域不平衡政策是国家为了集中优势资源、取得良好经济效益所采取的战略。在计划经济时期，区域间主要实施平衡的发展政策，强调区域自身成就体系，多数省份均以重工业产业为主体进行发展。改革开放后，国家先后实施了一系列政策，区域政策向沿海地区倾斜。第一次区域政策调整，广东成为改革开放的前沿阵地，珠三角地区成为优势区域。第二次区域政策调整，实施浦东开发，带动长三角地区经济的腾飞，之后还分别实施了西部大开发战略和振兴东北老工业基地区域政策。区域政策的变动使资本等生产要素在地区间进行流动，经济差距不断发生变化。除国家地区政策倾斜外，第二产业的高产值份额和非农产业的非平衡分布是地区间经济发展差距持续扩大的原因。中华人民共和国成立以来，中国省际人均收入差距的半数几乎来自工业发展的差异。因此，区域产业结构的差异是中国区域经济发展差距的重要原因之一。改革开放以来，生产要素向东部沿海地区集中，而人口未同步集中，造成东部发达地区生产与人口空间分布间的高度失衡，相对欠发达地区的经济增长由于受低人力资本禀赋的影响，其技术创新难以形成良性循环。综观我国各地区的经济非平衡，地理位置与对外开放度是南北部地区经济发展差异的重要因素，而东西部地区发展差异更多的是受资源禀赋和国家区域非平衡政策的影响，同时产业结构的差异也引起省际经济的差异化。

由于经济发展程度、工业化进程、产业结构差异会导致省际技术进步的偏向性不同和收入水平的提高程度不同，根据人口转变理论，这对生育率转变的作用效应也会产生差异。因此，省际经济发展差距是省际生育率差异的一个重要影响因素。

（二）死亡率下降

本章第三节的时间序列数据分析已经表明死亡率在生育率转变过程中的作用。从图2-5中可知，省际死亡率存在着差异。死亡率先于出生率下降的典型性事实常作为人口学家提出死亡率对生育率转变具有重要影响的一个判断依据。死亡率理论认为一个家庭存在一个最理想的存活孩子数量，父母会基于孩子的存活概率来决定生育孩子的数量，使期望存活的孩子数量达到理想状态。因此，随着死亡率的下降，孩子存活的概率会上升，相对而言，更少的孩子生育数量就能维持期望的存活孩子数量，父母会减少生育孩子的数量。死亡率能够影响生育率，且对其产生一个正向的作用效应。当父母是风险厌恶型时，他们对孩子具有预防性需求效应，尤其在高死亡率的环境下，父母会增加孩子的缓冲库存。此外，父母对孩子的存活数量的风险规避意识要强于对商品消费的风险规避意识，在进化动力下，消费者可能会追逐高风险产品的消费。

（三）民族政策

中华人民共和国成立后，中国政府对少数民族实行了宽于汉族的生育政策。为了提高少数民族的人口素质，加快民族自治地区的经济社会发展，各自治区地方政府根据全国各族人民均提倡计划生育的精神，结合民族自治地区的实际情况，制定了该地区少数民族的计划生育政策。但总体来说，少数民族的生育政策要宽于汉族的生育政策，部分少数民族最多可生的孩子数量远远超过2个，这使少数民族人口的增长速度远高于全国平均水平，形成对主体民族的反超。少数民族人口增长速度远快于汉族，从1953年占全国人口的6.1%，到1990的8.04%、2000年的8.41%，再到2005年的9.44%。在2005年全国1%人口抽样调查中，与第五次全国人口普查相比，汉族增加2355万人，增长了2.03%；少数民族增加1690万人，增长了15.88%，少数民族增长速度为汉族的7倍以上。在第六次全国人口普查时，31个省份中，汉族人口为12.26亿人，占总人口的91.51%；各少数民族人口为1.14亿人，占总人口的8.49%。同2000年第五次全国人口普查相比，汉族人口增加6000多万人，增长5.74%；各少数民族人口增加700多万人，增长6.92%。2015年全国1%人口抽样调查结果显示，在31个省份中，汉族人口为12.56亿人，占总人口的91.46%；各少数民族人口为1.17亿人，占总人口的8.54%。同2010年第六次全国人口普查相比，汉族人口增加3000多万人，增长2.46%；各少数民族人口增加300多万人，增长3.13%。[①]少数民族与汉族间的生育差距有不断缩小的趋势。由于汉族人口是中国人口的主体部分，计划生育政策对中国人口数量和结构的影响是深远的，且对汉族人口数量和结构的影响更大。总而言之，少数民族的生育政策较汉族的生育政策宽松，这将导致少数民族人口比例高的省份，其人口出生率会相对高。民族政策的差异化使中国人口的民族结构更趋于均衡，主体民族未来占比趋于下降，对整个国家经济、社会等多方面将产生深远的影响。

（四）人口政策

中华人民共和国成立之初，政府全力支持和宣传鼓励人口增长和奖励多子女母亲的政策。从1954年开始，国家开始支持群众避孕节育。到1960年，政府提出在城市和人口稠密的农村进行节制生

---

① 以上数据均根据相关年份全国人口普查与抽查数据整理。

育,适当控制人口自然增长率,并大力提倡晚婚。1971年,国务院批转《关于做好计划生育工作的报告》,强调"要有计划生育"。"四五"计划亦提出"一个不少,两个正好,三个多了"。1978年3月,计划生育第一次以法律形式载入我国宪法,并规定"国家提倡和推行计划生育"。1982年9月,党的十二大把计划生育确定为基本国策。1984年,"一孩"政策发生微调,主要针对农村稍作放开,实行"开小口、堵大口"的方针。到2002年各地根据刚开始施行的《中华人民共和国人口与计划生育法》制定"双独二胎"政策,并陆续在全国进行推广。2013年11月,党的十八届三中全会审议通过《中共中央关于全面深化改革若干重大问题的决定》,提出坚持计划生育的基本国策,启动实施一方是独生子女的夫妇可生两个孩子的政策,逐步调整和完善国家的生育政策,促进我国人口的长期均衡发展。2015年10月,党的十八届五中全会公报提出,促进人口均衡发展,坚持计划生育的基本国策,完善人口发展战略,全面实施一对夫妇可生育两个孩子政策,积极开展应对人口老龄化的行动。

因此,中华人民共和国成立至2015年,中国的生育政策经历了鼓励生育阶段(1949—1953年)、支持节育阶段(1954—1959年)、提倡晚育阶段(1960—1970年)、计划生育政策起步阶段(1971—1983年)、计划生育政策发展阶段(1984—2001年)与计划生育政策深化阶段(2002—2015年),我国的生育政策在实践中不断地调整与完善,实现人口经济、社会、资源、环境的协调发展。

三 生育率下降的省际面板协整分析

本章进一步运用省际面板数据进行分析,将式(2-6)由时间序列扩展至面板数据,即:

$$br_{it} = \alpha_i + \gamma_1 \ln y_{it} + \gamma_2 dr_{it} + \varepsilon_{it} \quad (2-9)$$

其中,α_i 表示个体效应,反映影响各省份出生率的特殊因素(包含政策因素)。式(2-9)可以用面板的固定效应方法FE进行估计,但是根据时间序列分析的结果可知,死亡率是一个内生变量,

FE 估计存在内生性问题。为了减弱内生性对模型估计结果的影响，本章进一步利用 Kao 和 Chiang（2000）的动态最小二乘法（Dynamic Ordinary Least Squares，DOLS）估计方法，该方法与 Johansen 的系统估计方法均具有渐近等价的效果，即使存在内生变量，也能得出无偏与有效的估计结果，因此，利用 DOLS 方法能够有助于我们控制死亡率与人均收入的潜在内生性问题。DOLS 估计方法可以表示为：

$$br_{it} = \alpha_i + \gamma_1 \cdot \ln y_{it} + \gamma_2 \cdot dr_{it} + \sum_{j=-k}^{k} \Phi_{1ij} \Delta \ln y_{i,t-1} + \sum_{j=-k}^{k} \Phi_{2ij} \Delta dr_{i,t-j} + \varepsilon_{it}$$

(2 - 10)

其中，Φ_{1ij} 和 Φ_{2ij} 分别是人均收入和死亡率的先行与滞后差分的系数，它们包含了潜在的序列相关和内生性，使 γ_1 与 γ_2 的估计结果能够无偏。此外，为了稳健性估计，避免截面异质性导致省际参数的随机性，利用 Pesaran 和 Smith（1995）的组平均估计方法（Mean Group，MG）进行估计。此外，为了减弱计划生育政策与民族生育政策对生育率、死亡率与人均收入三者间长期均衡关系的影响，本节利用 1970—2015 年全部 28 个省份的子样本数据（以下简称为子样本 1）来保证样本数据处于计划政策执行期内，减弱了计划生育政策实施前后引起的非线性关系的干扰。根据 2010 年第六次全国人口普查数据，将汉族人口占比低于 90% 的省份剔除（包括内蒙古，79.54%；辽宁，84.81%；广西，62.83%；贵州，64.30%；云南，66.61%；西藏，8.17%；青海，53.02%；宁夏，64.85%；新疆，40.48%），形成新的子样本 2。子样本 2 有效地规避了民族生育政策差异对生育率的影响，保证了子样本 2 在民族生育政策方面的基本一致性。表 2-6 给出了由式（2-10）得到的省际面板估计结果。

表 2-6 省际面板估计结果

	解释变量	OLS	FE	DOLS	MG
全样本	lny	-8.02***	-11.27***	-10.10***	-10.27***
		(-33.46)	(-40.89)	(-7.06)	(-22.67)

续表

	解释变量	OLS	FE	DOLS	MG
全样本	dr	0.16***	0.07	0.23***	0.98***
		(3.16)	(1.53)	(3.01)	(3.71)
子样本1	lny	-6.01***	-6.91***	-6.58***	-6.47***
		(-36.22)	(-42.56)	(-7.04)	(-17.66)
	dr	1.25***	1.93***	1.06***	2.62***
		(9.43)	(15.29)	(3.03)	(6.04)
子样本2	lny	-7.49***	-11.59***	-10.17***	-10.21***
		(-27.44)	(-34.97)	(-7.46)	(-17.23)
	dr	0.15**	0.04	0.29***	1.11***
		(2.53)	(0.76)	(4.11)	(3.28)

注：小括号内为标准误，***、**分别表示在1%、5%的显著性水平下显著。被解释变量为出生率 br。

在进行结果对比前，有必要检验模型的稳定性。本章的模型有62年的时间维度和28个截面维度，因此，Levin 等（2002）的 LLC 单位根面板数据检验方法是最适合的。利用 LLC 方法分别对 OLS、FE、DOLS 与 MG 模型估计的残差序列进行平稳性检验，滞后阶数通过 AIC 准则进行选取，结果表明全部残差序列拒绝"存在单位根"的原假设，表明模型是稳定的。表2-6的结果表明，除 FE 方法估计的死亡率的系数不显著外，其他参数估计结果均显著，且结果与时间序列分析结果相吻合，人均收入与死亡率分别对出生率具有负向和正向的作用效应。表2-6的结果表明，出生率与死亡率和人均收入存在长期均衡关系的结果是稳健的，对计划生育政策、民族生育政策、内生性、个体异质性与截面系数随机性均存在稳健性估计。

第五节 本章小结

本章在对现有生育率转变理论归纳总结的基础上，利用中国的时间序列数据和省际面板数据对生育率与人均收入和死亡率间的关系进行了计量实证分析，并得出以下主要结论。

第一，理论分析表明工业化进程中不同的技术进步偏向导致收入与生育率存在不同的作用关系。当技术进步偏向于体力劳动使用或技能的节约，对脑力劳动和技能要求相对低时，在一定范围内收入水平会提高，会导致孩子数量增加，因为此时父母更偏好于收入效应，且孩子数量的收入弹性相对更高。当技术进步偏向于脑力劳动使用或技能的使用，对脑力劳动和技能要求相对高时，工业化需要大量的复杂劳动参与，对就业人员的脑力劳动要求越来越高，此时，收入水平要想进一步地提高，就需要提高对人力资本的投资，孩子人力资本投资需要大量的成本投入，即表现为孩子的机会成本随着收入水平的提高而增加。因此，在收入水平达到一定程度后，收入水平的上升使孩子的替代效应居主导地位，且投资教育的收入弹性更高，最终导致生育率下降。

第二，全国时间序列分析结果表明人均GDP对出生率具有负向的效应，死亡率对出生率具有正向的效应，这表明收入上升引起孩子的替代效应大于其对孩子的收入效应，中国当前技术创新朝着技能使用偏向前进，死亡率的下降的确有助于出生率的下降，死亡率的下降提高了出生婴儿的存活概率，在保持不变的期望存活的孩子数量下，父母会减少孩子的生育数量。死亡率对出生率下降的作用效应主要体现在改革开放前，而人均收入对出生率下降的作用效应主要体现在我国的改革开放后。

第三，省际面板数据分析结果表明人均收入与死亡率分别对出生率具有负向和正向的作用效应，且出生率与死亡率和人均收入存在长期均衡关系的结果是稳健的，且对样本选择、内生性、个体异质性与截面系数随机性均是稳健的。

第 三 章
生育率下降的微观分析

第一节 研究现状分析

"全面二孩"政策是中国人口政策的重要转折点,是积极应对人口老龄化的一项重大举措。但是,中国的人口发展新常态已经从"强制性少生"转变为"主动性少生",生育政策不再是低生育率的唯一重要影响因素,家庭内部因素在生育选择中的重要程度日益强化。因此,要全面落实好"全面二孩"政策,彻底释放政策制度改革的红利,还需在顶层设计的基础上从实处着手,积极完善生育的各项配套政策。

与人口老龄化同时出现的是中国女性首胎育龄节节攀升。根据"七普"数据测算,2020年我国已育女性的初育年龄为27.94岁,比2000年推迟了3.61岁。[1] 时至今日的"育龄延迟"与过去国家一直鼓励倡导的"晚育"不可一概而论。过去国家倡导的"晚育"是适度的,是建立在优生基础上的年龄区间。而当前的"育龄延迟"已跨越原有的界限,高龄产妇群体在日益扩大,且所处的人口环境也与20世纪大相径庭。育龄延迟,特别是首胎育龄在30岁以上,不仅会增加高龄育儿和老人孩子双重照料的风险和成本,还会降低

---

[1] 测算数据来源于国家统计局《中国人口普查年鉴(2020)》长表6-3。

女性的生育行为及多胎生育意愿，降低了潜在的生育水平。此外，在高龄初育女性中，高学历群体占据主体。她们抚育的子女相对具有更高的素质。显然，这一群体多胎生育意愿的下降与国家提高人口素质的初衷背道而驰。

育龄延迟与收入水平密切相关。已有研究指出育龄延迟会带来收入水平的增加（Miller，2011）。这一育龄延迟的工资溢价主要源于教育水平的提高，换言之，育龄延迟提高了女性的教育回报率（Buckles，2008）。但令人困惑的是，随着女性育龄的延迟，女性内部不同学历间的收入差异更大。虽然现有文献已指出不同学历女性受到的差异化歧视是其产生的主要原因，但歧视产生的来源仍有待更深层的研究（刘泽云，2008；黄志岭、姚先国，2009）。事实上，现有研究已经给出线索并指向生育。国内外大部分研究往往着重强调育龄延迟收入效应或教育回报率差异中的一方面，较少将两个方面结合进行考察。因此，本章拟从育龄延迟与教育回报率入手，提出育龄延迟导致教育回报率极化的研究假说，并利用2013年"中国家庭收入项目"（Chinese Household Income Project，CHIP），采用多种计量工具实证检验这种作用效应。研究结论表明，育龄延迟对教育回报率具有极化效应，提高了高学历女性的教育回报，降低了低学历女性的教育回报。这种极化效应源于学历造成工种选择的不同。

本章的贡献主要体现在：第一，从初育年龄的视角分析教育回报的女性内部差异，细化了女性歧视的内容，并揭示了不同学历女性群体内部存在教育回报的差异，为理解教育回报率差异提供新的视角。第二，对研究假说进行了多维度的稳健性检验，保证研究结论的可靠性。稳健性检验包括控制变量、遗漏变量、测量误差与样本自选择等问题。第三，指出了教育回报育龄方面的差异，为不同女性学历群体间制定差异化目标的生育配套政策提供了经验研究上的支持。对于低学历和高学历女性群体，政策制定的目标方向应分别集中于解决"想生而没能力生"的被动育龄延迟和"有能力生而不生"的主动育龄延迟上,即政策制定需分学历群体对症下药。

第二节 研究假说与理论分析

一 机制梳理与研究假说

生育延迟产生的工资溢价或收入增加是女性推迟育龄的重要因素,现有对育龄延迟收入效应机制的研究大体可以分为四类。第一类着重强调教育、工作时间和任职期等人力资本投资的作用。该类文献认为育龄延迟的女性具有更高的人力资本投资水平,因而收入水平相对更高(Blackburn 等,1993;Taniguchi,1999;Erosa 等,2002)。第二类是贝克尔努力假说。该假说假定所有女性花费在各种活动上的努力程度的总和是相同的。已育女性需要花费更多的精力在家庭和抚养子女上,使花费在工作上的努力程度减少,导致工作效率和工资水平下降(Becker,1985)。第三类从工作灵活自由程度进行解释。研究认为工作的灵活自由程度与工资间存在着替代效应,高工资能够吸引女性参与工作灵活程度较低的就业岗位;而对于灵活自由型的工作而言,已育女性为了抚养子女和照顾家庭也乐意接受相对低的工资水平(Budig,Paula,2001)。第四类是女性工作效率,一方面是已育女性和未育女性间实际工作效率的差异,另一方面是来自雇主的主观偏见。已育女性生产效率下降的原因可以归结于人力资本积累的减少和抚养占用精力。即使生育并未改变实际的工作效率,女性的就业待遇仍会受到雇主偏见的影响,雇主倾向于认为未育女性具有更多的精力和更高的生产效率(Kalist,2008)。

国内外的许多实证研究已证实了上述四类观点。Miller(2011)使用流产相关变量作为工具变量,发现生育年龄每延迟一年,工资率和收入分别增加3%和10%。作者将生育延迟的工资溢价归因于生育造成的职业生涯与工作经历上的差异。对于处于职业上升期的女性而言,谁有能力利用避孕措施来控制生育并延迟职业中断,谁将获得相对更高的收入。Ellwood 等（2004）发现生育年龄超过一定时间的拐点后，高技能女性更易获得更高的终生收入。Buckles（2008）对教育、工作经验、技能、高学历、专业性与管理职业等影响因素进行实证分析，发现教育、工作经验与第一次婚龄最具有解释能力。贾男等（2013）探讨了生育对女性收入的影响，实证研究表明生育对女性收入在生育当年具有18%的负向效应。

这四类观点看似各自发展，实际上均围绕着教育这一核心要素展开。女性随着学历水平的提高，人力资本得到积累，使工作努力的边际收益增加，女性倾向于推迟生育年龄。此外，学历水平的提高会造成女性工种选择的不同。学历水平越高，女性对工种的选择要求越高，越注重事业的发展和工作的稳定性，因而工作的灵活性相对下降。女性为了在事业上获得成功以及追求更优厚的待遇，会延迟职业中断。除此之外，许多研究表明女性学历水平的提高，不仅可以增强自身抵抗歧视的能力，而且可以采取向雇主传递信息的方式降低来自雇主的歧视（刘泽云，2008；黄志岭、姚先国，2009）。

基于上述分析可以发现，这四类观点均在一定程度上说明了育龄延迟提高了教育回报率。但是现有研究着重强调了高学历女性在育龄延迟中所扮演的作用，而忽视了低学历女性。事实上，育龄延迟并不是高学历女性所特有的现象。本章通过对2013年中国家庭收入调查数据进行分析发现，在低学历女性中同样存在育龄延迟的现象。显然，基于现有的研究还尚不可知上述研究结论是否对低学历女性具有普适性。甚至可能预见的是，育龄延迟对低学历女性的收入将产生与高学历女性截然不同的效应。出于制定生育配套政策的现实性考虑，同样也是对现有文献的理论补充，有必要厘清育龄延迟对不同学历水平的教育回报率的作用效应，这正是本书的目的。

综上所述，本章提出以下研究假说：育龄延迟对高、低学历女性的收入分别产生正向和负向的效应，即育龄延迟对教育回报率存在极化效应。本章对该假说的解释是育龄延迟对教育回报率的极化源于学历造成女性工种选择的不同。高学历女性集中于脑力劳动和固定类及体制内的工作，而低学历女性集中于体力劳动和稳定性差及体制外的工作，前者维持育龄延迟成果的难度低于后者。

二 教育回报率极化的理论分析

本章认为，育龄延迟对教育回报率产生极化效应的作用机制是：在学历水平与工作稳定性和获取技术职称与领导岗位的难易程度方面，高学历女性的工作稳定性更高，更易获得技术职称或干部职务，育龄延迟提高了工作稳定性强的女性的收入水平，降低了工作稳定性弱的女性的收入水平。这一机制可以通过收益—成本的视角进行分析。假定存在高学历与低学历两类女性，且具有相同的存活期 T，并且她们一直工作。女性从工作开始，存在一个事业奋斗期（图 3-1 中的 OT_2）。虽然高、低学历女性间本身存在收入的差距，但为了简化分析，将不受育龄行为影响部分的差异忽略，即高、低学历女性在奋斗期内的收入相同（图 3-1 中的 UX）。与已有研究相同，本章假定生育孩子具有随年龄递减的边际收益曲线与随年龄递增的边际成本曲线（Becker，1985），正如图 3-2 所示，EF 曲线与 AB 曲线分别表示生育孩子的边际收益曲线与边际成本曲线。根据边际收益等于边际成本的条件，可以得到 T_1 时刻对应的 H 点是一个最优育龄。由于 T_1 时刻在女性的奋斗期内，已育女性需要花费更多的精力在子女抚育上，减少了女性事业奋斗的努力程度，使其在奋斗期结束时无法获得涨薪（这可能源于职业的晋升、职称的获得、绩效的上升等）。

反之，如果女性在奋斗期内不生育，推迟生育年龄至奋斗期结束后，那么女性在奋斗期结束时可获得工资水平的上涨（图 3-1 中的 XY 上涨至 MN）。假定高、低学历女性维护涨薪成果的难易程度不同，生育对高学历女性涨薪成果的影响较低，而对低学历女性涨薪成果的影响较高，即在奋斗期结束后生育，高学历女性的工资水

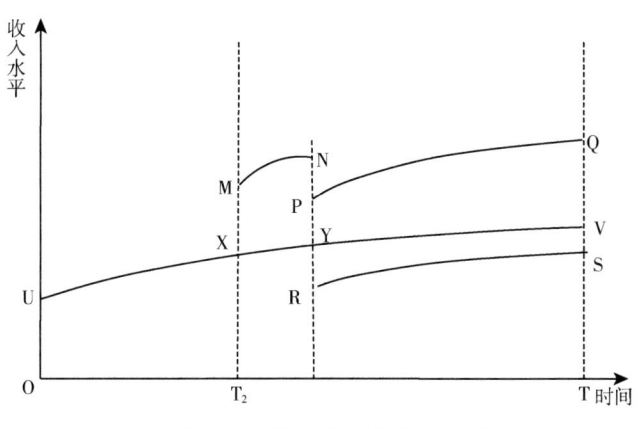

图 3-1 不同育龄时的收入水平

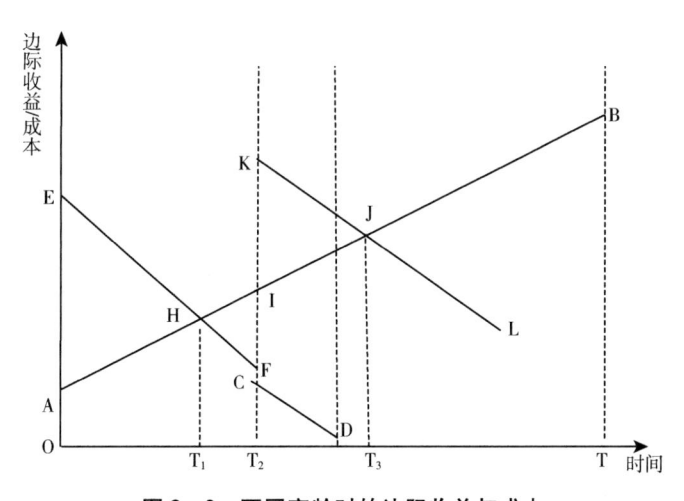

图 3-2 不同育龄时的边际收益与成本

平下降幅度低（图 3-1 中 N 点下移至 P 点），而低学历女性的工资水平下降幅度高（图 3-1 中的 N 点下移至 R 点）。这一假定与已有多数研究结果一致 [Ellwood 等（2004）以及 Buckles（2008）等]。对于奋斗期结束后生育的女性而言，高学历女性的终生收入为 OUXMNPQT 面积，低学历女性的终生收入为 OUXMNRST 面积。与奋斗期内生育的终生收入 OUVT 面积相比，奋斗期结束后生育的高学历女性获得了更高水平的终生收入，而奋斗期结束后生育的低学历女性的终生收入水平下降了。这会导致孩子的边际收益曲线分别从 EF 曲线移至 KL 曲线与 CD 曲线。由于事业奋斗期后生育会产生收入的变动，孩子的边际收益曲线将被奋斗期结束时刻分为两段，高学历女性与低学历女性生育孩子的边际收益曲线分别为 EFKL 曲线与 EFCD 曲线。

根据边际收益等于边际成本的原则，高学历女性的最优生育年龄具有两个局部均衡点，如图 3-2 的 H 点和 J 点，即奋斗期内和奋斗期外均存在一个均衡点。对于维护涨薪成果难度较低的高学历女性而言，她们在 J 点的收益与在 H 点的收益之差为三角形 KJI 与三角形 HFI 间的差额，且结果为正。这表明对于易维护涨薪成果的高学历女性而言，她们会选择事业的奋斗，并主动延迟育龄，扩大婚育间隔，从而带来收入的增加。而对于高维护成本的低学历女性而言，最优的生育行为应该是选择在奋斗期内完成生育，因为均衡点仍在 H 点。若在 T_1 时期，女性无法承担生育成本。此时，女性会被动地延迟生育年龄并扩大婚育间隔，这将导致女性的福利水平下降。

综上可知，女性延迟生育年龄存在两种原因与两种结果。对于工作稳定性高、获取职称或干部岗位难度低的高学历女性来说，她们是主动扩大婚育间隔，并获得收入的提高；对于工作稳定性低、获取职称或干部岗位难度高的低学历女性来说，她们是被动扩大婚育间隔，且会使收入水平下降。这表明女性生育年龄的延迟在高、低学历女性间存在收入分化效应，即育龄延迟与高、低学历的交叉项的偏回归系数符号相反。为何高、低学历女性维护涨薪成果的难度不同呢？本章认为，与低学历女性相比，高学历女性的工作稳定性更强，且职业晋升空间更大。高学历女性具有更高的固定合同与长期合同比例，且技术职称与领导职务的比例也更高。因此，育龄延迟对高、低学历女性的收入产生相反的作用效应。

第三节 实证研究设计与数据说明

一 实证模型的设定

在分析育龄延迟对教育回报率的影响时,在传统的明瑟工资方程中直接加入育龄延迟虚拟变量与教育年限间的交叉项并进行 OLS 估计是较为简易可行的方法。已有研究表明,虽然 OLS 估计会出现遗漏变量、测量误差、选择偏误和个体异质性等问题,但其得出的定性结论通常是可靠的。① 为了保证结论的稳健性,本章也对 OLS 估计中存在的上述问题进行了相应的处理。此外,初育年龄的选择受到家庭自身条件的影响,并非随机,存在选择性偏误问题。因此,本章针对研究假说将实证研究分为两个部分:一是运用明瑟工资方程研究育龄延迟对教育回报率的影响;二是基于变量替代法、工具变量法与处理效应模型等对第一部分得出的实证结论进行稳健性检验。

第一,育龄延迟对教育回报率的影响。现有文献对于教育收益率的估算主要基于传统的明瑟工资方程及其扩展形式,即:

$$\ln Y = \alpha_0 + \beta_0 S + \alpha_1 E + \alpha_2 E^2 + u \qquad (3-1)$$

其中,$\ln Y$ 表示小时工资的对数;S 表示教育年限,β_0 为教育的纯收益率,表示在工作年限不变的条件下,每增加 1 年的教育水平,小时工资平均增加 $100(e^{\beta_0}-1)$ 个百分点;E 表示工作年限,E^2 表示工作年限的平方项,α_1 和 α_2 分别为相应变量的偏回归系数。

---

① 国内外学者采用各种计量方法来修正上述的偏误,以保证教育收益率估算结果的精确性。近几年,如孙志军(2014)基于双胞胎数据,利用组内差分方法估计教育收益率,发现遗漏能力等变量会导致 OLS 高估;简必希和宁光杰(2013)利用倾向性匹配得分方法发现 1997 年数据的 OLS 估计结果是上偏的,而 2006 年数据的 OLS 估计结果是下偏的;邓峰(2013)对相关调整方法和问题进行了较为系统的讨论。基于现有的研究经验可知,遗漏变量一般会引起 OLS 高估,而测量误差会引起 OLS 低估。

式（3-1）假定教育的收益率是个常数且与学历的等级无关。这一假定与近年来国内外学者的研究相违背。Ashenfelter 和 Rouse（1998）通过美国的一个双胞胎数据库发现，教育的收益率是边际递减的，收益率随着教育年限的增加而递减。李实和丁赛（2003）等通过加入学历虚拟变量等方式进行实证研究，均一致认为教育的收益率随着学历水平的提高而提高。因此，为了刻画教育收益率的学历异质性问题，使回归方程更具现实解释力，本章将学历划分为高中及以下学历与高等学历（包括大专、本科与研究生）两类，并引入学历虚拟变量 G，若学历属于高等学历，那么学历虚拟变量等于1。在式（3-1）中加入学历虚拟变量与教育年限的乘积项，可以进一步地扩展为：

$$\ln Y = \alpha_0 + \beta_0 S + \beta_1 G \cdot S + \alpha_1 E + \alpha_2 E^2 + u \quad (3-2)$$

那么，高中及以下学历的教育收益率为 β_0，高等学历的教育收益率为 $\beta_0 + \beta_1$。其目的是分析育龄延迟对教育收益率的影响。为此，在式（3-2）的基础上，再加入育龄延迟虚拟变量与各教育变量的乘积项，得到：

$$\ln Y = \alpha_0 + \beta_0 S + \beta_1 G \cdot S + \gamma_0 F \cdot S + \gamma_1 G \cdot F \cdot S + \alpha_1 E + \alpha_2 E^2 + u$$

$$(3-3)$$

其中，F 表示育龄延迟变量，不同初育年龄就业人员的教育收益率如表3-1所示。

表3-1　　　　　　　　　不同初育年龄就业人员的教育收益率

	首胎育龄在30岁以下	首胎育龄在30岁及以上
高中及以下学历	$(e^{\beta_0} - 1)$ 100%	$(e^{\beta_0 + \gamma_0} - 1)$ 100%
高等学历	$(e^{\beta_0 + \beta_1} - 1)$ 100%	$(e^{\beta_0 + \gamma_0 + \beta_1 + \gamma_1} - 1)$ 100%

第二，极化效应的稳健性分析。本章从扩展数据深度问题、遗漏能力变量问题、育龄延迟变量选择问题与自选择偏误问题四个方面对极化效应研究结论的稳健性进行检验。

其一，扩展数据深度问题。使用 CHIP 2013 年以前的多年 CHIP

数据有助于更加准确地进行描述统计，有利于对问题进行初步考察。此外，数据量增加也有助于提高实证研究的可信度。在 CHIP 的历年数据中，仅 CHIP 2007、CHIP 2008 与 CHIP 2013 包含育龄相关的数据，且 CHIP 2007 与 CHIP 2008 对城镇住户的调查是连续的，针对同一批住户，因此，对于本章研究问题的实际有效增加样本仅是 CHIP 2007 与 CHIP 2008 中的一个。为了保证本章利用 CHIP 2013 数据所得研究结论的可信度，本章增加 CHIP 2008 数据，对式（3 - 3）进行稳健性分析。

其二，遗漏能力变量问题。对于遗漏能力变量问题的处理方式，主要有工具变量方法、能力替代变量方法和双胞胎差分方法。由于双胞胎的生育信息比较难寻找，这一方法在本章使用中尚存困难。Li 和 Luo（2004）利用兄弟姐妹个数和父母的受教育年限作为个人受教育年限的工具变量。此外，工具变量方法不仅能够解决内生性问题，还能克服测量误差的问题。DeBrauw 和 Razelle（2008）选取父母的受教育年限及兄弟姐妹个数作为个人能力的替代变量来控制受家庭方面影响所导致的能力差异。虽然研究者对于上述变量应作为个人能力的替代变量还是个人受教育年限的工具变量依然存在争议，但抛开这一争议，本章的目的是用代理变量的方法来检验明瑟工资方程估计结果的稳健性，探讨在这一处理方式下定性结论是否依然成立。除家庭因素影响孩子的能力外，学校也是影响孩子能力提高的重要因素。虽然孩子受教育年限相同，但若在学习环境、师资力量及其他存在差异时，二者的教育质量将大相径庭。在我国，重点高中、重点大学和城镇地区相对于普通高中、普通大学以及农村地区拥有更多的优质教育资源。鉴于此，本章利用是否就读于重点高中、是否就读于重点大学以及高考时是否为城镇户口三个变量来控制教育质量及其引申的孩子能力差异问题。

其三，育龄延迟变量选择问题。由于以 30 岁作为育龄的临界点具有一定的主观性，为了确保女性样本结果的客观性，本章将 25 岁（平均育龄水平）作为基准，把初育年龄减去 25 岁作为育龄延迟变量,通过变换育龄延迟的测度对明瑟工资方程、遗漏能力变量及测量误差等问题进行再分析,探讨结论的稳健。

其四,自选择偏误问题。初育年龄是否延迟并不是一个随机的过程,而是家庭自我选择的过程。因此,教育回报在育龄方面的差异有可能不是育龄延迟的必然结果,而是由其他因素导致的。反事实分析框架与倾向匹配得分方法可以有效地解决这一问题(Rosenbaum, Rubin, 1983)。倾向匹配得分方法处理自选择问题的思路是基于非初育年龄延迟样本集合,为每个育龄延迟样本挑选或者构造一个非初育年龄延迟样本,并保证两个样本除在初育年龄行为方面存在差异之外,其他样本特征均相等或近似相等。因此,两个样本的结果变量可以被视为同一个个体样本的两次不同实验(决定延迟与决定不延迟)结果,其结果变量差值即为初育年龄延迟的净效应。构造得到的非初育年龄延迟样本集合被称为初育年龄延迟组的对照组。为实现这一目的,首先,在给定解释变量 Z 的条件下,估计初育年龄延迟决策方程并计算女性 i 选择延迟初育年龄的条件概率 $p_i = P(F_i = 1 | Z_i)$,称为倾向得分;其次,为每个初育年龄延迟女性匹配一个倾向得分近似的非初育年龄延迟女性,从而构造一对统计意义上的对照组。究其本质,匹配模型创造了一个随机试验环境,使延迟组和非延迟组可以直接进行比较。结合文献成果及实际可得数据,本章选取以下因素构建女性初育年龄延迟的 Logit 模型。[①] 一是女性的受教育年限,女性受教育年限越高,女性延迟初育年龄的概率越大。二是配偶的受教育年限,配偶的受教育年限不仅会影响家

[①] 最优育龄的选择主要取决于生育年龄的边际收益与边际成本间的比较。生育延迟的收益主要来源于工资的溢价、收入的增加、事业的成功(女性社会地位的上升)以及子女认知能力的促进效应(Miller, 2011);而生育延迟的成本来源于生理效应(错过女性排卵旺盛期后的受孕困难)、合意配偶匹配成本的上升和母亲及其子女的健康风险增加(Bratti, Tatsiramos, 2012)。除受收益—成本的决定,生育育龄的选择还受到社会文化和政策制度的影响,例如,人性关怀的企业和歧视生育员工的雇主会导致女性生育的后延,晚婚晚育的倡导和晚育假期制度均会弱化女性的早育偏好(Budig, Paula, 2001)。

庭的收入水平，而且会影响生育的决策行为。三是夫妻双方的年龄差距，若女性的年龄比配偶的年龄小，年龄差距越大，女性延迟生育的概率越容易下降，因为配偶及其父母对孩子的渴望越强烈。四是女性年龄，因为不同年代女性的生育行为存在一定的差异。五是女性初育时是否工作，工作的女性由于受精力的限制，延迟初育年龄的概率提高。六是女性是否在家中排行老大。一般而言，若女性是家中的长女，那么女性的婚龄一般比较早，因为父母存在承担其他子女婚姻的压力。七是户籍类型，一般而言，农村女性的生育年龄要早于城镇女性，因此，农村女性推迟初育年龄的概率相对较低。此外，还包括本/外地居民变量、政治面貌变量、地区变量以及健康变量等。

二 数据说明、样本选择与变量处理

用于本章实证分析的数据来自中国家庭收入项目（2013年）（编号：CHIP 2013）。[①] 本章选取城镇住户已婚已育从事雇员身份的就业女性人员，剔除退休人员、在校学生、失业/待业人员、家务劳动者、在长病假期内以及其他不工作、不上学的样本，其中共计2850个样本包含收入信息。CHIP 2013样本调查的就业身份包括雇主、雇员、自营劳动者与家庭帮工四类。本章仅选择雇员的原因是其他三类就业人员的收入水平不仅取决于他们自身的人力资本水平，还与所拥有的物质资本水平密切相关。

对于式（3-3）的被解释变量，本章以小时工资的对数来表示，

---

① CHIP 2013的样本数据是CHIP项目组按照东、中、西分层，根据系统抽样方法，从国家统计局的2013年城乡一体化常规住户调查大样本库（该样本库覆盖全部31个省、市和自治区的16万户居民）中抽取得到的。CHIP 2013样本包含15个省份、126个城市、234个县区抽选出的18948个住户样本和64777个个体样本。样本数据包含住户个人和家庭两个层面的基本信息，基本覆盖了本书在住户成员个人基本信息、个人就业情况与家庭基本信息等方面所需要的变量数据。CHIP 2013样本包括7175户城镇住户样本，城镇住户被定为户主有非农业户口，包括本地非农业户口和外地非农业户口。

并利用价格指数对其进行平减。选取就业人员当前主要工作在2013年取得的收入（包括各种货币补贴）除以工作月数、月工作天数和日工作小时数，得到小时工资。由于我国各省份可能存在着一定程度的购买力差异，有必要利用地区购买力指数对小时工资进行平减。利用Brandt和Holz（2006）计算的2000年中国各省份购买力指数，结合国家统计局公布的2001—2013年的省际居民消费价格指数，可以计算出2013年中国各省份购买力指数（假定北京2013年一篮子物品的价格为100），结果见表3-2。

表3-2　　　　　　　　　2013年各省份购买力指数

省份	指数	省份	指数	省份	指数	省份	指数
北京	100.00	上海	100.16	湖北	73.69	云南	82.75
天津	82.61	江苏	75.94	湖南	78.82	西藏	82.87
河北	65.10	浙江	73.37	广东	88.33	陕西	79.00
山西	76.80	安徽	67.54	广西	73.77	甘肃	77.48
内蒙古	71.01	福建	71.92	海南	92.19	青海	87.11
辽宁	70.21	江西	69.20	重庆	60.21	宁夏	76.05
吉林	69.71	山东	68.53	四川	69.42	新疆	78.93
黑龙江	71.50	河南	66.10	贵州	77.52		

数据来源：笔者根据Brandt和Holz（2006）结果及国家统计局相关数据整理得出。

本章对于主要的变量处理如下。

一是育龄延迟。本章将30岁及以上的初育年龄认定为育龄延迟，用其他方法衡量育龄延迟并进行稳健性分析。之所以将30岁作为分界点，主要有两个方面的原因：一是30岁以下是初育的集中期，30岁及以上初育的占比增加能够有效地刻画初育延迟的程度；二是从生理角度上看，30岁以下是女性的最佳生育期。

二是受教育年限、学历等级与工作经验。对于教育年限和学历等级两个变量，本章直接利用CHIP样本给出的数据。若CHIP样本中这两个变量有一个变量数据缺失，我们就按以下原则进行补齐：未上过学、小学、初中、高中、职高/中专、大专、大学本科与研究生的受教育年限分别取 0 年、6 年、9 年、12 年、12 年、15 年、16 年和 19 年。对于工作经验变量 E，以就业人员的年龄扣除"6 + 教育年限"部分，再除以 10 得到。

　　三是控制变量。参照已有研究，控制变量主要分为两类，一类是个人特征变量，另一类是就业特征变量。个人特征变量包括民族、政治面貌、健康状况、本/外地居民和户籍类型；就业特征变量包括就业所在地、用人单位性质、职业与行业。其中，民族分为汉族与少数民族；政治面貌分为中共党员与其他；健康状况分为好、一般与差三类；行业按收入从高到低分成四类，每类包含五个行业[①]；用人单位分为三类，第一类包括党政机关团体、事业单位、国有及控股企业和集体企业；第二类包括中外合资或外商合资企业；第三类包括个体、私营企业、土地承包者及其他；职业分为单位负责人、技术人员、服务类人员及生产类人员[②]。

　　四是涉及极化效应稳健性分析的相关变量。处理遗漏问题的相关变量包括父母受教育年限、兄弟姐妹个数、是否就读于重点高中、是否就读于重点大学、高考时是否为城镇户口。Logit 模型构建的相关变量包括夫妻受教育年限、夫妻年龄差距、女性年龄、女性初育时是否工作、女性是否在家中排行老大和户籍类型。其中，夫妻年龄差距为配偶与女性的年龄差，户籍类型分农业户籍与城镇户籍两

---

① 第一类行业包含 09（信息传输、软件和信息技术服务业）、10（金融业）、13（科学研究和技术服务业）、14（水利、环境和公共设施管理业）和 16（教育）；第二类行业包含 02（采矿业）、04（电力、热力、燃气及水生产和供应业）、05（建筑业）、11（房地产业）和 19（公共管理、社会保障和社会组织）；第三类行业包含 03（制造业）、07（交通运输、仓储和邮政业）、12（租赁和商业服务业）、17（卫生和社会工作）和 18（文化、体育和娱乐业）；第四类行业包括 01（农、林、牧、渔业）、06（批发和零售业）、08（住宿和餐饮业）、15（居民服务、修理和其他服务业）和 20（国际组织）。

② 参照刘泽云（2008）、黄志岭和姚先国（2009）等的做法，设置虚拟变量：少数民族、中共党员、健康好、健康差、第一类行业、第二类行业、第三类行业、第一类用人单位、第二类用人单位、单位负责人、技术人员与服务类人员。

类。其他变量直接来源于数据库。

特别需要指出的是，CHIP 2013 并未直接给出首胎的生育年龄，本章利用就业人员的第一个孩子的出生年份减去就业人员的出生年份得到首胎的生育年龄，并将首胎育龄大于或等于 30 岁的育龄虚拟变量的值取 1，其他为 0。CHIP 2013 中的个人信息包含了个人与户主间的关系、个人的出生年月、兄弟姐妹个数及其排行等有关育龄的核心变量。通过这些变量信息，我们能够确定住户中父母及其子女的对应关系及相关育龄信息。虽然家庭住户成员并未包含已分家的成年子女信息，但是 CHIP 2013 城镇住户样本中还调查了与户主不在一起生活的成年子女信息，包括出生年月、教育与工作等基本内容。因此，本章利用家庭住户中的子女信息，结合与户主不在一起生活的成年子女信息，可以确定大多数城镇住户的全部子女及他们的个人基本信息，其中无法确定首胎育龄的住户成员主要集中于已退休的人员，在 2850 个包含收入信息的已婚已育具有雇员身份的女性就业人员样本中，能够完全统计全部子女和其他解释变量的样本共计 2817 个，覆盖了 98.84% 的样本。

第四节　实证结果分析

一　育龄延迟对教育回报率作用效应的分析

表 3-3 给出了基于式 (3-3) 的 OLS 估计结果。从育龄延迟变量与学历变量的交叉项（表 3-3 第 1 列第 3 个和第 4 个解释变量）回归结果可知，在其他条件不变的情况下，育龄延迟降低了低学历女性的教育回报率，而提高了高学历女性的教育回报率，这表明育龄延迟对女性的教育回报率在高、低学历女性间产生极化效应。从定量角度可以发现，育龄延迟对低学历女性的负向作用效应强度（0.017）要大于其对高学历女性的正向作用强度（0.025 - 0.017 = 0.008）。

表 3-3　　　　　　　　育龄延迟对教育回报率影响的回归结果

解释变量	模型1 估计值	标准误	解释变量	模型1 估计值	标准误
受教育年限	0.042***	(0.008)	第一类行业	0.210***	(0.048)
高学历×受教育年限	0.013***	(0.003)	第二类行业	0.150***	(0.043)
育龄延迟×受教育年限	-0.017**	(0.007)	第三类行业	0.126***	(0.038)
育龄延迟×高学历×受教育年限	0.025***	(0.007)	第一类单位	0.110***	(0.031)
工作经验	0.247***	(0.068)	第二类单位	0.306***	(0.068)
工作经验平方项	-0.045***	(0.015)	单位负责人	0.063	(0.074)
少数民族	-0.141*	(0.072)	技术人员	0.089*	(0.050)
健康状态好	0.102***	(0.033)	服务人员	-0.051	(0.042)
健康状态差	-0.144	(0.114)	中部地区	-0.109***	(0.029)
本地居民	-0.107*	(0.059)	西部地区	-0.007	(0.034)
农业户籍	0.077*	(0.040)	常数项	1.788***	(0.147)
中共党员	0.073*	(0.039)			

注：1. 小括号内为稳健性标准误，***、**和*分别表示在1%、5%和10%的显著性水平下显著。2. 以汉族、健康状态一般、外地居民、城镇户籍、其他（非中共党员）、第四类行业、第三类单位、生产类人员以及东部地区的女性作为参照标准。3. 被解释变量：对数小时工资（模型1），样本数为2743个，调整R^2为0.217。

资料来源：笔者根据CHLPS数据库整理得出。

上述分析表明，政策制定者更应关注育龄延迟对低学历女性的福利损失。对于低学历女性而言，延迟育龄对女性未来的收入并不带来正的收益，但在现实中却存在着大量低学历女性育龄的延迟。这意味着从收入视角看，低学历女性推迟育龄是一种被动延迟。高、低学历造成了女性群体间的第一次收入差距，而生育年龄的延迟造成了女性群体间的第二次收入差距。因此，无论是从提高女性生育意愿的视角还是从缩小女性内部收入差距的视角，针对育龄延迟的生育配套政策制定的重要性不言而喻。对于其他解释变量的回归结果而言，本章得出了一些比较有意义的结论，有些与现有理论相吻合，有些则与直觉相反。就工作经验变量而言，工作经验的二次项系数和一次项系数分别显著为负和正，这印证了收入与年龄并非简单的线性关系，与生命周期理论相吻合。就具体个体特征变量的回归结果而言，少数民族女性的平均收入水平相对低于汉族女性；健康状态好的女性相对于健康状态一般的女性具有更高的收入水平，这表明身体健康能够提高劳动生产率，"身体是革命的本钱"。

此外，外地居民的平均收入水平要高于本地居民，直观上这似乎与本地居民所具有的本土优势相违背，而本章认为外地居民相对于本地居民所付出的努力更多，因为外地居民存在扎根当地的压力。在城镇家庭中，农村户籍女性的平均收入水平要高于城镇户籍女性，本章认为城乡男女之间组建家庭的平均难度要高于城镇与城镇间男女组建家庭的难度。因此，能力更高、个人品质更突出的农村青年才俊更能吸引城镇异性，并获得对方父母的认可，这说明农村子弟依靠自身的努力能够打破门当户对婚姻匹配的枷锁。平均来讲，中共党员的收入水平要相对高于其他（非中共党员）。就具体就业特征变量而言，第一类行业的平均收入水平最高，其次是第二类行业，最低是第四类行业，这与我们的分类一致。中外合资或外商合资企业的平均收入水平高于事业单位与国有控股企业，而个体、私营企业的平均收入水平最低。单位负责人与技术人员较生产类人员的平均收入水平高，而服务类人员的平均收入水平较生产类人员的低，但单位负责人及服务性人员与生产类人员间的平均收入水平差异并不显著。从地区虚拟变量及其与人力资本变量的交叉项回归结果看，中部地区的平均收入水平显著低于东部地区。

综上讨论，本章初步验证了研究假说的成立，育龄延迟对高、低学历女性的教育回报率具有极化效应。然而，正如本章第三节所指出的，为了保证研究假说结论的可靠性，还有赖于本章关于极化效应稳健性的分析结果。

二 极化效应的稳健分析结果与讨论

与本章第三节的实证研究设计相对应，本节的稳健性分析结果包含以下四个方面。

第一，扩展数据深度后的极化效应稳健性分析。本章将 CHIP 2008 的数据加入 CHIP 2013 中，扩展数据深度，对式（3-3）进行再回归，得出表 3-4 的模型 2 结果。从表 3-4 可以发现，本章在扩展数据深度后，育龄延迟的极化效应的研究结论仍然成立，且非常稳健。

表 3-4　　　　　极化效应稳健性分析 1 与 2 的回归结果

解释变量	模型 2		模型 3		模型 4	
	估计值	标准误	估计值	标准误	估计值	标准误
受教育年限	0.023***	(0.006)	0.036***	(0.009)	0.164***	(0.058)
高学历×受教育年限	0.018***	(0.002)	0.013***	(0.004)	-0.010	(0.012)
育龄延迟×受教育年限	-0.012***	(0.004)	-0.019***	(0.007)	-0.019**	(0.009)
育龄延迟×高学历×受教育年限	0.018***	(0.005)	0.025***	(0.008)	0.023***	(0.010)

注：1. 小括号内为稳健性标准误，***、** 分别表示在 1%、5% 的显著性水平下显著。2. 模型 2 仍然是基于式（3-3）的估计，样本包括 CHIP 2008 与 CHIP 2013，与模型 1 相比增加 1688 个样本。模型 3 是用父母受教育年限、兄弟姐妹个数、是否就读于重点高中、是否就读于重点大学、高考时是否为城镇户籍作为能力的替代变量。模型 4 是用父母受教育年限和兄弟姐妹个数作为个人受教育年限的工具变量，是否就读于重点高中、是否就读于重点大学与高考时是否为城镇户口三个变量仍然作为能力的替代变量。3. 表 3-4 仅列出本章关注的变量的回归结果，其他控制变量的回归结果与表 3-3 的结果类似，此处不再赘述。4. 被解释变量：对数小时工资，模型 2 的样本数为 4431 个；模型 3 与模型 4 的样本数为 2381 个，模型 2 调整 R^2 为 0.282，模型 3 调整 R^2 为 0.239，模型 4 调整 R^2 为 0.161。

资料来源：笔者根据 CHLPS 数据库整理得出。

第二，处理遗漏能力后的极化效应稳健性分析。表 3-4 的模型 3 和模型 4 分别给出了控制学校和家庭方面的孩子能力培育后的回归结果。从结果中可以发现，在控制学校和家庭方面的孩子能力培育后，教育回报率下降了，这与预期相符。但育龄延迟对教育回报的影响程度未发生变化，这表明育龄延迟对教育回报率影响的回归结果对是否控制学校和家庭方面的孩子能力培育是稳健的。表 3-4 的模型 4 给出了父母受教育年限及兄弟姐妹个数作为个人受教育年限的工具变量的估计结果。对于受教育年限而言，工具变量法的估计结果要高于 OLS 估计结果，与现有研究一致，Li 和 Luo（2004）的解释是：测量误差的严重性要大于遗漏变量问题。对育龄延迟而言，高学历女性育龄延迟有助于教育回报率的提高，低学历女性育龄延迟不利于教育回报率的提高，与 OLS 估计结果一致。综合表 3-4 的回归结果可得，虽然教育回报率的 OLS 估计结果受到内生性的困扰，但育龄延迟对教育收益率的作用效应估计对测量误差和遗漏变量等问题存在稳健性。这一结果表明受教育年限变量能够基本吸纳能力对收入的效应。因此，育龄延迟与受教育年限的交叉项几乎不受能力的影响。

第三，变换育龄延迟测度后的极化效应稳健性分析。由于以 30 岁作为育龄的临界点具有一定的主观性，为了确保女性样本结果的客观性，本章将 25 岁（平均育龄）作为基准，把初育年龄减去 25 岁作为育龄延迟变量。通过对明瑟工资方程、遗漏变量及测量误差问题的再次分析，结果如表 3-5 所示。模型 5 与模型 1 相对应，均用 OLS 方法估计式（3-3）；模型 6 与模型 3 相对应，将父母受教育年限、兄弟姐妹个数、是否就读于重点高中、是否就读于重点大学、高考时是否为城镇户籍作为个人能力的替代变量。模型 7 与模型 4 相对应，均用父母受教育年限和兄弟姐妹个数作为个人受教育年限的工具变量。无论是否加入控制变量，是否处理内生性问题，回归结果基本与前面的结果一致。在此本章重点关注育龄延迟相关变量的回归结果。从结果上看，高学历女性延迟育龄有助于提高教育回报率（系数为 0.002，且在 1% 显著性水平下显著），而低学历女性延迟育龄的教育回报率下降了（系数为 -0.001，在 5% 或 10% 的显著性水平下显著），这表明无论是用虚拟变量方式，还是用连续变量方式来表示育龄延迟，回归结果均一致。

表 3-5　　　　　　极化效应稳健性分析 3 的回归结果

解释变量	模型 5		模型 6		模型 7	
	估计值	标准误	估计值	标准误	估计值	标准误
受教育年限	0.041***	(0.008)	0.035***	(0.009)	0.175***	(0.066)

续表

解释变量	模型5		模型6		模型7	
	估计值	标准误	估计值	标准误	估计值	标准误
高学历×受教育年限	0.014***	(0.003)	0.014***	(0.004)	-0.011	(0.013)
育龄延迟×受教育年限	-0.001*	(0.001)	-0.001*	(0.001)	-0.002**	(0.001)
育龄延迟×高学历×受教育年限	0.002***	(0.001)	0.002**	(0.001)	0.002**	(0.001)

注：1. 小括号内为稳健性标准误，***、**和*分别表示在1%、5%和10%的显著性水平下显著。2. 模型5至模型7分别与模型1、模型3和模型4相对应，区别在于育龄延迟变量的选择不同。3. 表3-5仅列出本章关注的变量的回归结果，其他控制变量的回归结果与表3-3的结果类似，此处不再赘述。4. 被解释变量：对数小时工资，模型5的样本数和调整R^2分别是2743和0.217，模型6的样本数和调整R^2分别是2381和0.237，模型7的样本数和调整R^2分别是2438和0.144。

资料来源：笔者根据CHLPS数据库整理得出。

第四，处理育龄延迟行为非随机后的极化效应稳健性分析。利用第三节实证研究设计的变量，将样本按高、低学历分组，进行女性初育年龄的Logit模型回归，结果如表3-6所示。从回归结果可知，影响高学历组女性与低学历组女性延迟育龄的因素是不同的，其中夫妻年龄差、女性年龄、工作后初育及中共党员对两组均具有显著的影响，夫妻受教育年限、本地居民与健康状况好仅对高学历组女性的育龄决策具有显著影响，而家中长女和农业户籍对低学历组女性的育龄决策具有显著作用。

表3-6   女性育龄选择的影响因素分析

解释变量	高学历组		低学历组	
	估计值	标准误	估计值	标准误
女性受教育年限	0.173***	(0.062)	0.007	(0.053)
配偶受教育年限	0.125***	(0.048)	0.013	(0.044)
夫妻年龄差	-0.127***	(0.036)	-0.109***	(0.037)
女性年龄	0.024*	(0.013)	0.032**	(0.015)
工作后初育	1.837***	(0.474)	0.596***	(0.220)
家中长女	-0.209	(0.178)	-0.546**	(0.219)
农业户籍	-0.285	(0.583)	-0.637*	(0.354)
本地居民	-1.056***	(0.346)	-0.210	(0.547)

续表

解释变量	高学历组		低学历组	
	估计值	标准误	估计值	标准误
中共党员	-0.003***	(0.184)	-0.682*	(0.411)
中部地区	-0.083	(0.198)	0.277	(0.210)
西部地区	-0.031	(0.233)	-0.256	(0.283)
健康状况好	-0.513**	(0.244)	-0.067	(0.235)
健康状况差	0.202	(0.905)	-0.791	(1.053)
常数项	-6.827***	(1.230)	-3.791***	(1.098)

注：被解释变量：育龄延迟，高学历组的样本数和调整 R^2 分别是 1036 和 0.080，低学历组的样本数和调整 R^2 分别是 1589 和 0.050。

利用表 3-6 的结果，可计算每一个样本的倾向得分，并按最近邻居法、核匹配方法、卡尺匹配方法与样条匹配方法进行匹配。① 在匹配完成后，按共同支撑域和平衡性检验结果判断匹配的质量，表 3-7 给出了匹配质量检验结果。② 对于高学历组，各种匹配方法的延迟生育样本流失均为 4 个；对于低学历组，各种匹配方法的延迟生育样本流失均为 1 个。因此，从共同支撑域角度看，匹配较为成功。无论是高学历组还是低学历组，四种方法匹配后多数变量的标准化偏差均较小，除个别变量的标准化偏差大于10%，但仍小于 Rosenbaum 和 Rubin（1985）的 20% 临界值。上述匹配质量检验结果表明匹配质量较好，可以进行育龄延迟净收入效应的测算。

---

① 虽然在理论上，存在多种实现匹配的方法，且均是渐进等价的，但在实际应用过程中，Caliendo 和 Kopeinig（2008）指出各类方法对偏差和效率间的权衡是不同的，因此，各种方法的实际匹配结果可能存在一定的差异。鉴于此，为了保证匹配结果的稳健性，本章考虑多种匹配方法，包括最近邻居法（1-k 匹配）、核匹配方法、卡尺匹配方法与样条匹配方法。

② 共同支撑域主要是为了尽可能在匹配过程中减少干预组样本流失的个数。Rosenbaum 和 Rubin（1985）的标准化偏差检验方法认为，若匹配后，解释变量在干预组与对照组间的标准化偏差大于 20%，那么就意味着匹配过程的失败。

表 3-7　　　　　　　　匹配质量检验结果

解释变量	高学历组				低学历组			
	匹配后标准化偏差（%）				匹配后标准化偏差（%）			
	邻近匹配	核匹配	卡尺匹配	样条匹配	邻近匹配	核匹配	卡尺匹配	样条匹配
女性受教育年限	3.3	0.7	-0.2	6.5	9.4	-0.3	-0.9	4.3
配偶受教育年限	-3.5	0.7	-1.3	-2.6	5.0	-0.4	-0.2	-0.9
夫妻年龄差	-6.7	-3.9	-3.2	-9.1	5.3	-5.8	-1.9	3.0
女性年龄	-1.1	-0.6	-1.9	0.6	-0.9	5.9	1.4	-1.6
工作后初育	-2.9	0.6	-1.1	5.9	10.3	5.7	1.1	12.1
家中长女	-1.5	1.2	2.2	-3.2	5.9	-5.2	-0.9	1.8
农业户籍	5.8	-0.6	0.4	12.8	-1.8	-3.8	-0.6	5.1
本地居民	1.7	-3.3	-3.3	0.0	6.6	-1.0	-0.0	4.6
中共党员	-1.2	0.5	0.6	8.0	-5.6	-2.0	-0.1	-2.8
中部地区	-0.8	-0.6	-0.5	4.6	-1.4	3.5	0.2	6.7
西部地区	2.0	1.0	2.9	-10.9	6.2	-3.5	-1.1	8.3
健康状况好	-0.3	-1.3	-0.4	6.1	2.0	-1.4	0.8	3.9
健康状况差	-5.8	-2.3	-3.4	-5.8	-2.0	-1.0	-0.7	7.8
	共同支撑域结果				共同支撑域结果			
	支撑域外	支撑域内	总样本（个）		支撑域外	支撑域内	总样本（个）	
对照组	27	820	847		58	1407	1465	
处理组	4	185	189		1	123	124	

表 3-8 给出了高学历组与低学历组育龄延迟的净收入效应估计结果。从结果上看，虽然各种匹配方法的定量结果存在一定的差异，但都与 OLS 估计呈现一致的定性结果。育龄延迟有助于高学历女性收入水平的提高，而降低了低学历女性的收入水平。因此，通过反事实分析框架和倾向匹配得分方法，再次识别因果关系后发现，OLS 估计的定性结果是稳健的。

表 3-8　　高学历组与低学历组育龄延迟的净收入效应估计结果

匹配方法	高学历组		低学历组	
	估计值	标准误	估计值	标准误
最近邻居法（1-4 匹配）	0.131**	(0.066)	-0.189**	(0.086)

续表

匹配方法	高学历组		低学历组	
	估计值	标准误	估计值	标准误
核匹配方法（带宽默认=0.06）	0.094*	(0.052)	-0.210***	(0.080)
卡尺匹配方法	0.094*	(0.054)	-0.199**	(0.081)
样条匹配方法	0.084*	(0.052)	-0.205**	(0.082)

注：1. 小括号内为自助法得到的自助标准误，Bootstrap 次数为 500，***、**和*分别表示在1%、5%和10%的显著性水平下显著。
资料来源：笔者根据 CHIPS 数据库整理得出。

综合实证结果分析可知，育龄延迟对高、低学历女性的教育回报率存在极化效应，证实了研究假说。在考虑遗漏能力问题、育龄延迟变量选择问题以及育龄延迟行为非随机问题后，研究结论仍然可靠。

第五节　教育回报率极化的机制验证

通过第四节的回归结果分析及稳健性检验，本章证实了研究假说：育龄延迟对教育回报率存在极化效应。那么究竟是什么原因导致女性育龄延迟的教育回报率在不同学历群体间产生差异呢？本章提出的观点是：学历与工作稳定性正向关联，工作稳定性不同会导致育龄延迟产生不同方向的收入作用效应。因此，育龄延迟仅提高了高学历女性的教育收益率。为了说明验证机制，先对高、低学历女性的工作稳定性（合同类型）与职业晋升空间（技术职称与领导岗位）进行统计，结果如表 3-9 所示。

从劳动合同性质看，高学历女性群体的工作稳定性较好，多数是固定职工或具有长期合同，而低学历女性的工作稳定性较差，超过一半的职工具有短期合同、临时合同或没有合同。从职称看，高学历女性和低学历女性拥有职称的比例是 2.04∶1，且高学历女性在中高级职称、科级及其以上干部的比例在提高。

本章对机制的验证分为两个部分：第一部分检验学历与工作稳定

表 3-9　　　　　　　不同学历职业女性就业情况对比

劳动合同性质 (1:0.78)	低学历	高学历	职称 (1:2.04)	低学历	高学历
固定职工（包括公务员、事业单位在编人员）	11.62	42.45	高级职称	6.14	9.04
长期合同	26.08	31.79	中级职称	16.95	34.72
短期或临时合同	27.12	16.56	初级职称	29.87	20.27
没有合同（包括临时打工）	30.80	6.22	技术员级	18.43	7.28
			处级干部	0.21	0.62
			科级干部	1.91	5.72
			科员	17.37	15.38
			企业高层管理人员	1.06	0.62

性及获取职称或干部岗位难易间的关系；第二部分检验育龄延迟对工作稳定性强、获取职称或干部岗位难度低的女性产生正向的收入效应，而对工作稳定性差、获取职称或干部岗位难度高的女性产生负向的收入效应。

表 3-10 给出了学历对工作稳定性、获取职称或干部职务的影响，由此可知，高学历提高了拥有固定合同和长期合同的女性的比例，且学历越高获得技术职称或干部职务的可能性越高。这印证了学历与工作稳定性和职称、职务获取难度间的内在关系。此外，女性所处的行业收入水平越高，工作的稳定性也越高，获取技术职称和干部职务的比例也越高。从表 3-11 可知，育龄延迟对收入的影响在固定（长期）合同与非固定（长期）合同群体、有职称（干部）群体与无职称（干部）群体间均存在相反的作用效应。这验证了本章的理论机制部分。

对育龄延迟教育回报率极化机制的验证表明育龄延迟的教育回报率极化效应源于高、低学历女性的工作稳定性和获取职称或干部岗位难度的差异，工作稳定性和获取职称或干部岗位难度的差异，导致育龄延迟提高了工作稳定性强、更易获得技术职称或干部职务的女性的收入，而降低了工作稳定性差、更难获得技术职称或干部职务的女性的收入。

表3-10　　　　学历对工作稳定性、获取职称或干部职务的影响

解释变量	合同是否固定（长期）		具有技术职称（干部职务）	
	估计值	标准误	估计值	标准误
高学历	1.281***	(0.117)	0.877***	(0.136)
高收入行业	0.414**	(0.181)	0.315**	(0.154)
非私营企业	1.991***	(0.103)	0.723***	(0.149)

注：1. 小括号内为稳健性标准误，***、**分别表示在1%、5%的显著性水平下显著。
2. 表3-10仅列出本章关注的三个变量的回归结果，其他控制变量的回归结果，此处不再赘述。
3. 前者的样本数和调整R^2分别是2739和0.325，后者的样本数和调整R^2分别是1614和0.157。
资料来源：笔者根据CHIPS数据库整理得出。

表3-11　　　　　　　　　　机制验证结果

生育组	估计值	标准误	生育组	估计值	标准误
固定（长期）合同	0.118**	(0.062)	有职称（干部）	0.171**	(0.093)
非固定（长期）合同	-0.181**	(0.091)	无职称（干部）	-0.180**	(0.094)

注：1. 小括号内为自助法得到的自助标准误，Bootstrap次数为500，**表示在5%的显著性水平下显著。2. 表3-11中结果为最近邻居法（1-4匹配）结果，且通过平衡性检验共同支撑域检验，其他三种匹配方法结果稳健，此处不再赘述。
资料来源：笔者根据CHIPS数据库整理得出。

第六节　本章小结

本章利用中国家庭收入项目（2013年）的样本数据，基于明瑟工资方程，实证分析了女性初育年龄延迟对教育收益率的影响。研究发现，女性的教育收益率在初育年龄间存在差异。具体而言，女性初育年龄的延迟提高了高学历女性的教育回报率，不影响或降低了低学历女性的教育回报率。在考虑了地区购买力差异、明瑟工资方程形式设定、育龄延迟变量设定、遗漏变量及自选择等问题后，上述结论依然成立。本章认为高学历女性与低学历女性由于在工作稳定性与获取技术职称或干部职务的难易程度方面的差异，高学历女性维护育龄延迟成果的难度低于低学历女性，从而导致育龄延迟仅提高了高学历女性的教育收益率。

本章得出的结论具有较强的政策建议。育龄延迟产生的教育回报率极化效应启示我们，旨在提高生育率配套政策的制定应该因情而定，对高、低学历女性分而治之：对于低学历育龄延迟群体，政策完善应侧重于生育的收入补偿，解决"想生而没能力生"的问题。对这一群体可以从生育家庭税收优惠补偿机制设计着手，研究低学历女性适龄生育的税收减免机制。第一，可以考虑对低学历生育女性以家庭为单位征收所得税。第二，单一征税可以考虑减免低学历女性生育群体的部分税收。对于高学历育龄延迟群体，政策完善应侧重于生育的职业发展补偿，解决"有能力生而不生"的问题。对于这一类的补偿机制可以从生育女性职业升迁绿色通道设计着手。第一，对女性的技术职称评定标准可以与男性有所差异。第二，单独留出技术职称或干部职务名额的一定比例给予女性。

当然，本章也存在一定的局限性。受现有数据的约束，更多更为深入的研究有待将来相关微观数据的出现。例如，可观测的育龄延迟决策方程估计的外生解释变量仍较不足，这一问题的回答亟待更为丰富且优质的婚龄育龄微观样本数据出现。

第 四 章

人口年龄结构与经济增长：基于静态面板估计

第一节 人口年龄结构现状及相关分析

人口结构日益失衡，正成为一个全球问题，突出的两个表现是少儿人口占比过低和老年人口占比过高。根据世界银行数据库显示，2017年世界14岁及以下人口占总人口的平均比重已降至25.94%，而2017年65岁及以上人口占总人口的平均比重已升至8.70%，这意味着全球已经步入老龄化社会。其中，人口结构失衡特别严重的地区是欧美和东亚，这些地区14岁及以下人口占总人口的比重都低于20%，而65岁及以上人口占总人口的比重都高于10%。就全球排名前十位（2017年）的经济体而言，这些经济体（除印度以外）的少儿人口占比都远低于相应的世界平均占比，而老年人口占比都远高于相应的世界平均占比。根据《世界人口展望》（2017年修订版），全世界60岁及以上人口占比为13%，并以每年约3%的速度提高。其中，欧洲60岁及以上人口占比最高，将从25%上升到2050年的35%；非洲60岁及以上人口占比最低，将从5%上升到2050年的9%。此外，拉丁美洲和加勒比地区、亚洲、北美地区和大洋洲的60岁及以上人口占比将分别从12%、12%、22%和17%上升到2050

年的25%、24%、28%和23%。

人口结构失衡会给经济社会的可持续发展带来诸多不利影响。一方面，老龄化加重了国民的抚养负担，从而加大了社会保障的压力；另一方面，少年儿童比重下滑引起劳动力的相对减少（甚至绝对减少），进而弱化了家庭养老功能。为了改善人口结构以及保持经济社会的可持续发展，许多国家已经出台了各种鼓励生育或提高生育意愿的相关政策，例如，日本的父母休假法、德国的高额福利津贴、韩国的保障性住房、新加坡的由两个就够到鼓励多生、中国的"全面二孩"政策等。这些生育政策的出台充分说明了人口结构失衡对经济增长的影响已经引起了各国政府的高度关注。然而，关于人口老龄化是否阻碍了经济增长这一重要议题，已有研究并没有得出一致性的结论。更为重要的是，由于人口结构在不同的国家存在较大的差异性，因此适用于一些国家的经验结论可能并不适用于其他国家。这意味着非常有必要从全球视角研究人口结构对经济增长的影响，而这正是本章的主要研究目的之一。值得一提的是，与多数发达国家相比，中国人口老龄化出现在经济发展相对较早的阶段，一些学者对此表达出了"未富先老"的担忧。因此，研究人口结构变动对经济增长的效应及作用机制对中国更具有现实意义。

关于人口结构对经济增长的影响的已有研究，要么侧重于整体人口结构，要么侧重于人口结构的某一个维度（例如生育率或预期寿命），较少同时分析生育率和预期寿命对经济增长的共同影响。事实上，人口结构的动态变化是生育率（出生维度）和预期寿命（存活维度）的综合反映。一方面，如果只是研究整体人口结构，往往会得出"只知其然，而不知其所以然"的研究结论，这将难以提出有效的政策建议；另一方面，如果只是研究人口结构的某一个维度，这将难以综合评估人口结构对经济增长的影响。因此，为了厘清人口结构对经济增长的作用机制，同时为了提出更为有效的政策建议，非常有必要对人口结构进行分解，从而更深入地分析人口结构变动的各个因素与经济增长之间的关系。

本章的研究目的主要有两个：一是试图通过构建经济理论模型分析人口结构对经济增长的各种作用效应；二是试图通过实证研究以及通过与其他国家的比较研究探索中国人口结构对经济增长的各种影响路径。与已有研究相比，本章研究的不同之处主要体现在三个方面：第一，同时从生育率和预期寿命两个维度，研究了人口结构对经济增长的影响，细化和深化了人口结构经济增长效应的研究内容；第二，构建的理论模型考虑了内生经济增长问题；第三，实证研究考虑了经济增长的空间关联效应以及人口结构与经济增长的双向因果问题。

第二节 理论模型构建

借鉴 Becker 和 Barro（1988）、Zhang 等（2001）、Gradstein 和 Kaganovich（2004）以及 Kunze（2014）的研究方案，本章构建了一个三期的世代交叠模型（Overlapping Generations Model，OLG 模型）。第一，遵循 Becker 和 Barro（1988）的做法，假定父代效用受子代效用和子女数量的影响。第二，遵循 Zhang 等（2001）、Gradstein 和 Kaganovich（2004）的做法，使用存活概率探讨预期寿命对经济增长的作用机制及效应。第三，采用 Kunze（2014）的内生经济增长机制，将对子女的教育投资作为内生经济增长的源泉。本章构建的模型包括消费者、生产者、政府、市场出清、稳态和比较静态分析六个方面。

第一，消费者。假定代表性个体存活于少儿、成年和老年三个时期。在少儿时期，个体接受教育，不做任何经济决策。在成年时期，个体生育子女 n 个，非弹性供给有效劳动 h_t，每单位有效劳动获得市场工资 w_t。按照 Becker 和 Barro（1988）的设定，假定父代效用和子代效用具有相关性，相关性依赖于利他程度，效用函数可以表示为：

$$U_t = \ln c_t + \pi \ln d_{t+1} + n \cdot \gamma n^{-v} \ln I_{t+1} \quad (4-1)$$

在式（4-1）中，c_t 是消费，π [$\pi \in (0,1)$] 是老年时期个体的存活概率，d_{t+1} 是存活老年人的消费，I_{t+1} 是下一代的可支配收入，γn^{-v} 是子女的单位收入所带来的效用（以下简称"利他程度"）。其中，γ 表示利他程度不受子女数量影响的部分；而 n^{-v} 表示利他程度受子女数量影响的部分，且与子女数量成反方向变动；v 表示利他程度对子女数量的敏感系数（以下简称"敏感系数"），且满足 $v>0$。[①] Hoffman（2011）等的研究表明收入与利他性的关系是正向的。在早期经济发展时期，代际转移的程度主要来自父母对子女的自然利他性。然而，随着经济的不断发展，父母越来越重视子女数量与子女质量的权衡。例如，为了提高子女的质量，父母会加大对子女教育的投资，从而改善福利水平。因此，经济发展水平越高，利他程度对子女数量的反应就越强，敏感系数就会越大。

下一代的可支配收入 I_{t+1} 满足：

$$I_{t+1} = (1-\tau) w_{t+1} h_{t+1} \quad (4-2)$$

其中，τ 表示个人所得税，w_{t+1} 表示 $t+1$ 期每单位有效劳动的市场工资。每一代个体可支配收入 I_t 分别用于消费 c_t、储蓄 s_t 和孩子教育的私人投资 e_t。因此，代表性个体的可支配收入 I_t 满足：

$$c_t + s_t + n \cdot e_t = I_t \quad (4-3)$$

老年人只消费，不参加工作，老年时期的消费和成年时期的储蓄满足：

$$d_{t+1} = s_t (1+r_{t+1})/\pi \quad (4-4)$$

其中，r_{t+1} 是利率，$(1+r_{t+1})/\pi$ 是 $t+1$ 期的总投资回报率，它与利率正相关，而与存活概率负相关。这是因为在年金市场，存

---

① 特别地，当 $v=1$ 时，代表性个体从全部子女处获得的总效用不受子女个数的影响；当 $v>1$ 时，代表性个体从全部子女处获得的总效用与子女个数成反比；当 $v<1$ 时，代表性个体从全部子女处获得的总效用与子女个数成正比。

活老人的收益不仅包括自己的储蓄和利息,还包括已故老人的储蓄和利息(Zhang 等,2001;Gradstein,Kaganovich,2004)。根据 Kunze (2014) 的人力资本函数,$t+1$ 期的人均人力资本 h_{t+1} 取决于私人教育投资 e_t、公共教育投资 x_t 和人均人力资本 h_t,满足:

$$h_{t+1} = D\,\bar{e}_t^{\delta}\bar{x}_t^{\eta}h_t \tag{4-5}$$

其中,D 是常数,$\delta,\eta \in (0,1)$ 且 $\delta+\eta<1$,$\bar{e}_t = e_t/h_t$ 和 $\bar{x}_t = x_t/h_t$ 分别是单位有效劳动的私人和公共教育投资。代表性个体在式(4-2)、式(4-3)、式(4-4)和式(4-5)的约束条件下,选择 (c_t, e_t, s_t) 最大化效用函数式(4-1)。决定最优消费、最优储蓄和最优私人教育支出的欧拉方程是:

$$c_t = s_t/\pi = e_t n^v/\gamma\delta \tag{4-6}$$

根据式(4-3)和式(4-6),任一可支配收入 I_t 下的最优消费、最优储蓄和最优私人教育支出分别是:

$$c_t = a_c I_t \tag{4-7}$$
$$s_t = a_s I_t \tag{4-8}$$
$$e_t = a_e I_t \tag{4-9}$$

其中,$a_c = n^v/((1+\pi)n^v + \gamma\delta n)$,$a_s = \pi n^v/((1+\pi)n^v + \gamma\delta n)$,$a_e = \gamma\delta/((1+\pi)n^v + \gamma\delta n)$。

将 0 期的成年人规模设定为 1,将小孩规模设定为生育数量 n,将老年人初始规模设定为存活概率与生育数量的比值 π/n。① 因为成年人生育数量和老年人存活概率分别是 n 和 π,所以 t($t\geqslant 0$)期的孩子规模 B_t、成年人口 L_t 和老年人口 O_t 分别满足 $B_t = n^{t+1}$、$L_t = n^t$ 和 $O_t = \pi n^{t-1}$。

第二,生产者。假定产品市场完全竞争、劳动力市场出清,厂商每期都只生产一种产品,生产函数是柯布-道格拉斯形式,即:

---

① 将少儿和老年人的初始规模分别设定为生育数量 n 和存活概率与生育数量的比值 π/n 的原因是保持任意时期的人口年龄结构不变。任意时期少儿、成年人和老年人的人口占比分别为 $n^2/(n^2+n+\pi)$、$n/(n^2+n+\pi)$ 和 $\pi/(n^2+n+\pi)$。

$$Y_t = AK_t^\alpha (h_t L_t)^{1-\alpha} \qquad (4-10)$$

其中，α 是资本产出份额。令 $y_t = Y_t/L_t$，$k_t = K_t/L_t$，$\bar{k}_t = k_t/h_t$。根据（4-10）和利润最大化原则，可以得到一阶条件为：

$$w_t = (1-\alpha) A\bar{k}_t^\alpha \qquad (4-11)$$

$$1 + r_t = \alpha A \bar{k}_t^{\alpha-1} \qquad (4-12)$$

第三，政府。假定政府的财政收支在每期平衡，当期收入来自劳动所得税，全部收入用于公共教育支出，满足：

$$\tau w_t h_t L_t = x_t B_t \qquad (4-13)$$

第四，市场出清。在资本市场，当期资本等于上一期的全部储蓄。在产品市场，当期全部产品由劳动人口、老年人口和政府消费。这两个市场在均衡处满足：

$$K_{t+1} = s_t L_t \qquad (4-14)$$

$$Y_t = (c_t + s_t + ne_t + \tau w_t h_t) L_t + d_t O_t \qquad (4-15)$$

第五，稳态。式（4-1）至式（4-15）的经济系统存在一个均衡点，即（$\bar{k}$，$\bar{e}$，$\bar{x}$），其求解过程如下：根据式（4-14）、式（4-8）、式（4-3）和式（4-5），$\bar{k}_{t+1} = (1-\tau) a_s w_t / (nDe_t^\delta \bar{x}_t^\eta)$。再根据式（4-8）、式（4-13）、式（4-3）和式（4-11）可得：

$$\bar{k}_{t+1} = \Delta_0 \Delta_x^{-\eta} \Delta_e^{1-\delta} \bar{k}_t^{\alpha(1-\delta-\eta)} \qquad (4-16)$$

其中，$\Delta_0 = \pi n^v / (Dn\gamma\delta)$，$\Delta_x = A\tau (1-\alpha)/n$，$\Delta_e = Aa_e (1-\alpha)(1-\tau)$。根据式（4-16）可得：

$$\bar{k} = \Delta_0^\rho \Delta_x^{-\rho\eta} \Delta_e^{\rho-\rho\delta} \qquad (4-17)$$

其中，$\rho = 1/(1-\alpha+\alpha\delta+\alpha\eta)$。根据式（4-8）、式（4-3）、式（4-13）、式（4-11）和式（4-17）可得：

$$\bar{e} = \Delta_e \bar{k}^\alpha = \Delta_0^{\alpha\rho} \Delta_x^{-\alpha\rho\eta} \Delta_e^{1+\alpha\rho(1-\delta)} \qquad (4-18)$$

$$\bar{x} = \Delta_x \bar{k}^\alpha = \Delta_0^{\alpha\rho} \Delta_x^{1-\alpha\rho\eta} \Delta_e^{\alpha\rho(1-\delta)} \qquad (4-19)$$

根据式（4-5）、式（4-18）和式（4-19）可知，经济增长 g 满足：

$$g = (D\Delta_e^\delta \Delta_x^\eta)(\bar{k}^{\alpha(\delta+\eta)}) - 1 = D(\Delta_0 \Delta_e)^{1-\theta}(\Delta_e^\delta \Delta_x^\eta)^\theta - 1 \tag{4-20}$$

其中，$\theta = \rho - \alpha\varphi$，且满足 $0 < \theta < 1$。由式（4-17）、式（4-18）、式（4-19）和式（4-20）可知，经济增长的内生源泉是人力资本投资，它包括私人教育投资和公共教育投资。

第六，比较静态分析。根据式（4-20），可以将生育数量 n 和存活概率 π 对经济增长 g 的影响分解为 $D\Delta_e^\delta \Delta_x^\eta$ 和 $\bar{k}^{\alpha(\delta+\eta)}$ 两个部分：

$$\frac{\partial g}{\partial \varphi} = \underbrace{\frac{\partial (D\Delta_e^\delta \Delta_x^\eta)}{\partial \varphi}(\bar{k}^{\alpha(\delta+\eta)})}_{\text{部分1}} + \underbrace{(D\Delta_e^\delta \Delta_x^\eta)\frac{\partial (\bar{k}^{\alpha(\delta+\eta)})}{\partial \varphi}}_{\text{部分2}}, \quad \varphi = n, \pi \tag{4-21}$$

由式（4-21）可知，生育数量与存活概率对经济增长有两个作用路径。第一个作用路径即式（4-21）中的部分1，它表示在代表性个体收入水平不变的条件下，生育数量或存活概率改变了教育支出在个人收入中所占的比例 a_e，影响了单位有效劳动的教育投入（其中，生育数量还能够影响单位有效劳动的公共教育投入），从而对经济增长产生直接的影响，本章将部分1的效应称为替代效应。无论是生育数量还是存活概率，第一个作用路径的符号均为负，替代效应均与其自身成反向变动（图4-1路径①）。第二个作用路径即式（4-21）中的部分2，它表示生育数量或存活概率既能够改变教育支出比例 a_e，也能够改变储蓄比例 a_s，这影响了单位有效劳动的储蓄和投资以及个人收入水平，进而又影响了教育投入的水平，从而影响了经济增长，本章将部分2的效应称为收入效应。对于存活概率而言，第二个作用路径的符号为正，收入效应与其自身呈正向变动。

由于教育支出比例 a_e 对存活概率 π 的一阶和二阶偏导数分别为

负和正，而储蓄比例 a_s 对存活概率 π 的一阶和二阶偏导数分别为正和负，因而，存活概率 π 越高，它的收入效应就越弱，而它的替代效应则越强。与存活概率有所不同，生育数量的收入效应还依赖于敏感系数的大小。第一，当敏感系数小于 1 时，子女数量越多，代表性个体获得的效用则越大。此时，生育数量的增加提高了代表性个体的效用水平，这提高了其对子女教育的投入水平，从而降低了储蓄水平，因而产生了负的收入效应（见图 4-1 路径②）。因此，当敏感系数小于 1 时，生育数量的替代效应和收入效应都是负的，故生育数量的经济增长效应是负的。第二，当敏感系数大于 1 时，子女数量越多，代表性个体获得的效用则越小。此时，生育数量的增加降低了代表性个体的效用水平，这降低了其对子女教育的投入水平，从而提高了储蓄水平，因而产生了正的收入效应。另外，当敏感系数大于 1 时，个人收入的储蓄比例 a_s 对生育数量 n 的一阶和二阶偏导数分别为正和负，这说明了此时随着生育数量的增加，收入效应逐渐减小，从而总效应逐渐由替代效应决定。

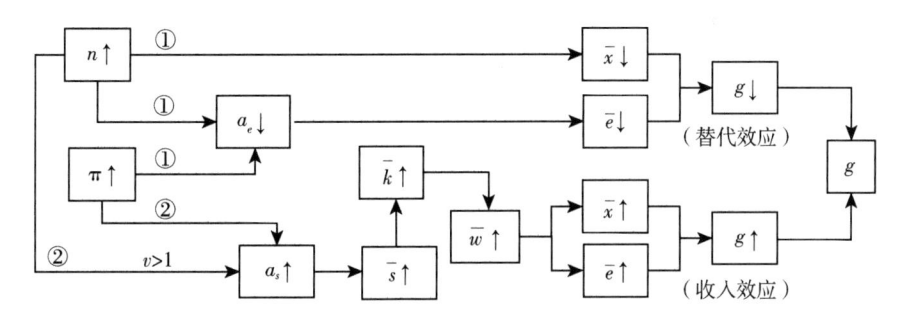

图 4-1　生育数量与存活概率对经济增长的传导路径

注：①和②分别表示替代效应和收入效应的作用路径。对于生育数量的收入效应，图 4-1 中列举了 $v>1$ 的情形。对于 $v<1$ 的情形，收入效应作用路径的符号箭头正好与之相反。

上述分析说明了生育数量和存活概率对经济增长的总效应取决于替代效应与收入效应的综合影响。通过对式（4-20）关于生育数量求一阶偏导数，可得生育数量对经济增长的总效应，即：

$$\frac{\partial g}{\partial n} \begin{cases} >0, & n<n^*, v>v^* \\ =0, & n=n^*, v>v^* \\ <0, & (n>n^*, v>v^*) \text{ 或 } v \leqslant v^* \end{cases} \quad (4-22)$$

其中，$n^* = \{\gamma\delta[(v-2)(1-\theta)-(\eta+\delta)\theta]/(1+\pi)[(1-\theta)+\eta\theta+\delta\theta v]\}^{1/(v-1)}$，$v^* = 1+1/\alpha$。然后，通过对式（4-20）关于存活概率求一阶偏导数，可得存活概率对经济增长的总效应，即：

$$\frac{\partial g}{\partial \pi} \begin{cases} >0, & \pi<\pi^* \\ =0, & \pi=\pi^* \\ <0, & \pi>\pi^* \end{cases} \quad (4-23)$$

其中，$\pi^* = (1+\gamma\delta n^{1-v})(1-\theta)/\delta\theta$。式（4-22）和式（4-23）的结果与前面的分析是一致的，对于生育数量而言，当敏感系数较低时，生育数量与经济增长呈反向关系；而当敏感系数较高时，生育数量变动的替代效应和收入效应分别随生育数量的增加而增强和减弱，生育数量与经济增长呈先增后减的倒"U"形关系。对于存活概率而言，替代效应和收入效应分别随存活概率的提高而增强和减弱，存活概率与经济增长呈先增后减的倒"U"形关系。

进一步，式（4-22）与式（4-23）还反映出倒"U"形曲线的拐点（n^* 或 π^*）依赖于一些参数，特别是资本产出份额 α 和敏感系数 v。n^* 的左移会扩大生育率下降的（正增长效应）空间，易陷入低生育水平中。π^* 的左移会提前结束存活概率的正向经济增长效应，过早地进入存活概率的负向经济增长效应阶段。随着人力资本产出份额的增大，物质资本产出份额 α 会随着经济发展水平的提高而下降，使 n^* 和 π^* 向左移动。而敏感系数会随着经济发展水平的提高而趋于上升，敏感系数的提高会使 n^* 向右移动。更为重要的是，生育数量与存活概率之间还存在交互效应，生育数量会影响存活概率的拐点，存活概率亦会影响生育数量的拐点，这说明了在实证研究中非常有必要考虑生育数量与存活概率的交互影响。

综上所述，对于经济发展水平较高的发达国家而言，它们具有较低的生育数量、较高的存活概率、较低的资本产出份额以及较高的敏感系数，这些因素使它们的经济体特别容易表现出如下特征：第一，生育数量的收入效应大于替代效应，即生育数量的减少（增加）会阻碍（促进）其经济增长；第二，存活概率的替代效应大于收入效应，即预期寿命的延长（缩短）会阻碍（促进）其经济增长。另外，对于大多数发展中国家而言，它们具有较高的生育数量、较低的存活概率、较高的资本产出份额以及较低的敏感系数，这些因素使它们的经济体特别容易表现出如下特征：第一，生育数量的收入效应小于替代效应，即生育数量的减少（增加）会促进（阻碍）其经济增长；第二，存活概率的替代效应小于收入效应，即预期寿命的延长（缩短）会促进（阻碍）其经济增长。

第三节 样本分析与计量模型构建

第二节的理论说明了当初始条件（生产函数、人力资本函数和利他偏好程度）不变时，人口结构与经济增长具有非线性关系，鉴于此，构建如下计量模型：

$$g_{it} = a_1 tfr_{it} + a_2 ble_{it} + a_3 tfr_{it} y_{it} + a_4 ble_{it} y_{it} + a_5 tfr_{it} ble_{it} + b' x_{it} + \mu_i + v_{it}$$

(4-24)

在式（4-24）中，下标 i 和 t 分别表示国家和年份，g 指经济增长率，用人均 GDP 的对数来度量，tfr、ble 和 y 分别是生育率、预期寿命和人均 GDP，x 是控制变量，μ 是个体效应，v 是随机扰动项，a_1、a_2、a_3、a_4、a_5 和 b 是式（4-24）的参数。其中，参数 a_3 和 a_4 分别用于反映生育率和预期寿命对经济增长的影响与经济发展水平的关系，参数 a_5 用于反映生育率与预期寿命对经济增长的交互效应。

一 样本、变量及特征

按照已有文献常用的度量方法,本章分别使用总和生育率和出生时预期寿命度量生育率和预期寿命(Weil,2013)。为了控制物质资本、人力资本和人口增长率的影响,分别使用固定资本形成额占 GDP 的比重、高等教育毛入学率和人口规模的对数作为相应的控制变量。此外,分别使用城市化率、人口密度、是否加入世界贸易组织和初始年份实际人均 GDP 控制人口的空间结构、人口规模、贸易条件和初始经济条件的影响。本章的数据来自世界银行公开数据库,考虑到相关数据的可获得性,选取了 1971—2015 年 67 个国家或地区(包括中国)所组成的平衡面板数据。表 4-1 给出了变量的描述性统计分析。

表 4-1　　　　　　　　变量的描述性统计分析

变量	符号	观测数	中位数	平均值	标准差	最小值	最大值
实际人均 GDP	y	3015	4298.1	12297.7	15772.0	204.77	91617.3
总和生育率	tfr	3015	2.9600	3.5388	1.8684	0.9010	8.4620
出生时预期寿命(年)	ble	3015	70.201	67.405	10.362	27.613	84.278
固定资本形成额占 GDP 比重(%)	$gfcf$	3015	21.628	21.961	6.6793	2.0004	60.018
高等教育毛入学率(%)	set	3015	17.629	24.314	23.251	0.0134	119.779
人口数量(万人)	pop	3015	1131.9	5945.7	18198.5	20.6	137122.0
人口密度(人/单位面积)	pd	3015	61.671	197.767	714.643	1.1477	6957.810
城市化率(%)	upr	3015	58.237	56.027	23.783	2.970	100.000

考虑到不同国家或地区经济增长的差异性,将研究样本分为低发展组、高发展组和发达组三个组,其中,低发展组和高发展组分别由人均 GDP 低于 3000 美元和 3000 美元及以上的发展中国家或地区构成,发达组由发达国家或地区构成,分组结果如表 4-2 所示。本章以 3000 美元的人均 GDP 对发展中国家或地区进行分组的依据在于:一般来说,3000 美元的人均 GDP 是经济发展的重要转折点。此

时，经济增长将会分化为两极：一极的国家或地区跨过中等收入陷阱进入发达国家或地区；另一极的国家或地区将长期面临中等收入陷阱，经济增长缓慢，甚至停滞不前。

表4-2　　　　　　　　　67个国家或地区的分组结果

低发展组 （低于3000美元）	高发展组 （3000美元及以上）	发达组
玻利维亚、布隆迪、喀麦隆、刚果（布）、刚果（金）、埃及、加纳、印度、肯尼亚、马拉维、马里、毛里塔尼亚、尼泊尔、巴基斯坦、菲律宾、卢旺达、塞内加尔、津巴布韦	阿尔及利亚、阿根廷、智利、中国、哥伦比亚、哥斯达黎加、古巴、多米尼加、厄瓜多尔、萨尔瓦多、斐济、危地马拉、圭亚那、印度尼西亚、伊朗、牙买加、马来西亚、墨西哥、摩洛哥、阿曼、巴拿马、秘鲁、斯威士兰、泰国、突尼斯、土耳其、乌拉圭、委内瑞拉	奥地利、加拿大、丹麦、芬兰、法国、希腊、中国香港、冰岛、爱尔兰、以色列、意大利、日本、韩国、马耳他、荷兰、挪威、葡萄牙、西班牙、瑞典、英国、美国

图4-2给出了1971—2015年67个国家或地区经济增长的变化趋势。1971年，中国实际人均GDP为238美元，远低于低发展组的830美元；而2015年，中国实际人均GDP为6497美元，远高于低发展组的1349美元，并且非常接近高发展组的7606美元。另外，1971—2015年，中国年均经济增速达到7.52%，大幅度高于低发展组的1.03%、高发展组的2.07%和发达组的2.28%。至2015年，中国成功地实现了经济的赶超，从低发展组进入了高发展组。

从图4-3可以看出，生育率和预期寿命具有如下特点：生育率趋于下滑，而预期寿命趋于上升；低发展组具有高的生育率和短的预期寿命，而发达组则与之相反。具体而言，中国、低发展组、高发展组和发达组的生育率分别从1971年的5.322、6.771、5.509和2.642下降到2015年的1.617、4.159、2.250和1.665，说明中国与发达国家或地区的生育率已经处于生育更替水平以下。另外，中国、低发展组、高发展组和发达组的预期寿命分别从1971年的60.285岁、47.573岁、59.318岁和71.642岁上升到2015年的76.117岁、64.286

岁、74.786 岁和 82.117 岁，说明发展中国家或地区与发达国家或地区之间的预期寿命差距呈现收敛的趋势。

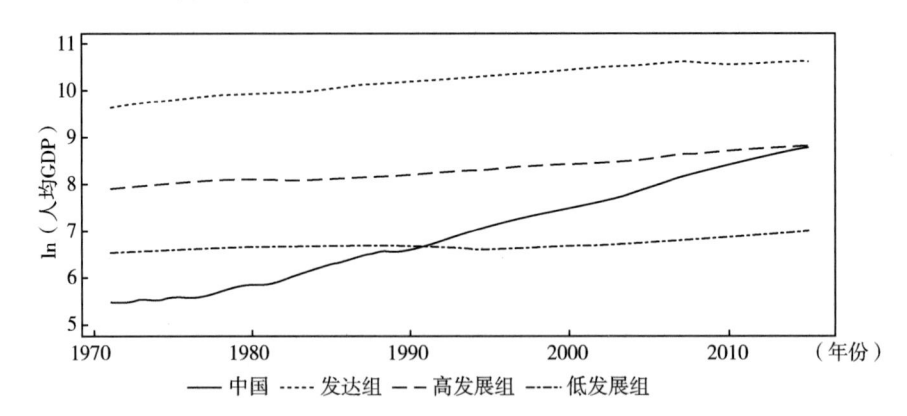

图 4-2　1971—2015 年 67 个国家或地区经济增长的变化趋势

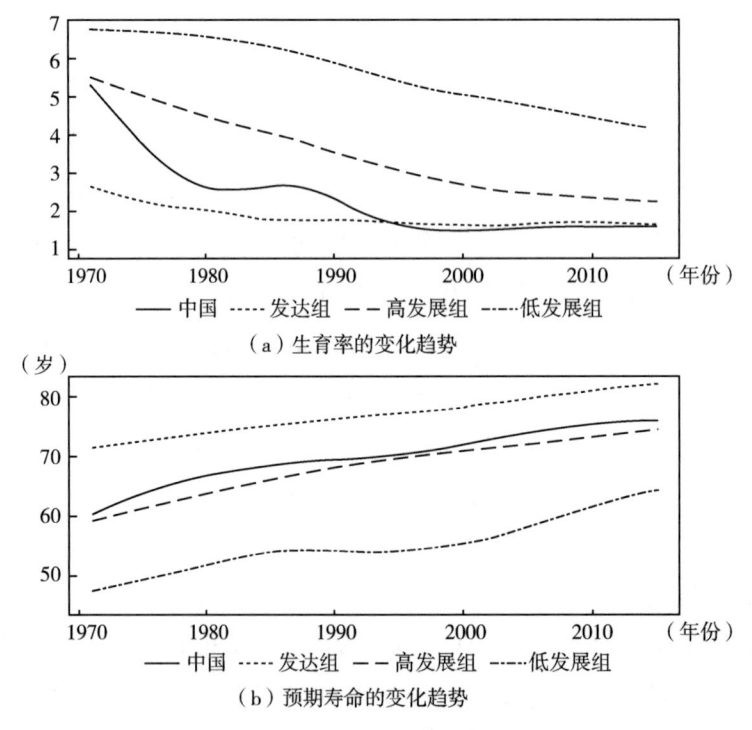

(a) 生育率的变化趋势

(b) 预期寿命的变化趋势

图 4-3　人口结构变量的变化趋势

图 4-4 (a) 和图 4-4 (b) 分别给出了生育率和预期寿命与经济增长的相关关系,其中黑色实线是使用核函数估计混合面板的结果,总的来说,它们具有如下关系:生育率与经济增长呈现 N 形关系;预期寿命与经济增长呈现正相关关系。具体而言,当生育率水平较高时,生育率与经济增长正相关,这主要发生在少数经济发展水平较低的国家或地区;当生育率水平较低时,生育率与经济增长也具有正相关关系,但这主要发生在一些高收入水平的发达国家或地区;当生育率水平处于中等水平时,生育率与经济增长具有负相关关系,目前大多数国家或地区正处于这一个阶段。然而图 4-4 的研究忽视了如下一些问题:国家或地区间的资源禀赋及所处经济发展阶段等方面的差异;国家或地区间存在经济的空间关联;人口结构与经济增长可能存在双向因果关系。因此,还需要进一步研究图 4-4 的结果,其中,使用式(4-24)能解决国家或地区间存在差异(个体效应)的问题。

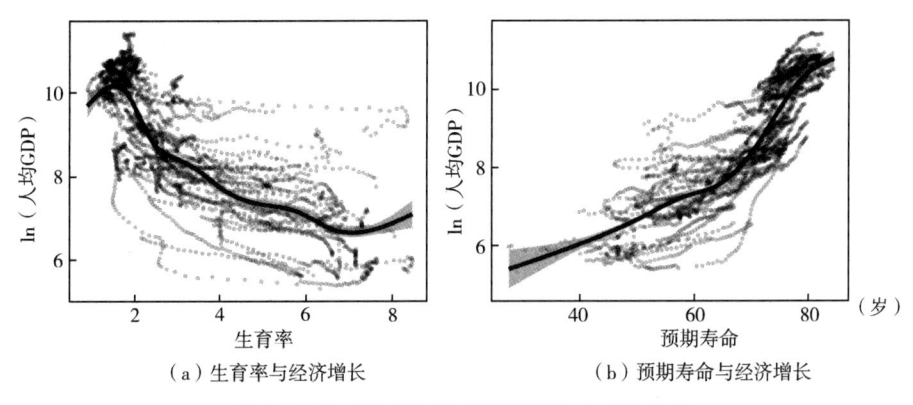

图 4-4 人口结构变量与经济增长的相关关系

(a) 生育率与经济增长 　　(b) 预期寿命与经济增长

注:黑色实线是核密度曲线,小黑点是生育率或预期寿命与经济增长的散点分布,阴影区域是 95% 的置信区间。

二 经济增长的空间关联效应

新增长理论从技术和人力资本外溢的角度解释了经济增长的空

间相关性（Romer，1986；Lucas，1988），新地理经济学则从供求角度讨论了经济增长极化的机制（Fujita 等，1999；Fujita，Thisse，2002；潘文卿，2012）。因此，经济增长具有空间关联效应，而式（4-24）却没有考虑这一因素，这会使其估计结果可能存在严重的内生性问题。

本章使用 Moran's I 指数测算了各个国家或地区经济增长的空间相关性，得：

$$I = \frac{\sum_{i=1}^{N}\sum_{j=1}^{N} w_{ij}(g_i - \bar{g})(g_j - \bar{g})}{\sum_{i=1}^{N}\sum_{j=1}^{N} w_{ij} \sum_{k=1}^{N}(g_k - \bar{g})^2 / N}, \bar{g} = \frac{\sum_{i=1}^{N} g_i}{N} \quad (4-25)$$

其中，N 是国家或地区数量，w_{ij} 是空间权矩阵 W_N 的 i 行 j 列元素。本章使用了四类空间权重矩阵。第一类使用各个国家或地区的经纬度坐标构造空间地理权重矩阵：若两个国家或地区之间距离大于阈值[①]，地理权重矩阵中相应的元素取 0，否则取距离的倒数，标准化处理后得到地理权重矩阵。第二类基于是否加入各种经济组织或联盟构造空间经济权重矩阵[②]：一是对每一个组织或联盟，构造一个 0—1 矩阵，若两个国家或地区属于同一个组织或联盟，则其在 0—1 矩阵中的相应的元素取 1，否则取 0；二是加总所有 0—1 矩阵，标准化处理后得到经济权重矩阵。第三类使用共同语言构造空间文化权重矩阵[③]：

[①] 以各个国家或地区之间平均距离的一半（4000 公里）作为阈值。

[②] 鉴于一个经济组织或经济联盟内部国家或地区的经济关联非常紧密，本章基于世界各地的经济组织或经济联盟构造经济权重矩阵。本章选取的经济组织或联盟包括亚洲太平洋经济合作组织（OPEC）、欧洲联盟（EU）、经济合作与发展组织（OECD）、北美自由贸易区（NAFTA）、东盟与中日韩 10+3 合作、非洲联盟+中国、南美洲国家联盟。此外，本章还构造了一个特殊的 0—1 矩阵，将美中日等贸易大国或地区设置为 1，其他国家或地区设置为 0，该矩阵反映了贸易大国或地区之间的相互作用关系。

[③] 已有研究表明文化能够影响经济增长，那么具有共同语言的国家或地区之间的经济活动可能更为紧密。本章研究的 67 个国家或地区主要涉及的共同语言包括阿拉伯语、法语、西班牙语、斯瓦希里语、希腊语（土耳其语）、泰语、意大利语、英语（荷兰语）、汉语、日语、冰岛语、丹麦语、波斯语、德语、芬兰语、马来语、尼泊尔语以及葡萄牙语。

根据每个共同语言构建0—1矩阵，然后加总所有0—1矩阵，标准化处理后得到文化权重矩阵。第四类使用空间综合权重矩阵，即加权平均处理空间地理、经济和文化权重矩阵。

利用构造的四类空间权重矩阵计算式（4-25）。基于地理空间权重、经济空间权重、文化空间权重和综合空间权重计算的历年莫兰指数分别为0.407—0.464、0.626—0.670、0.269—0.286和0.270—0.309，Z统计量分别在8.690—9.885、10.987—11.750、6.627—7.006和11.569—13.146。因此，经济增长存在空间关联效应，式（4-24）存在内生性问题，为此将计量模型修正为：

$$g_{it} = \lambda \sum_{j=1, j \neq i}^{N} w_{ij} g_{jt} + a_1 tfr_{it} + a_2 ble_{it} + a_3 tfr_{it} y_{it} + a_4 ble_{it} y_{it} + a_5 tfr_{it} ble_{it} +$$

$$b' x_{it} + \mu_i + u_{it}, \quad u_{it} = \rho \sum_{j=1, j \neq i}^{N} w_{ij} u_{jt} + v_{it} \quad (4-26)$$

其中，λ是空间滞后系数，ρ是空间误差系数。当$\lambda \neq 0$，$\rho = 0$时，式（4-26）是空间滞后（SAR）模型；当$\lambda = 0$，$\rho \neq 0$时，式（4-26）是空间误差（SEM）模型；当$\lambda \neq 0$，$\rho \neq 0$时，式（4-26）是空间双滞后（SARAR）模型。

第四节　实证研究

一　模型选择及估计结果

为了在SAR模型、SEM模型和SARAR模型中做出选择，使用LM统计量（Anselin等，1996；Elhorst，2014a）对空间滞后系数和空间误差系数进行了检验，结果如表4-3所示。表4-3的结果说明了空间滞后系数和空间误差系数几乎都显著不为零，另外，空间Hausman检验（Millo，Piras，2012）选择了固定效应模型。因此，应该选择的模型是固定效应的空间双滞后（SARAR）模型。

表4-3　　　　　　　　　　　模型的选择结果

空间权重类型	固定效应下的LM统计量		随机效应下的LM统计量	
	空间滞后系数	空间误差系数	空间滞后系数	空间误差系数
地理权重	153.28	0.899	144.74	8.446
	[0.000]	[0.343]	[0.000]	[0.004]
经济权重	17.601	137.49	26.643	157.21
	[0.000]	[0.000]	[0.000]	[0.000]
文化权重	116.29	5.028	49.923	40.300
	[0.000]	[0.025]	[0.000]	[0.000]
综合权重	115.20	72.622	99.238	119.28
	[0.000]	[0.000]	[0.000]	[0.000]

注：中括号内的数值是LM统计量的p值。

当确定了模型形式以后，本章使用极大似然法（Baltagi 等，2007）估计了式（4-26），在表4-4中给出了估计结果。由表4-4可知，虽然空间权重的选择会影响估计值的大小，但是并不影响估计量的正负性以及显著性。

表4-4　　　　　　　　式（4-26）的极大似然法估计结果

解释变量	情形（1）	情形（2）	情形（3）	情形（4）
tfr	0.2487***	0.4731***	0.3990***	0.3867***
	(11.345)	(18.5696)	(15.6833)	(14.6204)
tfr_y	0.1008***	0.1106***	0.1079***	0.1102***
	(16.5057)	(15.4539)	(15.6715)	(15.8291)
ble	0.0340***	0.0560***	0.0528***	0.0480***
	(16.8733)	(24.3812)	(22.9322)	(19.7484)
ble_y	-0.0263***	-0.0330***	-0.0314***	-0.0323***
	(-26.8503)	(-27.4266)	(-26.6183)	(-27.7576)
tfr_ble	-0.0053***	-0.0089***	-0.0079***	-0.0076***
	(-15.8091)	(-22.8972)	(-20.3679)	(-18.6857)

注：括号中的数字是t值，***表示在1%的显著性水平下显著；情形（1）、情形（2）、情形（3）和情形（4）分别使用了地理权重、经济权重、文化权重和综合权重；模型中控制了固定资本形成总额占GDP比重、高等教育毛入学率、人口规模、城市化、人口密度、是否加入WTO以及初始经济条件，若有需要可向笔者索取。

二 实证结果分析

根据表 4-4，a_1、a_2 和 a_3 显著为正，a_4 和 a_5 显著为负，这说明：其一，当一国的经济发展水平较低时，生育率的下降和预期寿命的延长能提高经济增速；其二，当一国的经济发展水平较高时，生育率的下降与预期寿命的延长将降低经济增速。这些证据进一步支持了本章第二节的理论分析结果。当一国经济发展处于较低水平时，生育率较高而预期寿命较短。生育率下降引起储蓄和教育投入对消费的替代，一方面，子女教育投入的增加，对经济增长产生正的替代效应；另一方面，将增加的储蓄转化为投资，提高人均收入，进而提高子女教育投入，对经济增长产生正的收入效应。生育率下降的两个正效应均促进了经济增长。

预期寿命的延长引起了储蓄对教育投入的替代，一方面，教育投入的减少对经济增长产生负的替代效应；另一方面，增加的储蓄对经济增长产生正的收入效应。由于预期寿命处于较低水平，往往位于拐点的左侧，正的收入效应大于负的替代效应，使预期寿命的延长促进了经济增长。当一国经济发展水平较高时，生育率较低而预期寿命较长。生育率的下降对经济增长产生正的替代效应，但由于此时代表性个体从全部子女处获得的总效用与子女个数成反比，生育率的下降又会提高个人从子女处获得的总效用水平。理性的个体将会增加子女教育的总投入，进而降低储蓄水平，产生负的收入效应。随着生育率的不断下降，收入效应逐渐增强，并主导经济增长的总效应，使生育率的下降抑制了经济增长。由于预期寿命处于较高水平，往往位于拐点的右侧，正的收入效应小于负的替代效应，使预期寿命的延长抑制了经济增长。

综上所述，随着生育率的下降、预期寿命的延长和经济发展水平的提高，生育率和预期寿命对经济增长的影响由正向负转变。控制生育率并延长预期寿命有利于多数发展中国家或地区的经济增长，但不利于一些生育水平较低和预期寿命较长的发达国家或地区的经济增长。

三 人口结构的内生性处理

由于经济增长能反作用于人口结构,因而人口结构与经济增长可能存在双向因果关系。经济水平的上升使家庭更加注重孩子的培养质量,由此降低了生育率。另外,经济水平的上升提高了个人教育、健康等人力资本,由此延长了预期寿命。因此,研究生育率和预期寿命对经济增长的影响,有必要考虑人口结构与经济增长的双向因果问题。

在微观层面,Angrist 和 Evans（1998）认为虽然前两胎孩子的性别能影响家庭的生育数量,但是并不影响家庭的收入,由此他们选择前两胎孩子的性别作为家庭生育数量的工具变量。鉴于此,在宏观层面,本章使用 14 岁及以下性别比作为生育率的工具变量:性别多样化能引起孩子性别比趋于平衡,但是重男轻女的思想观念能引起孩子性别比失衡。本章发现:其一,14 岁及以下性别比与生育率高度相关;其二,当忽视生育率时,14 岁及以下性别比能显著影响经济增长;其三,当考虑生育率时,14 岁及以下性别比对经济增长没有显著的影响。本章使用 65 岁及以上性别比作为预期寿命的工具变量:预期寿命是男女预期寿命的加权值,女性的寿命通常高于男性。本章发现:其一,65 岁及以上性别比与预期寿命高度相关;其二,当忽视预期寿命时,65 岁及以上性别比能显著影响经济增长;其三,当考虑预期寿命时,65 岁及以上性别比对经济增长没有显著的影响。

基于 14 岁及以下性别比和 65 岁及以上性别比这两个工具变量,使用矩估计法（Kelejian, Prucha, 1999; Kapoor 等, 2007）估计了式（4-26）,结果见表 4-5,表 4-5 的情形（5）、情形（6）、情形（7）和情形（8）分别与表 4-4 的情形（1）、情形（2）、情形（3）和情形（4）相对应。与表 4-4 的结果相比,所有参数估计的正负号和显著性并没有发生变化,但是绝对值却变大了。这说明如果不考虑生育率和预期寿命的内生性,那么就会低估它们对经济增长影响的程度。

表 4 – 5　　　　　　　　模型（4 – 26）的矩估计结果

解释变量	情形（5）	情形（6）	情形（7）	情形（8）
tfr	0.3274***	0.7235***	0.6180***	0.5065***
	(4.5965)	(10.4976)	(8.0411)	(8.1670)
tfr_y	0.2602***	0.3606***	0.2626***	0.2351***
	(12.4742)	(15.4753)	(11.3557)	(13.4791)
ble	0.0447***	0.1018***	0.0525***	0.0519***
	(7.5384)	(14.1511)	(9.9800)	(8.9902)
ble_y	-0.0289***	-0.0308***	-0.0248***	-0.0308***
	(-13.8073)	(-12.3075)	(-12.5148)	(-15.9231)
tfr_ble	-0.0103***	-0.0134***	-0.0120***	-0.0104***
	(-9.2922)	(-14.3542)	(-10.7646)	(-10.5028)

注：小括号中的数字是 t 值，*** 表示在 1% 的显著性水平下显著；情形（5）、情形（6）、情形（7）和情形（8）分别使用了地理权重、经济权重、文化权重和综合权重；模型中控制了固定资本形成总额占 GDP 比重、高等教育毛入学率、人口规模、城市化、人口密度、是否加入 WTO 以及初始经济条件，若有需要可向笔者索取。

四　人口结构的增长效应及分解

根据式（4 – 26），t 年国家 i 生育率与预期寿命对经济增长的边际效应分别是：

$$\frac{\partial g_{it}}{\partial tfr_{it}} = (I_N - \lambda_0 W_N)_{ii}^{-1} (a_1 + a_3 y_{it} + a_5 ble_{it}) \quad (4-27)$$

$$\frac{\partial g_{it}}{\partial ble_{it}} = (I_N - \lambda_0 W_N)_{ii}^{-1} (a_2 + a_4 y_{it} + a_5 tfr_{it}) \quad (4-28)$$

因此，生育率对经济增长的作用依赖于预期寿命，预期寿命对经济增长的作用依赖于生育率。根据表 4 – 5 的平均估计值，当预期寿命分别是 60 岁、70 岁和 80 岁时，生育率对经济增长作用方向转变的临界值分别是 5225 美元、9338 美元和 13451 美元。当经济发展水平在临界值左边时，生育率的下降能够提高经济增速；然而，当经济发展水平在临界值右边时，生育率的下降却会降低经济增速。另外，根据表 4 – 5 的平均估计值，当总和生育率分别是 1、2 和 3 时，预期寿命对经济增长作用方向转变的临界值分别是 17778 美元、

13785美元和9792美元。当经济发展水平在临界值左边时，预期寿命的延长能够提高经济增速；然而，当经济发展水平在临界值右边时，预期寿命的延长则会降低经济增速。根据不同生育率下的临界值，生育率的下降扩大了预期寿命延长带来的正向效应。因此，经济发展水平的提高使低生育率和高预期寿命的组合趋于稳定。

根据表4-5以及式（4-27）和式（4-28），可以分别计算出生育率和预期寿命对经济增长的边际效应随时间变化的趋势，分别见图4-5（a）和图4-5（b）。根据图4-5（a），对于高发展组而言，生育率的边际效应为负，替代效应占据主导，但程度在组间不尽相同，负边际效应在低发展组不断增强，而在中国和高发展组呈先增后减的趋势。这表明低发展组正在形成巨大的潜在人口红利，而中国与高发展组的人口红利已经逐渐消退。对于发达组而言，生育率的边际效应为正，且呈上升态势，收入效应已对经济增长的作用方向起决定性作用。根据图4-5（b），预期寿命在发达组的边际效应为负且不断增大，预期寿命对发达组经济增长的抑制作用越发明显。预期寿命在高发展组和中国的边际效应基本为正，且呈先增后减的趋势，预期寿命的收入效应已经逐渐减弱，但仍占据主导。预期寿命延长的正边际效应在低发展组国家已经开始显现，且越来越强。值得一提的是，过去40多年，中国人口结构的变动促进了经济增长，但这种正增长效应已经消退。

通过对人口结构的边际效应取均值，可计算出生育率和预期寿命的截面边际效应，结果见图4-6。根据图4-6的结果，大致可以将67个国家或地区分为三类。第一类的生育率和预期寿命的边际效应都是负的，主要以低发展组的国家或地区为代表。第二类的生育率和预期寿命的边际效应分别是正的和负的，主要以发达组的国家或地区为代表，这说明了这些经济体长期面对人口结构带来的不利影响。第三类的生育率和预期寿命的边际效应分别是负的和正的，主要以高发展组的国家或地区为代表，其中，中国的生育率和预期寿命的边际效应最高，这说明了生育率的下降或预期寿命的延长是

(a) 生育率的边际效应变化趋势

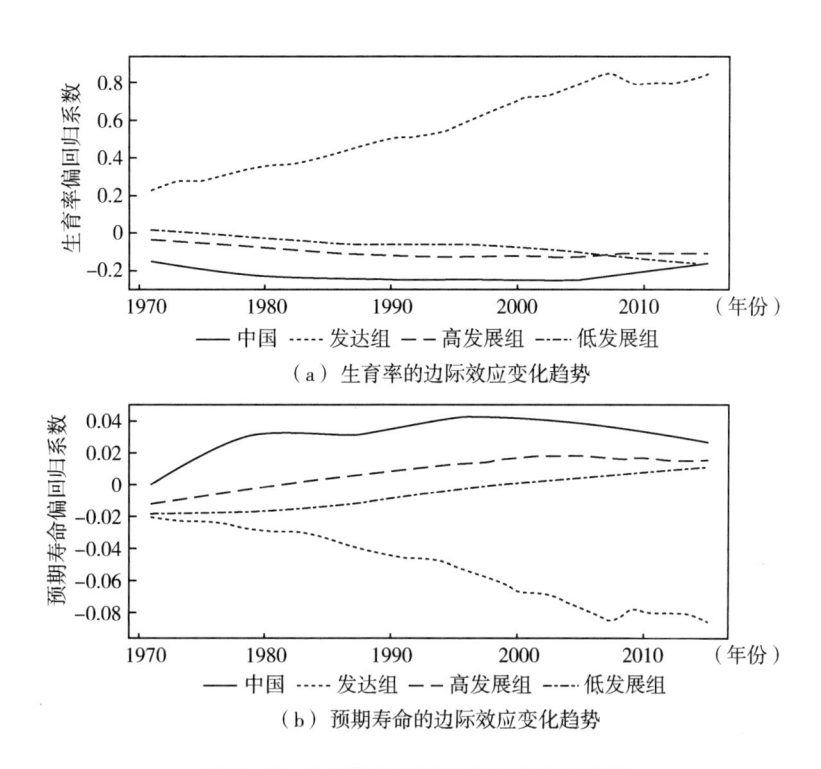

(b) 预期寿命的边际效应变化趋势

图 4-5 人口结构变量边际效应变化趋势

推动这些经济体经济发展的重要因素。因此,高发展组的经济增长从人口结构变动中受益最大,低发展组次之,发达组最小。

根据表 4-5 的估计结果可以计算出各个国家或地区生育率和预期寿命的年均经济增长效应,从而获得了人口结构变动对经济增长的总效应,结果见表 4-6。从表 4-6 可知,生育率和预期寿命的经济增长效应有三种结果:正向和负向、负向和负向、正向和正向,这三种结果分别对应于低发展组、发达组、高发展组。具体而言,低发展组的生育率和预期寿命使经济增速分别提高了 0.5344% 和降低了 0.1192%,二者的总效应是经济增速提高了 0.4152%;发达组的生育率和预期寿命分别使经济增速降低了 0.3766% 和 1.0875%,二者的总效应是经济增速降低了 1.4641%;高发展组的生育率和预期寿命使经济增速分别提高了 0.6694% 和 0.0931%,二者的总效应

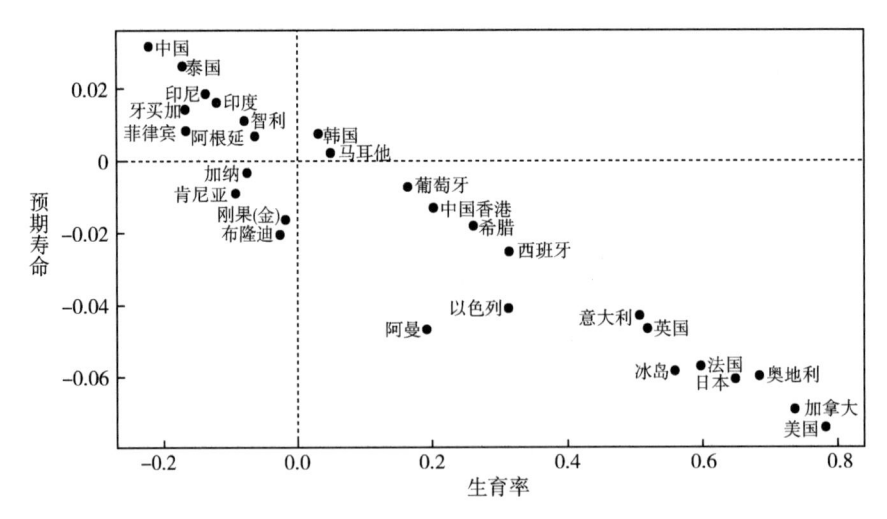

图 4-6　各国人口结构变量边际效应的平均水平

是经济增速提高了 0.7625%，其中，中国人口结构变动带来的经济增长贡献高达 2.7241%。

表 4-6　　　　　人口结构变动年均增长效应及其分解　　　　单位：%

国家或地区	生育率	预期寿命	总效应	国家或地区	生育率	预期寿命	总效应
低发展组	0.5344	-0.1192	0.4152	发达组	-0.3766	-1.0875	-1.4641
高发展组	0.6694	0.0931	0.7625	中国	1.7048	1.0193	2.7241
肯尼亚	0.9219	-0.0723	0.8496	刚果（布）	0.1357	-0.1313	0.0044
阿根廷	0.1599	0.1374	0.2973	智利	0.3957	0.4846	0.8803
美国	-0.5397	-1.1494	-1.6891	日本	-0.6823	-1.3383	-2.0206

注：为了节省篇幅，本章只列出了部分具有代表性的国家或地区的结果，若需要其他国家或地区的结果，可向笔者索取。

综上所述，本章认为随着经济发展水平的提高，生育率和预期寿命对经济增长的作用分别由负向正和由正向负转变。虽然生育率的下降给发展中国家带来了增长红利，但要防止生育率长期陷入低水平。随着预期寿命的不断延长以及经济发展水平的不断提高，为了缓解人口老龄化问题（预期寿命延长带来的负向经济增长效应），应该适当提高生育率。因此，生育率下降是发展中国家释放人口红利的关键，而如何应对预期寿命延长与低生育水平带来的经济增速下滑是发达国家要解决的重点与难点问题。

第五节 拓展分析

一 理论分析

由于出生婴儿死亡率会同时影响生育率与预期寿命，有必要进一步地将其进行单独剥离。因此，本节从生育率、出生婴儿死亡率与预期寿命三个维度分析人口年龄结构变动对经济增长的作用机制，同时区分了人力资本的种类。假定少儿抚养比和老年人抚养比分别为 $d_c(f, m_0, T)$ 和 $d_o(f, m_0, T)$，简记为 d_c 和 d_o，是关于生育率、出生婴儿死亡率与预期寿命的函数。进一步地，用 g_K 和 g_H 分别表示物质资本与人力资本增长率；用 g_{1H} 和 g_{2H} 分别表示公共人力资本增长率与私人人力资本增长率。

生育率对经济增长存在预防性储蓄、公共人力资本投资与私人人力资本投资三种效应。当生育率下降时，若正向的预防性储蓄效应与私人人力资本投资效应大于负向的公共人力资本投资效应，则生育率对经济增长具有积极作用；反之，若正向的预防性储蓄效应与私人人力资本投资效应无法抵消负向的公共人力资本投资效应，则生育率对经济增长具有消极作用。即满足：

$$\underbrace{\partial g_K / \partial f < 0}_{\text{预防性储蓄效应}}, \quad \underbrace{\partial g_{1H} / \partial f > 0}_{\text{公共人力资本投资效应}}, \quad \underbrace{\partial g_{2H} / \partial f < 0}_{\text{私人人力资本投资效应}} \quad (4-29)$$

出生婴儿死亡率对经济增长存在两种作用方向相反的效应：人力资本投资效应与预防性储蓄效应。当出生婴儿死亡率下降时，若正向的人力资本投资效应大于负向的预防性储蓄效应，则出生婴儿死亡率降低对经济增长具有积极作用；反之，若正向的人力资本投资效应无法抵消负向的预防性储蓄效应，则出生婴儿死亡率降低对经济增长具有消极作用。即满足：

$$\underbrace{\partial g_K/\partial m_0 > 0}_{\text{预防性储蓄效应}}, \quad \underbrace{\partial g_H/\partial m_0 < 0}_{\text{人力资本投资效应}} \qquad (4-30)$$

预期寿命对经济增长存在三种作用效应：寿命储蓄效应、人力资本投资效应与人力资本折旧效应。当延长预期寿命时，若预期寿命延长产生的正向寿命储蓄效应与人力资本投资效应小于负向的人力资本折旧效应，则预期寿命年限延长对经济增长具有消极作用；反之，若预期寿命延长产生的正向寿命储蓄效应与人力资本投资效应大于负向的人力资本折旧效应，则预期寿命延长对经济增长具有积极作用。即满足：

$$\underbrace{\partial g_K/\partial T > 0}_{\text{寿命储蓄效应}}, \quad \underbrace{\partial g_H/\partial T > 0}_{\text{人力资本投资效应}}, \quad \underbrace{\partial g_H/\partial T < 0}_{\text{人力资本存量折旧效应}} \qquad (4-31)$$

此外，少儿抚养比与老年人抚养比对经济增长具有负担效应，满足：

$$\underbrace{\partial g_K/\partial d_c < 0}_{\text{负担效应}} \text{ 和 } \underbrace{\partial g_K/\partial d_o < 0}_{\text{负担效应}} \qquad (4-32)$$

进一步地，人口年龄结构变动对经济增长（人均产出的增长率 g_y）的效应可以表示为：

$$\frac{\partial g_y}{\partial f} + \frac{\partial g_y}{\partial m_0} + \frac{\partial g_y}{\partial T}$$

$$= \underbrace{\left(\pi_K \frac{\partial g_K}{\partial f} + \pi_H \left(\frac{\partial g_{1H}}{\partial f} + \frac{\partial g_{2H}}{\partial f}\right)\right)}_{1} + \underbrace{\left(\pi_K \frac{\partial g_K}{\partial m_0} + \pi_H \frac{\partial g_H}{\partial m_0}\right)}_{2}$$

$$+ \underbrace{\left(\pi_K \frac{\partial g_K}{\partial T} + \pi_H \frac{\partial g_H}{\partial T}\right)}_{3} + \underbrace{\left(\frac{\partial g_N}{\partial f} + \frac{\partial g_N}{\partial m_0} + \frac{\partial g_N}{\partial T}\right)}_{4}$$

$$+ \pi_K \underbrace{\left(\frac{\partial g_K \partial d_c}{\partial d_c \partial f} + \frac{\partial g_K \partial d_c}{\partial d_c \partial m_0} + \frac{\partial g_K \partial d_c}{\partial d_c \partial T}\right)}_{5}$$

$$+ \pi_K \underbrace{\left(\frac{\partial g_K \partial d_o}{\partial d_o \partial f} + \frac{\partial g_K \partial d_o}{\partial d_o \partial m_0} + \frac{\partial g_K \partial d_o}{\partial d_o \partial T}\right)}_{6} \qquad (4-33)$$

其中，g_N 指人口增长率，$\pi_K = \alpha + \beta(1-\alpha)$ 与 $\pi_H = (1-\alpha)(1-\beta)$ 分别表示产出的物质资本弹性与产出的人力资本弹性，且满

足 $\pi_K + \pi_H = 1$。式（4-33）右边对生育率、出生婴儿死亡率与预期寿命的经济效应进行了分解。等式右边的第1、第2和第3部分分别反映了生育率、出生婴儿死亡率与预期寿命年限通过影响物质资本与人力资本作用于经济增长；等式右边的第4、第5和第6部分分别反映了生育率、出生婴儿死亡率与预期寿命通过影响人口增长率、少儿抚养比与老年人抚养比作用于经济增长。全部作用路径汇总如图4-7所示。

根据式（4-29）至式（4-32），人口年龄结构变动对经济增长（人均产出的增长率 g_y）的效应如图4-7所示。

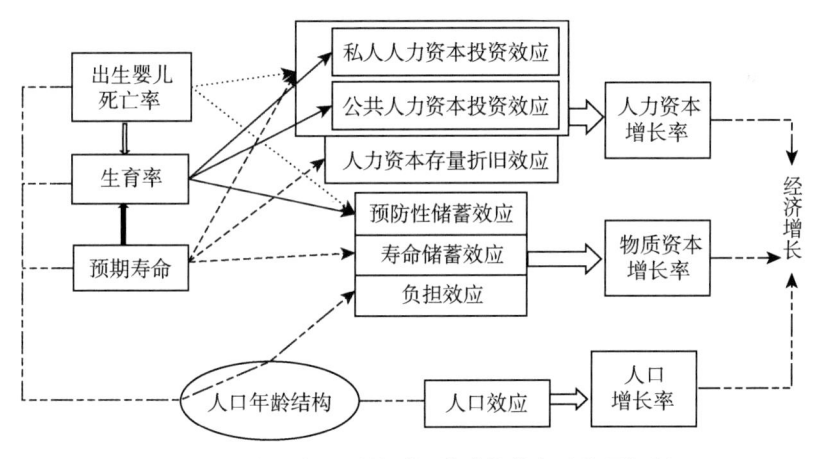

图4-7 人口年龄结构对经济增长的多重作用机制

二 定量分析

为了定量分析生育率、出生婴儿死亡率及预期寿命通过储蓄—投资路径和人力资本路径对经济增长的综合效应，根据式（4-33）构建以下计量模型：

$$g_{it} = \rho_0 \sum_{j=1, j \neq i}^{N} w_{ij} g_{jt} + a_0 + b_1 f_{it} + b_2 m_{it} + b_3 T_{it} + c_1 P_{it} + c_2 d_{it}^c + c_3 d_{it}^o + \mu_i + \eta_t + u_{it}$$

$$u_{it} = \lambda_0 \sum_{j=1, j \neq i}^{N} w_{ij} u_{jt} + \varepsilon_{it} \qquad (4-34)$$

其中，μ_i 和 η_t 分别表示个体效应和时间效应；ε_{it} 表示随机扰动项，服从零均值同方差的独立同分布；g_{it} 表示 i 地区在 t 时期的经济增长；f_{it}、m_{it} 和 T_{it} 分别表示 i 地区在 t 时期的生育率、出生婴儿死亡率及预期寿命；人口增长率 P_{it}、少儿抚养比 d_{it}^c 和老年人抚养比 d_{it}^o 作为控制变量，分别控制式（4-33）中等式右边的第4、第5和第6部分效应，则系数 b_1、b_2 和 b_3 分别反映式（4-33）中等式右边的第1、第2和第3部分效应。

利用 Elhorst（2003，2014b）的极大似然估计方法，并运用 Elhorst（2014a）编写的 MATLAB 软件程序来估计式（4-34）所构成的计量模型，表4-7给出了模型选择结果。① 表4-7表明，综合四种关于选择 SAR 模型和 SEM 模型的 LM 检验（包括 LM-Lag、Robust LM-Lag、LM-Error 和 Robust LM-Error）结果可知，SAR 模型比 SEM 模型更适合样本数据。两个空间计量模型的似然比检验都拒绝了混合面板模型，仅运用 LR 检验无法区分固定效应还是随机效应。进一步运用 Hausman 检验，结果表明个体效应应该选择随机效应。综合 LM 检验和 Hausman 检验的结果，选择包含随机效应的空间滞后模型是最合适的。表4-7还表明改变空间权矩阵的距离阈值后，其结果是稳健的。

表4-7　　　　　　　　　　　　模型选择

模型选择	LM-Lag	Robust LM-Lag	LM-Error	Robust LM-Error	LR 检验（固定效应）	LR 检验（随机效应）	Hausman 检验
$d_0 = 7914$	279.518 [0.000]	19.810 [0.000]	260.444 [0.000]	0.736 [0.391]	200.238 [0.000]	111.789 [0.000]	-12.493 [0.086]
$d_0 = 10000$	280.542 [0.000]	18.991 [0.000]	262.514 [0.000]	0.391 [0.326]	201.572 [0.000]	119.787 [0.000]	-12.091 [0.098]

注：中括号中为 p 值。

---

① 利用 MATLAB 的空间计量工具箱，其代码参考 Elhorst（2014a）。

表4－8给出了两种距离阈值下的回归结果，结果表明在5%的显著性水平下，出生婴儿死亡率、预期寿命、少儿抚养比、老年人抚养比和人口增长率对经济增长具有负向效应，生育率对经济增长具有正向的作用效应。空间滞后系数在7914公里和10000公里阈值下分别为0.494和0.492，且通过1%的显著性水平，这再次印证了式（2－22）存在的内生性问题，控制内生性是必要的。

表4－8　　　　　　　　　　模型回归结果

回归结果	出生婴儿死亡率	生育率	预期寿命	少儿抚养比	老年人抚养比	人口增长率	空间滞后系数	拟合优度 R^2
$d_0 = 7914$	－0.066***	0.769**	－0.219***	－0.056**	－0.140***	－0.501**	0.494***	0.3792
	（－4.036）	（2.027）	（－4.058）	（－2.165）	（－4.405）	（－2.551）	（13.406）	
$d_0 = 10000$	－0.065***	0.767**	－0.219***	－0.056**	－0.140***	－0.504**	0.492***	0.3795
	（－4.027）	（2.021）	（－4.043）	（－2.154）	（－4.403）	（－2.564）	（13.243）	

注：小括号中为t值，***、**分别表示在1%、5%的显著性水平下显著。

表4－8的第三列表明生育率通过储蓄—投资路径和人力资本路径对经济增长的综合效应为正，结合式（4－29）可知，生育率的公共人力资本投资效应大于预防性储蓄效应与私人人力资本投资效应之和。这一结论隐含着当生育率下降时，正向的预防性储蓄效应与私人人力资本投资效应之和不足以抵消负向的公共人力资本投资效应，因此，生育率的下降将对经济增长产生负向效应。由于孩子具有家庭养老的功能，生育率的下降会增加个人的储蓄以应对退休后的养老支出，这将产生正向的预防性储蓄效应。同时，孩子数量的下降会使家庭由教育数量倾向向教育质量倾向转变，父母会选择增加对孩子的教育投资，让他们的孩子在未来的就业市场具有相对的竞争优势，这将产生积极的私人人力资本投资效应。生育率的下降产生负向的公共人力资本投资效应表明生育率下降引起少儿数量减少所带来的人力资本损失是巨大的，这表明从国家提高人力资本存量的积累角度上看，增加少儿数量带来的人力资本边际增量比提高少儿质量带来的人力资本边际增量更加可观。因此，政府在保证人

均教育投入不减少的情况下，鼓励生育有利于促进人力资本的累积。生育率的正向综合效应启示我们，在调整生育政策促进生育率提高的同时，要保持人均教育财政性支出不下降，即生育政策要与财政性教育支出政策配套实施。

表4-8的第二列表明出生婴儿死亡率通过储蓄—投资路径和人力资本路径对经济增长的综合效应为负，结合式（4-30）可知，出生婴儿死亡率的人力资本投资效应大于其预防性储蓄效应。出生婴儿死亡率的人力资本投资效应来源于两个方面，一方面是出生婴儿死亡率下降表明存活的儿童数量增加，在公共人均教育投入不变的情况下，更大的少儿基数将产生更多的人力资本累积。事实上，无论是中国还是OECD国家，虽然少儿基数在减少，但公共教育的投入是不断上升的，尤其是中国，教育部、国家统计局与财政部联合发布的2001年和2014年《全国教育经费执行情况统计公告》显示，2014年国家财政性教育经费为26420.58亿元，而2001年仅为3057.01亿元，增幅超过760%。另一方面，孩子存活率的提高会增加父母对孩子的教育投资，促进人力资本的累积。[①] Kimball（1990）给出了解释，父母对孩子存活的不确定性持谨慎的态度，父母对孩子具有预防性的需求，存活孩子的边际效用是递减的，因此，当存活率提高时父母更倾向于提升孩子的质量，而不是增加孩子的数量。对于储蓄—投资路径而言，降低的出生婴儿死亡率减少了父母对孩子的预防性需求，具有负向的预防性储蓄效应（Kalemli-Ozcan，2002），但结合出生婴儿死亡率的偏回归系数为负可知，出生婴儿死亡率通过人力资本路径对经济增长的作用占据主导，该路径的经济效应能够抵消下降的出生婴儿死亡率通过储蓄—投资路径对经济增长的负向效应。

表4-8的第四列表明预期寿命通过储蓄—投资路径和人力资本

---

① 数据来源于中华人民共和国教育部网站（http://www.moe.cn/srcsite/A05/s3040/201510/t20151013_213129.html）。

路径对经济增长的综合效应为负,结合式(4-31)可知,预期寿命延长产生的负向人力资本折旧效应大于其产生的正向寿命储蓄效应与人力资本投资效应。预期寿命延长产生的负向人力资本折旧效应表明预期寿命的延长老化了人口结构,加快了人力资本的折旧速度。此外,表4-8的第五列与第六列的结果与本章第二节的理论结果一致,少儿抚养比与老年人抚养比对经济增长具有负向效应。

第六节 本章小结

本章首先从生育率与预期寿命两个维度构建了世代交叠模型,探讨了人口年龄结构变动对经济增长的作用机制及其效应;其次,通过在世代交叠模型中引入生育率和预期寿命,对人口结构的经济增长效应进行分解,研究生育率与预期寿命对人口结构的经济增长效应的贡献。理论分析发现生育率和预期寿命对经济增长的影响有两种效应:一种是替代效应,另一种是收入效应。对于经济发展水平较高的发达国家或地区而言,由于它们的生育率较低、预期寿命较长、资本产出份额较低且敏感系数较高,更容易出现生育率的收入效应大于替代效应、预期寿命的替代效应大于收入效应的情况,生育率的提高和预期寿命的延长分别会促进和抑制它们的经济增长。对于大多数发展中国家或地区而言,它们的生育率较高、预期寿命较短、资本产出份额较高且敏感系数较低,更容易出现生育数量的收入效应小于替代效应、存活率的替代效应小于收入效应的情况,生育数量的减少和预期寿命的延长都能够促进它们的经济增长。

上述理论情景在实证研究的结论中均得到了印证,而且人口结构的经济增长效应在不同的国家具有一定的差异性,生育率和预期寿命对经济增长的作用结果大致可以分为三类。第一类以布隆迪、刚果(金)等低发展国家为代表,替代效应在生育率和预期寿命中都占据了主导,生育率的下降和预期寿命的延长分别促进和抑制了它们的经济增长，但生育数量减少的正向效应大于预期寿命延长的负向效应，因而人口结构推动了它们的经济增长。第二类以中国、阿根廷等高发展国家为代表，替代效应和收入效应分别在生育率和预期寿命中占据了主导，生育数量的减少和预期寿命的延长都促进了它们的经济增长。第三类以美国、日本等发达国家或地区为代表，收入效应和替代效应在生育率和预期寿命中都占据了主导，生育数量的减少和预期寿命的延长都阻碍了它们的经济增长。

进一步地，本章在生育率与预期寿命的基础上引入出生婴儿死亡率，对人口结构变动的各因素进行机制分析与路径分解。研究结论表明：其一，生育率对经济增长存在预防性储蓄、公共人力资本投资与私人人力资本投资三种效应。实证结果表明生育率下降产生的正向预防性储蓄效应与私人人力资本投资效应无法抵消负向的公共人力资本投资效应，因此，生育率提高对经济增长具有显著的正向效应。其二，出生婴儿死亡率对经济增长存在作用方向相反的人力资本投资效应与预防性储蓄效应。实证结果表明出生婴儿死亡率下降产生的正向人力资本投资效应大于负向的预防性储蓄效应，出生婴儿死亡率下降对经济增长具有积极作用。其三，预期寿命对经济增长具有寿命储蓄效应、人力资本投资效应与人力资本折旧效应。实证结果表明预期寿命延长产生的正向寿命储蓄效应与人力资本投资效应无法抵消负向的人力资本折旧效应，对经济增长存在负向作用。

过去40多年，中国的经济增长很大程度上受益于生育率下降和预期寿命延长带来的经济增长效应。人口结构变动提高了年均2.7241个百分点的经济增速，其中，生育率下降带来的替代效应占据了主导。然而，随着经济发展水平的提高，生育数量的减少和预期寿命的延长带来的正向效应从早期的提高转变为现在的下降（超过了正向效应的阈值）。中国人口结构正处于作用方向的转向期，生育率和预期寿命对经济增长的作用分别从反向和同向往同向和反向转变。此时，出台促进潜在经济增长的生育政策虽然不利于目前的经济增长，但其带来的负向影响程度处于最弱阶段。经验研究的证据表明，目前中国生育率和预期寿命的正向边际效应较小，是中国出台提高生育率政策和优化人口年龄结构的一个较佳时期，既能对当前经济增长产生较小冲击，又能提高潜在的经济增长，保持经济的可持续发展，也不会给现阶段中国经济增速带来较大冲击。因此，为了应对预期寿命延长可能带来的负向效应，中国应该抓住当前的调整期，出台提高生育率的相关政策。

第 五 章

人口年龄结构与经济增长：基于动态面板估计

第一节 本章问题的提出

在第四章中，通过静态空间面板模型考察了人口年龄结构变动的经济增长效应，本章将进一步通过空间动态面板模型来考察人口年龄结构变动的经济增长效应。进行再估计的原因是经济增长存在时空变化效应，如果在经济增长模型参数估计中不将时空变化效应同时纳入考虑，可能导致参数的有偏估计。在第四章第二节的理论推导中，柯布－道格拉斯生产函数满足希克斯技术进步形式，且假定技术进步是由知识积累、人力资本驱动。Parent 和 LeSage（2011）等相关的研究结论表明，当生产函数表现出时空的动态变化特征时，可以用以下计量模型表示：

$$
\begin{aligned}
g_t^y &= l_n c + \alpha g_t^k + \beta g_t^h + \omega_t \\
\omega_t &= \mu_0 + u_t \\
u_t &= \lambda_0 M_n u_t + v_t \\
v_t &= \rho_0 v_{t-1} + \varepsilon_t
\end{aligned} \quad (5-1)
$$

其中，g_t^y、g_t^k 和 g_t^h 分别表示在 t 时期的有效人均产出、有效人均物质资本和有效人均人力资本的增长率，ω_t 表示技术冲击结构。

从技术冲击结构可以看出,技术冲击不仅取决于自身当期冲击 ε_t 的强度,还受到自身以往技术冲击 v_{t-1} 的影响,其影响系数为 ρ_0。此外,技术冲击不仅受自身的影响,还受到其他地区技术冲击的影响,其影响程度为 $\lambda_0 M_n$。式(5-1)表明经济增长因技术冲击结构而具有时空效应。根据第四章的理论模型可知,人口年龄结构变动的影响因素是通过影响物质资本与人力资本路径作用于经济增长的。因此,人口年龄结构变动对经济增长的动态效应的计量模型可以表示为:

$$\begin{aligned}
g_t^y &= b_1 f_{it} + b_2 m_{it} + b_3 T_{it} + c_1 P_{it} + c_2 d_{it}^c + c_3 d_{it}^o + \omega_t \\
\omega_t &= \mu_0 + u_t \\
u_t &= \lambda_0 M_n u_t + v_t \\
v_t &= \rho_0 v_{t-1} + \varepsilon_t
\end{aligned} \quad (5-2)$$

根据式(5-2)中的误差项结构可以发现,经济增长不仅存在空间上的溢出效应,还表现在时间的相关性上,即经济增长具有动态的时空效应。因此,当经济增长存在时空效应时,第四章中的静态空间面板模型中关于生育率、出生婴儿死亡率和预期寿命等人口年龄结构变动的因素对经济增长作用的偏回归系数的显著性结论将变得不可靠,存在误判的可能。此外,技术冲击在国家间具有不同的波动幅度,呈现异方差的性质。当式(5-2)存在异方差时,Lin 和 Lee(2010)表明第四章的极大似然估计方法将是有偏且非一致的。因此,在面对时空相关和异方差分布的误差项结构时,仅靠第四章的静态空间面板数据模型分析得出的结论是不可靠的,需进一步将时空效应与国家间的异方差性纳入考虑,运用动态空间计量模型,对第四章的计量实证分析结果进行稳健性检验。

第二节 动态空间面板数据模型研究现状分析

在绪论部分,我们已经对现有动态空间面板数据模型进行了分类和归纳。虽然近年来不断更新空间动态面板数据模型的估计与检验方法，但是，现有的研究成果均建立在同方差的假定条件的基础上。Kelejian 和 Prucha（2010）以及 Lin 和 Lee（2010）指出，在许多的实际应用当中同方差的设定往往不成立。在异方差分布条件下，拟极大似然估计量不是一致的。因此，在这种情形下广义矩估计量较为合适。Kelejian 和 Prucha（2010）以及 Lin 和 Lee（2010）提出了异方差分布下空间自回归截面数据模型的广义矩估计量，并给出其渐近性质。当模型的误差项中存在时空依赖关系时，虽然能将 Kelejian 和 Prucha（2010）以及 Lin 和 Lee（2010）的广义矩估计量从截面数据扩展到面板数据当中，但是这些广义矩估计量将不再是有效的，因为空间自回归参数的方差依赖于时间维度上的相关性。因此，在面板回归模型中，针对时空交互的异方差分布的误差项结构，有必要提出一种更为有效的推断方法。

本章将在空间动态面板数据模型中考虑带有时空相关和异方差分布的误差项结构，重点分析允许截面个数 n 增加，但时间维度 T 固定或者增加的情形，并构建时间相关系数和空间相关系数的广义矩估计量。本章的研究内容与现有文献相比较，具有以下不同。第一，与 Kelejian 和 Prucha（2010）提出的广义矩估计量相比较，本章基于空间相关系数提出的广义矩估计量，同时将时间维度上的相关性纳入考虑。① 第二，针对时间相关系数的估计，本章基于截面单元间的空间相关性，提出了一类新的工具变量。在缺少其他可用的解释变量的情形下，提出的新工具变量能够在不损失自由度的基础上增加工具变量的个数。第三，Kapoor 等（2007）表明在不存在时间相关的条件下空间面板数据模型主回归方程参数的可行性广义最小二乘法是非常有效的。但是，本章的研究结论表明当模型中存在时空相关时，可行性广义最小二乘法将不再是有效的。

---

① 本章为了便于区分时间相关系数和空间相关系数的广义矩估计量，将前者的估计量称为时间广义矩估计量，将后者称为空间广义矩估计量。

第三节　计量模型

一　模型设定

结合式（5-1）和式（5-2），本章考虑的计量模型可以表示为式（5-3）和式（5-4）的组合，即：

$$y_t = X_t\beta + \omega_t \qquad (5-3)$$

和

$$\omega_t = \mu_0 + u_t$$
$$u_t = \lambda_0 M_n u_t + v_t$$
$$v_t = \rho_0 v_{t-1} + \varepsilon_t \qquad (5-4)$$

其中，$y_t = (y_{1t}, \cdots, y_{nt})'$ 是 $n \times 1$ 维的因变量，$X_t = (X_{1t}, \cdots, X_{nt})'$ 是 $n \times k$ 维的解释变量，且 X_t 中可能存在内生变量（包括因变量空间自回归和因变量滞后性等）。式（5-4）表示 $n \times 1$ 维的误差项 $\omega_t = (\omega_{1t}, \cdots, \omega_{nt})'$ 的分布，它由一个固定效应项 μ_0、空间截面相依残差分布 $u_t = (u_{1t}, \cdots, u_{nt})'$ 及一阶自回归分布项 $v_t = (v_{1t}, \cdots, v_{nt})'$ 共同构成。M_n 表示 $n \times n$ 的空间权矩阵，λ_0 和 ρ_0 分别表示空间相关系数和时间相关系数。$\varepsilon_t = (\varepsilon_{1t}, \cdots, \varepsilon_{nt})'$ 表示创新因子，且具有不同的方差分布。因此，模型中总共存在 $n + k + 2$ 个未知参数，其中不包括个体效应在内的 $k + 2$ 个未知参数是关注的重点。进一步地，令 $y = (y_1', \cdots, y_T')'$，$X = (X_1', \cdots, X_T')'$，$\omega = (\omega_1', \cdots, \omega_T')'$，$u = (u_1', \cdots, u_T')'$，$v = (v_1', \cdots, v_T')'$，$v^{-1} = (v_0', \cdots, v_{T-1}')$ 和 $\varepsilon = (\varepsilon_1', \cdots, \varepsilon_T')'$，那么式（5-3）和式（5-4）可以表示为：

$$y = X\beta + \omega \qquad (5-5)$$

和

$$\omega = (l_T \otimes I_n)\mu_0 + u$$

$$u = \lambda_0 (I_T \otimes M_n) u + v$$
$$v = \rho_0 v^{-1} + \varepsilon \quad (5-6)$$

其中，l_T、I_n、I_T 和 $\otimes$ 分别表示 T 维的 1 列向量、n 维的单位矩阵、T 维的单位矩阵和克罗内积。令 $S(\lambda_0) = I_n - \lambda_0 M_n$，如果无穷项和 $S^{-1}(\lambda_0)$ 存在，那么连续迭代模型［式（5-3）和式（5-4）］具有以下动态表达式：

$$y_t = \rho_0 y_{t-1} + X_t \beta + X_{t-1} \gamma + b_0 + \sum_{h=0}^{\infty} \lambda_0^h M_n^h \varepsilon_{t-h} \quad (5-7)$$

其中，$\gamma = -\rho_0 \beta$，$b_0 = (1-\rho_0) \mu_0$。该模型［式（5-7）］与现有文献 Baltagi 等（2007）、Kapoor 等（2007）、Parent 和 LeSage（2011）及 Lee 和 Yu（2014）紧密相连，但存在以下明显差异。第一，与 Baltagi 等（2007）、Parent 和 LeSage（2011）模型中考虑随机效应和同方差不同，本模型［式（5-7）］考虑固定效应，并重点关注异方差问题。第二，当时间相关系数为零且个体效应为随机效应时，本章的模型简化为 Kapoor 等（2007）的模型。第三，虽然 Lee 和 Yu（2014）考虑的模型更为一般化，但是其拟极大似然估计量在异方差条件下无法运用或者是非一致性的，并且 Parent 和 LeSage（2011）的研究表明在涉及经济增长方面的问题的研究时，可分离的时空交互效应能够较好地拟合现实数据。因此，本章主要关注可分离的时空相关结构，并构建异方差分布条件下的时间相关系数和空间相关系数的广义矩估计量。①

二 若干基本假设条件

为了便于分析本章提出的广义矩估计量的渐近性质，有必要给出以下基本假设条件。

假设 5.1：（a）空间权矩阵 M_n 所有对角线元素均为零；（b）$\rho_0 \in$

---

① 当式（5-4）中的 $u_t = \lambda_0 M_n u_t + \rho_0 u_{t-1} + \gamma_0 M_n u_{t-1} + \varepsilon_t$ 时，一个更一般的时空相关可以表示为 $(I_n - \lambda_0 M_n) - (\rho_0 I_n - \gamma_0 M_n)$，其中 L_n 是时间转换算子。此外，若 $\gamma_0 = -\lambda_0 \rho_0$ 时，上述一般化时空相关将转化为可分离的时空相关，详见 Lee 和 Yu（2014）。

$(-\underline{a}^\rho, \bar{a}^\rho)$, $\lambda_0 \in (-\underline{a}^\lambda, \bar{a}^\lambda)$, 且 $0 < \underline{a}^\rho < \bar{a}^\rho < \infty$, $0 < \underline{a}^\lambda < \bar{a}^\lambda < \infty$; (c) 对所有 $\lambda_0 \in (-\underline{a}^\lambda, \bar{a}^\lambda)$, 矩阵 $S(\lambda_0) = I_n - \lambda_0 M_n$ 为满秩矩阵; (d) v_{nt} 是平稳序列。

假设 5.1 (a) 有助于我们理解空间权矩阵的本质特征。零对角元素的假设条件排除了空间自溢出的可能性, 这是一个标准的假定条件 (Kelejian 和 Prucha, 2010; Su, 2012)。假设 5.1 (b) 对参数空间进行了限定。假设 5.1 (c) 保证了 u_t 可以唯一地表示为 $u_t = S^{-1}(\lambda_0) v_t$。特别是当空间权矩阵进行标准化后, 对于所有 $\lambda_0 \in (-1, 1)$, 矩阵 $S(\lambda_0) = I_n - \lambda_0 M_n$ 均为满秩矩阵。假设 5.1 (d) 排除了单位根的过程, 模型主要针对平稳动态模型。该假定限制了时间与空间维度上相依的程度, 其中一个有效的条件是 $|\rho_0| < 1$。

假设 5.2: 创新因子 ε_{it} 满足 $E\varepsilon_{it} = 0$ 和 $E\varepsilon_{it}^2 = \sigma_{i,n}^2$, 且存在 η 和 $0 < \underline{a}^\sigma \leq \sigma_{i,n}^2 \leq \bar{a}^\sigma < \infty$, 使 $E\varepsilon_{it}^{4+\eta} < \infty$。此外, 对每一个 $n \geq 1$, $T \geq 1$, 随机变量 $\{\varepsilon_{it}: 1 \leq i \leq n, 1 \leq t \leq T\}$ 相互独立。

假设 5.2 表明随机扰动项在不同空间单位间存在异方差 (Kelejian 和 Prucha, 2010)。截面上的异方差由于时间维度上的相关性而存在传递, 即方差呈现动态性特征。

假设 5.3: $v_0 = \sum_{h=0}^{h^*} \rho_0^h v_{-h}$, 其中, h^* 既可以是有限的, 也可以是无限的。

假设 5.3 主要针对动态的起始条件, 与 Lee 和 Yu (2014) 的假设 6 相类比, 该过程可以从有限的过去或者无限的过去开始。h^* 是对历史过程信息的捕获, 且无须在参数推断与渐近分析中进行设定。Yu 等 (2008) 忽视初始时期的观测, 当 T 较大时, 将其外生确定, 这是因为此时初始时期的选择对参数估计的影响较小。当 T 固定时, Su 和 Yang (2015) 研究表明初始时期的信息不能轻易地被忽视。根据假设 5.1 (d), 我们可以直接得出 $\sum \rho_0^h$ 的各项绝对值是一致有界的。那么式（5-2）可以改写为：

$$u_t = S^{-1}(\lambda_0) \sum_{h=0}^{h^*} \rho_0^h \varepsilon_{t-h} \qquad (5-8)$$

假设 5.4：空间权矩阵 M_n 与 $S(\lambda_0)$ 的行绝对值之和和与列绝对值之和均一致有界。

在给定假设 5.2、假设 5.3 和假设 5.4 的情况下，$Eu_t = 0$ 且方差—协方差矩阵也满足绝对值之和一致有界，这一假定确保分布是一个记忆消退的过程。

假设 5.5：X_t（$t=1,\cdots,T$）的元素是确定性的且对所有的 i 和 t 均一致有界。此外，当 T 趋向于无穷时，$\lim_{T\to\infty}\frac{1}{nT}\sum_{t=1}^{T}X_t^{*'}X_t^*$ 存在且满秩，其中 $X_t^* = X_t - \frac{1}{T}\sum_{t=1}^{T}X_t$。

假设 5.6：n 趋向于无穷，T 固定或者较大。

三 参数估计

在这一部分，我们首先在一些识别的条件下提出空间相关系数 λ_0 和时间相关系数 ρ_0 的广义矩估计量，再对主回归参数 β 进行估计。

为了避免对个体效应参数 μ_0 的估计，本章使用数据转换方法来消除个体效应。令 $\bar{y}_t = \frac{1}{T}\sum_{t=1}^{T}y_t$，$\bar{X}_t = \frac{1}{T}\sum_{t=1}^{T}X_t$，$\bar{u}_t = \frac{1}{T}\sum_{t=1}^{T}u_t$，$\bar{v}_t = \frac{1}{T}\sum_{t=1}^{T}v_t$，$\bar{v}_{t-1}^{(-1)} = \frac{1}{T}\sum_{t=0}^{T-1}v_t$ 和 $\bar{\varepsilon}_t = \frac{1}{T}\sum_{t=1}^{T}\varepsilon_t$。进一步地，令 $y_t^* = y_t - \bar{y}_t$，$X_t^* = X_t - \bar{X}_t$，$u_t^* = u_t - \bar{u}_t$，$v_t^* = v_t - \bar{v}_t$，$v_{t-1}^{(*,-1)} = v_{t-1} - \bar{v}_{t-1}^{(-1)}$ 和 $\varepsilon_t^* = \varepsilon_t - \bar{\varepsilon}_t$。通过转换后，可以得到 $\omega_t^* = u_t^*$，式（5-3）和式（5-4）可转换为：

$$y_t^* = X_t^*\beta + u_t^* \qquad (5-9)$$

和

$$u_t^* = \lambda_0 M_n u_t^* + v_t^*$$

$$v_t^* = \rho_0 v_{t-1}^{(*,-1)} + \varepsilon_t^* \qquad (5-10)$$

令 $E\varepsilon_t\varepsilon_t' = \sum_n$，$J_{1,T}$ 表示 $T \times T$ 的矩阵，由附录 A 中的定理 A1 可得其 (t, s) 元素为：

$$J_{1,T,(t,s)} =$$

$$\sum_{h=0}^{h^*} [\dot{\rho}(h)\dot{\rho}(|t-s|+h) - \dot{\rho}(h)\ddot{\rho}(T-t+h) -$$

$$\dot{\rho}(h)\ddot{\rho}(T-s+h) + \ddot{\rho}^2(h)] \qquad (5-11)$$

其中，$\dot{\rho}(h) = \rho_0^h$，$\ddot{\rho}(h) =$

$$\begin{cases} (1-\rho_0^{h+1})/(T(1-\rho_0)), & h < T-1 \\ (1-\rho_0^T)\rho_0^{h-(T-1)}/(T(1-\rho_0)), & h \geq T-1 \end{cases}$$

令 $v^* = (v_1^{*'}, \cdots, v_T^{*'})'$，$Q_{p+1,n} = M_n$ 和来自 $\{H_n\}$ 类的 $Q_{r,n}$，$r = 1, \cdots, p$，且矩阵满足 $Diag(H_n) = 0$①。Kelejian 和 Prucha (2010)、Lin 和 Lee (2010) 利用这一类矩阵在截面数据模型中构造广义矩估计量。进一步地，令 $\bar{u}_{Q_r,t}^{*'} = Q_{r,n}u_t^*$，$\bar{v}_{Q_r,t}^{*'} = Q_{r,n}v_t^*$，$r = 1, \cdots, p$，$\bar{u}_{Q_r}^{*'} = (\bar{u}_{Q_r,1}^{*'}, \cdots, \bar{u}_{Q_r,T}^{*'})'$，$\bar{v}_{Q_r}^{*'} = (\bar{v}_{Q_r,1}^{*'}, \cdots, \bar{v}_{Q_r,T}^{*'})'$。根据附录 A 中的定理 A1 可得 $Ev^{*'}v^* = tr(J_{1,T}) \times tr(\sum_n)$，$Ev^{*'}\bar{v}_{Q_r} = tr(J_{1,T}) \times tr(Q_{r,n}\sum_n)$。在假设 5.1 和假设 5.2 下，如果 $Q_{r,n}$ 属于 $\{H_n\}$，那么我们有 $Ev^{*'}\bar{v}_{Q_r}^* = 0$ [因为 $tr(Q_{r,n}\sum_n) = 0$]。因此，我们有以下矩条件：

$$\frac{1}{nT}Ev^{*'}\bar{v}_{Q_r} = \frac{1}{nT}E\sum_{t=1}^T v_t^{*'}Q_{r,n}v_t^* = 0, \quad r = 1, \cdots, p+1 \quad (5-12)$$

从上述矩条件可以发现，空间相关系数的估计可以不用考虑时间维度上的相关性。式 (5-10) 表明 v_t^* 可以用 $u_t^* - \lambda_0 M_n u_t^*$ 带入，

---

① $\{H_{0n}\}$ 是一个满足 $tr(H_{0n}) = 0$ 的矩阵集合，该类矩阵集合可以用于同方差条件下空间模型矩条件的构造。当随机扰动项满足异方差分布时，只有满足 $\{H_n\} \subset \{H_{0n}\}$ 这一条件的矩阵可被用于构造 (Lin 和 Lee, 2010)。

得到 $p+1$ 个联立方程组，即：

$$g_{nT} - G_{nT}\delta_0 = 0 \qquad (5-13)$$

其中，$\delta_0 = (\lambda_0, \lambda_0^2)'$，$(p+1) \times 1$ 维列向量 $g_{nT} = [g_{r,nT}]_{r=1,\cdots,p+1}$ 和 $(p+1) \times 2$ 维矩阵 $G_{nT} = [g_{rs,nT}]_{r=1,\cdots,p+1;s=1,2}$ 的元素表示为：

$$g_{r,nT} = (nT)^{-1}E\sum_{t=1}^{T} u_t^{*'}Q_{r,n}u_t^*;$$

$$g_{r1,nT} = (nT)^{-1}E\sum_{t=1}^{T} u_t^{*'}(M'_n Q_{r,n} + Q_{r,n}M_n)u_t^*; \qquad (5-14)$$

$$g_{r2,nT} = -(nT)^{-1}E\sum_{t=1}^{T} u_t^{*'}M'_n Q_{r,n}M_n u_t^*$$

将 u_t^* 的估计值 $\tilde{u}_t^*$ 带入，令 $\tilde{g}_{nT} = [\tilde{G}_{r,nT}]_{r=1,\cdots,p+1}$ 和 $\tilde{G}_{nT} = [\tilde{g}_{rs,nT}]_{r=1,\cdots,p+1;s=1,2}$ 分别表示 g_{nT} 和 G_{nT} 的具体计算结果。那么通过式（5-11）可以得到：

$$\tilde{g}_{nT} - \tilde{G}_{nT}\delta_0 = \upsilon_{nT} \qquad (5-15)$$

其中 υ_{nT} 为回归的残差序列。通过式（5-15）的加权非线性最小二乘法估计 δ_0，得到空间广义矩估计量 $\tilde{\delta}_0$。令 $\tilde{\Pi}$ 表示 $(p+1) \times (p+1)$ 的对称半正定权重矩阵。那么空间广义矩估计量 $\tilde{\delta}_0$ 可以定义为：

$$\tilde{\delta}_0 = \tilde{\delta}_0(\tilde{\Pi}_{nT}) = \text{argmin}_{\delta \in \Lambda}(\upsilon'_{nT}\tilde{\Pi}_{nT}\upsilon_{nT})$$

$$= \text{argmin}_{\delta \in \Lambda}[(\tilde{g}_{nT} - \tilde{G}_{nT}\delta_0)'\tilde{\Pi}_{nT}(\tilde{g}_{nT} - \tilde{G}_{nT}\delta_0)]$$

$$(5-16)$$

为了获得 $\tilde{u}_t^*$ 的初始值，通过最小二乘法 OLS 对式（5-9）进行估计，即：

$$\hat{\beta}^{OLS} = (X^{*'}X^*)^{-1}X^{*'}y^* \qquad (5-17)$$

那么 $\tilde{u}_t^*$ 可以定义为：

$$\tilde{u}_t^* = y_t^* - X_t^*\hat{\beta}^{OLS} \qquad (5-18)$$

因此，结合式（5-16）与式（5-18），我们可以得到空间广义矩估计量 $\tilde{\lambda}_0$。通过观察式（5-10），我们发现无法通过寻找工具变量来代替滞后变量。因此，为了获得时间相关系数 ρ_0 的一致估计量，我们使用一阶差分方法来消除式（5-3）与式（5-4）的个体效应。令 $\Delta y_t = y_t - y_{t-1}$，$\Delta X_t = X_t - X_{t-1}$，$\Delta u_t = u_t - u_{t-1}$，$\Delta v_t = v_t - v_{t-1}$，$t = 2, \cdots, T$，可得：

$$\Delta y_t = \Delta X_t \beta + \Delta u_t, \quad t = 3, \cdots, T \qquad (5-19)$$

和

$$\Delta u_t = \lambda_0 M_n \Delta u_t + \Delta v_t$$
$$\Delta v_t = \rho_0 \Delta v_{t-1} + \Delta \varepsilon_t \qquad (5-20)$$

在式（5-20）中，Δv_{t-1} 与 $\Delta \varepsilon_t$ 相关。因此，我们需要工具变量与 $\Delta \varepsilon_t$ 不相关，而与 Δv_{t-1} 相关。由于式（5-20）中不存在其他解释变量，唯一可用的信息只剩 Δu_t 与 Δv_t 序列。我们选择 Δu_{t-2} 和 Δv_{t-2} 作为 Δv_{t-1} 的工具变量。① 令 $vec(\cdot)$ 表示列向量 Δv_t，$t = 4, \cdots, T$，的堆积，$\Delta v = vec(\Delta v_4, \cdots, \Delta v_T)$，$\Delta v_{-1} = vec(\Delta v_3, \cdots, \Delta v_{T-1})$，$\Delta v_{-2} = vec(\Delta v_2, \cdots, \Delta v_{T-2})$，那么，时间相关系数的工具变量估计量为：

$$\hat{\rho}_0^{IV_1} = [(\Delta v_{-2})'(\Delta v_{-1})]^{-1}[(\Delta v_{-2})'(\Delta v)] \qquad (5-21)$$

和

$$\hat{\rho}_0^{IV_2} = [(\Delta u_{-2})'(\Delta v_{-1})]^{-1}[(\Delta u_{-2})'(\Delta v)] \qquad (5-22)$$

利用式（5-16）、式（5-17）、式（5-19）和式（5-20），可用得到 $\Delta \tilde{u}_t$ 和 $\Delta \tilde{v}_t = S(\tilde{\lambda}_0) \Delta \tilde{u}_t$，将二者带入式（5-21）和式（5-22），得：

$$\tilde{\rho}_0^{IV_1} = [(\Delta \tilde{v}_{-2})'(\Delta \tilde{v}_{-1})]^{-1}[(\Delta \tilde{v}_{-2})'(\Delta \tilde{v})] \qquad (5-23)$$

和

---

① 由于 $E(\Delta v_{i,t-2} \Delta \varepsilon_{it}) = E(\Delta v_{i,t-2} \Delta \varepsilon_{it}) = 0$，$E(\Delta v_{i,t-2} \Delta v_{i,t-1}) = -\sigma_{in}^2$，$E(\Delta u_{i,t-2} \Delta v_{i,t-1}) = S_{ii,n}^{-1} \sigma_{i,n}^2$，$\Delta u_{t-2}$ 和 Δv_{t-2} 满足作为工具变量的两个条件。

$$\tilde{\rho}_0^{IV_2} = [(\Delta \tilde{u}_{-2})'(\Delta \tilde{v}_{-1})]^{-1}[(\Delta \tilde{u}_{-2})'(\Delta \tilde{v})] \quad (5-24)$$

令 $\Delta I_{-2} = (\Delta u_{-2}, \Delta v_{-2})$，则 ρ_0 的广义矩估计量可以定义为：

$$\hat{\rho}_0^{GMM} = [(\Delta v_{-1})'(\Delta I_{-2} W_n \Delta I'_{-2})(\Delta v_{-1})]^{-1}$$
$$[(\Delta v_{-1})'(\Delta I_{-2} W_n \Delta I'_{-2})(\Delta v)] \quad (5-25)$$

在常规的情形下，一阶自回归模型每增加一个工具变量，将减少一个自由度。然而，在本章中，由于空间截面相依的优势，我们使用 Δu_{t-2} 和 Δv_{t-2} 作为 Δv_{t-1} 的工具变量，仅减少一个自由度。虽然不存在其他可利用的解释变量，但是本章利用空间相关性提出了新的一类工具变量 Δu_{t-2}。当 $W_n = (\Delta I'_{-2}(J_{2,T-3} \otimes \sum_n) \Delta I_{-2})^{-1}$ 时，可以获得时间相关系数 ρ_0 的最优广义矩估计量 BGMM，其中 $J_{2,T-3}$ 是一个 $(T-3) \times (T-3)$ 的矩阵，且满足 (i, i) 元素等于 2，$(i, i \pm 1)$ 元素等于 -1，其他元素为零。类似地，通过将 $\Delta \tilde{u}_t$ 和 $\Delta \tilde{v}_t = S(\tilde{\lambda}_0) \Delta \tilde{u}_t$ 带入式 (5-25)，可得可行性广义矩估计量 FGMM：

$$\tilde{\rho}_0^{GMM} = [(\Delta \tilde{v}_{-1})'(\Delta \tilde{I}_{-2} \tilde{W}_n \Delta \tilde{I}'_{-2})(\Delta \tilde{v}_{-1})]^{-1}$$
$$[(\Delta \tilde{v}_{-1})'(\Delta \tilde{I}_{-2} \tilde{W}_n \Delta \tilde{I}'_{-2})(\Delta \tilde{v})] \quad (5-26)$$

对于最优广义矩估计量 BGMM，我们需要获得 $\sum_n$ 的一个一致估计量 $\tilde{\sum}_n$。由于 $E(\Delta \varepsilon \Delta \varepsilon') = J_{2,T-3} \otimes \sum_n$，可以将其定义为：

$$\tilde{\sum}_n = diag_{i=1}^n \left(\frac{1}{2} \sum_{t=3}^T \sum_{s=3}^T \Delta \tilde{\varepsilon}_{it} \Delta \tilde{\varepsilon}_{is} \right) \quad (5-27)$$

由于方差矩阵为 $\Omega_\beta = Eu^* u^{*'} = J_{1,T} \otimes (S^{-1}(\lambda_0) \sum_n S'^{-1}(\lambda_0))$，因此，虽然 $\hat{\beta}^{OLS}$ 在解释变量均是外生时是一致的估计量，但不是有效的。为了获得 β 的有效估计量，本章首先应用广义最小二乘法 GLS。令 y^{**} 表示 $(I_T \otimes S(\lambda_0)) y^*$，并且令 y_{-1}^{**} 表示 $\rho_0 (I_T \otimes S(\lambda_0)) y_{-1}^*$。相似地，$X^{**} = (I_T \otimes S(\lambda_0)) X^*$ 和 $X_{-1}^{**} = (I_T \otimes S(\lambda_0)) X_{-1}^*$。同时，令 $y^{***} = y^{**} - y_{-1}^{**}$ 和 $X^{***} = X^{**} - X_{-1}^{**}$。那么广义最小二乘法 GLS 和可行广义最小二乘法 FGLS 分别为：

$$\hat{\beta}^{GLS} = [X^{***'}(I_T \otimes \sum_n)^{-1} X^{***}]^{-1} X^{***'}(I_T \otimes \sum_n)^{-1} y^{***}$$
(5-28)

和

$$\tilde{\beta}^{FGLS} = [\tilde{X}^{***'}(I_T \otimes \tilde{\sum}_n)^{-1} \tilde{X}^{***}]^{-1} \tilde{X}^{***'}(I_T \otimes \tilde{\sum}_n)^{-1} \tilde{y}^{***}$$
(5-29)

由于 OLS 估计量仍然是一致性的，另一种可选择估计方法是利用 Newey - West 方法来修正参数的方差—协方差阵。令 x_l^*，$l=1$，2，…，nT，表示 X^* 第 l 列，那么参数的方差—协方差的 HAC 估计量可以表示为：

$$\hat{\Omega}_\beta = (X^{*'}X^*)^{-1} \Phi (X^{*'}X^*)^{-1}$$
(5-30)

其中，$\Phi = \frac{nT}{nT-k} \left\{ \sum_{l=1}^{nT} \tilde{u}_l^{*2} x_l^* x_l^{*'} + \sum_{l=1}^{q} \left[\left(1 - \frac{l}{q+1}\right) \sum_{f=l+1}^{q} (x_f^* \tilde{u}_f^* \tilde{u}_{f-l}^* x_f^{*'} + x_{f-l}^* \tilde{u}_{f-l}^* \tilde{u}_l^* x_l^{*'}) \right] \right\}$。①

第四节 估计量渐近性质

为了建立广义矩估计量的一致性，我们需要做以下附加假设，这些假设与 Kelejian 和 Prucha (2010) 的观点相类似。

假设 5.7：令 $\tilde{u}_{it}^*$ 表示 $\tilde{u}_t^*$ 的第 i 个元素，假定 $\tilde{u}_{it}^* - u_{it}^* = d_{i.,nt}^* \Delta_{nT}$，其中 $d_{i.,nt}^*$ 和 Δ_{nT} 分别表示 $1 \times k$ 和 $k \times 1$ 的随机向量。令 $d_{ij,nt}^*$ 表示 $d_{i.,nt}^*$ 的第 j 个元素，$\tilde{u}_t^* - u_t^* = D_t^* \Delta_{nT}$，其中 $D_t^* = (d_{1.,nt}^{*'}, \cdots, d_{n.,nt}^{*'})'$ 是一个 $n \times k$ 的随机矩阵。那么假定存在某些 $\delta > 0$，使 $E|d_{ij,nt}^*|^{2+\delta} \leq c_d$，其中 c_d 不依赖于截面单元个数 n，且 $(nT)^{1/2} \|\Delta_{nT}\| = O_p(1)$。

---

① 本章选择 $q = 4 (nT/100)^{2/9}$。

假设5.8：(a) $G_{nT}'G_{nT}$ 的最小特征根远离零且一致有界；(b) $\tilde{\Pi}_{nT} - \Pi_{nT} = o_p(1)$，其中 Π_{nT} 是 $(p+1) \times (p+1)$ 非随机对称正定矩阵；(c) Π_{nT} 的最大特征根一致有界，且其最小的特征根一致有界远离零。

定理5.1：让 $\tilde{\delta}_0 = \tilde{\delta}_0(\tilde{\Pi}_{nT})$ 表示由式（5-13）定义的广义矩估计量，那么在给定的假设5.1至假设5.8和包含参数空间的最优空间下，我们有（证明见附录B的B1）：

$$\text{plim}(\tilde{\lambda}_0 - \lambda_0) = 0 \quad (5-31)$$

假设5.9：对任意的 $n \times n$ 矩阵 A_n 有行绝对值之和与列绝对值之和均一致有界，且满足：

$(nT)^{-1} \sum_{t=1}^{T} D_t^{*'} A_n u_t^* - (nT)^{-1} E \sum_{t=1}^{T} D_t^{*'} A_n u_t^* = o_p(1)$。

假设5.10：令 Δ_{nT} 由假设5.7定义，那么：

$(nT)^{1/2} \Delta_{nT} = (nT)^{-1/2} \mathbf{T}' u^* = (nT)^{-1/2} \sum_{t=1}^{T} \mathbf{T}_t' u_t^* + o_p(1)$

其中，$\mathbf{T} = (\mathbf{T}_1', \cdots, \mathbf{T}_T')'$ 是一个 $n \times k$ 的非随机矩阵，满足元素绝对值一致有界。

在本章中，Δ_{nT} 表示参数 β 的最小二乘估计 $\hat{\beta}^{OLS}$ 与其真值间的差值。在假设5.9与假设5.10的条件下，得：

$$v_{nT} = (nT)^{-1} \sum_{t=1}^{T} \left(\frac{1}{2} v_t^{*'} (Q_{r,n} + Q_{r,n}') v_t^* + \alpha_{r,t}^{*'} v_t^* \right) \quad (5-32)$$

其中，$r = 1, \cdots, p+1$，那么 $n \times 1$ 向量 $\alpha_{r,t}^*$ 可以定义为：

$$\alpha_{r,t}^* = \mathbf{T}_t \alpha_{r,nT} \quad (5-33)$$

其中，$\alpha_{r,nT} = (nT)^{-1} E \sum_{t=1}^{T} D_t^{*'} S^{-1'}(\lambda_{nT})(Q_{r,n} + Q_{r,n}') S^{-1}(\lambda_{nT}) u_t^*$。

由于 $Q_{r,n}$ 的对角线元素均为零，根据附录定理A2，式（5-14）或者式（5-33）中二次型向量的方差—协方差阵 $\Psi_{nT} = (\psi_{ro,nT})$，$r, o = 1, \cdots, p+1$，其中：

$$\psi_{ro,nT} = \frac{1}{2nT} tr\left((Q_{r,n} + Q_{r,n}') \sum_n (Q_{r,n} + Q_{r,n}') \sum_n \right)$$

$$tr(J_{1,T}^2) + \frac{1}{nT}\alpha_r^{*'}(J_{1,T}\otimes \sum\nolimits_n)\alpha_o^* \qquad (5-34)$$

那么可以得到 λ_{nT} 的渐近分布，归纳为定理 5.2。

定理 5.2：$\tilde{\lambda}_{nT}$ 为式（5-13）定义的加权非线性最小二乘估计量，在给定假设 5.1 至假设 5.10 的条件下，方差—协方差阵 $\Psi_{nT} = (\psi_{ro,nT})$ 的最小特征值方差—协方差阵 $\lambda_{\min}(\Psi_{nT})$ 是一个远离 0 的常数，那么我们有（证明见附录 B 的 B2）：

$$(nT)^{1/2}(\tilde{\lambda}_0 - \lambda_0) = (\Gamma_{nT}'\Pi_{nT}\Gamma_{nT})^{-1}\Gamma_{nT}'\Pi_{nT}\Psi_{nT}^{1/2}\xi_{nT} + o_p(1)$$
$$(5-35)$$

其中，$\Gamma_{nT} = G_{nT}\begin{bmatrix}1\\2\lambda_0\end{bmatrix}$，$\xi_{nT} = \Psi_{nT}^{-1/2}v_{nT}\xrightarrow{d} N(0, I_{p+1})$。

进一步地，$(nT)^{1/2}(\tilde{\lambda}_0 - \lambda_0) = O_p(1)$，且：

$$\Omega_{\tilde{\lambda}}(\Pi_{nT}) = (\Gamma_{nT}'\Pi_{nT}\Gamma_{nT})^{-1}\Gamma_{nT}'\Pi_{nT}\Psi_{nT}\Pi_{nT}\Gamma_{nT}(\Gamma_{nT}'\Pi_{nT}\Gamma_{nT})^{-1}$$
$$(5-36)$$

当权重矩阵 $\Pi_{nT} = I$ 时，那么 $(nT)^{1/2}(\tilde{\lambda}_0 - \lambda_0) = (J_{nT}'J_{nT})^{-1}J_{nT}'\Psi_{nT}^{1/2}\xi_{nT} + o_p(1)$。根据广义矩理论，当 $\Pi_0 = \Psi_{nT}^{-1}$ 时，我们可以得到最优的广义矩估计量 BGMM。在实践中，$\Pi_0 = \Psi_{nT}^{-1}$ 是未知的，可以通过一致估计。对于任意 $\Pi_{nT} \to \Pi_0$，我们仍可以称 $\tilde{\lambda}_0$ 为半参数有效广义矩估计量，因为它们的渐近方差相同。然而，式（5-33）中定义的 Ψ_{nT} 依赖于未知参数 ρ_0。为了获得 BGMM 估计量，我们首先需要获得 ρ_0 的一致估计量。定理 5.3 给出了式（5-22）、式（5-23）和式（5-25）的估计量 $\tilde{\rho}_0$ 的性质。

定理 5.3：$\tilde{\rho}_0^{IV_1}$，$\tilde{\rho}_0^{IV_2}$ 和 $\tilde{\rho}_0^{GMM}$ 分别表示式（5-20）、式（5-21）和式（5-23）定义的工具变量估计量和广义矩估计量。那么，在给定假设 5.1 至假设 5.10 的情况下，可以得到（证明见附录 B 的 B3）：

$$plim(\tilde{\rho}_0^{IV_i} - \rho_0^{IV_i}) = 0, i = 1, 2; plim(\tilde{\rho}_0^{GMM} - \rho_0^{GMM}) = 0$$
$$(5-37)$$

和

$$[1/n(T-3)]\Omega_{\tilde{\rho}_0^{IV_i}}^{-1/2}(\tilde{\rho}_0^{IV_i}-\hat{\rho}_0^{IV_i})=N(0,1), i=1,2$$

$$[1/n(T-3)]\Omega_{\tilde{\rho}_0^{GMM}}^{-1/2}(\tilde{\rho}_0^{GMM}-\hat{\rho}_0^{GMM})=N(0,1)$$

$$(5-38)$$

其中,$\Omega_{\tilde{\rho}_0^{IV_i}}=[(\Delta v_{-2})'(\Delta v_{-1})]^{-1}[(\Delta v_{-2})'(J_{2,T-3}\otimes\sum_n)(\Delta v_{-2})][(\Delta v_{-2})'(\Delta v_{-1})]^{-1}$,$\Omega_{\tilde{\rho}_0^{IV_i}}=[(\Delta u_{-2})'(\Delta v_{-1})]^{-1}[(\Delta u_{-2})'(J_{2,T-3}\otimes\sum_n)(\Delta u_{-2})][(\Delta u_{-2})'(\Delta v_{-1})]^{-1}$,$\Omega_{\tilde{\rho}_0^{GMM}}=[(\Delta v_{-1})'(\Delta I_{-2}W_n\Delta I'_{-2})(\Delta v_{-1})]^{-1}[(\Delta v_{-1})'(\Delta I_{-2}W_n\Delta I'_{-2})(J_{2,T-3}\otimes\sum_n)\times(\Delta I_{-2}W_n\Delta I'_{-2})(\Delta v_{-1})][(\Delta v_{-1})'(\Delta VI_{-2}W_n\Delta I'_{-2})(\Delta v_{-1})]^{-1}$。

下面我们基于 Kelejian 和 Prucha (2010) 的思想给出 $\Omega_{\tilde{\lambda}}$ (Π_{nT}) 的一致估计量。令 $\tilde{\Gamma}_{nT}=\tilde{G}_{nT}[1 \ 2\tilde{\lambda}_0]'$,其中 $\tilde{G}_{nT}$ 由式 (5-13) 定义。令 $\Delta\tilde{\varepsilon}_{it}=\Delta\tilde{v}_{it}-\tilde{\rho}_0\Delta\tilde{v}_{i,t-1}$,并将其带入式 (5-27) 求得 $\tilde{\sum}_n$。让 $T=X^*(X^{*'}X^*)^{-1}$,$T_t=X_t^*(X^{*'}X^*)^{-1}$ 和 $D_t^*=-X_t^*$,则有:

$$\tilde{\alpha}_r^*=-(nT)^{-1}X^*(X^{*'}X^*)^{-1}E$$

$$\sum_{t=1}^{T}X_t^{*'}S^{-1'}(\lambda_0)(Q_{r,n}+Q'_{r,n})S^{-1}(\lambda_0)\tilde{u}_t^* \quad (5-39)$$

另外,$J_{1,T}\otimes\sum_n$ 有两种估计方法。一种是应用式 (5-11) 和式 (5-27) 分别估计 $\tilde{J}_{1,T}$ 和 $\tilde{\sum}_n$;另一种是利用残差 $\tilde{v}^*$,将 $J_{1,T}\otimes\sum_n$ 视为一个整体进行估计,由 $E\tilde{v}^{*'}\tilde{v}^*=tr(J_{1,T})\times tr(\sum_n)$ 可得:

$$(J_{1,T}\otimes\sum_n)_{i+n(t-1),i+n(s-1)}=\tilde{v}^*_{i+n(t-1)}\tilde{v}^*_{i+n(s-1)} \quad (5-40)$$

且其他元素为零。

如果时间相关性被忽视,那么 $J_{1,T}\otimes\sum_n$ 将被错误的估计成:

$$(J_{1,T} \otimes \sum_n)_{i+n(t-1), i+n(t-1)} = \frac{1}{T} \sum_{t=1}^{T} \tilde{v}^*_{i+n(t-1)} \tilde{v}^*_{i+n(t-1)} \quad (5-41)$$

且其他元素为零。

让 $\tilde{\Psi}_{inT}$, $i = 1, 2, 3$ 由式（5-11）和式（5-27）、式（5-11）和式（5-40）、式（5-11）和式（5-41）分别估算的 $\tilde{\Psi}_{nT}$，得：

$$\tilde{\Omega}_{i\tilde{\lambda}}(\tilde{\Pi}_{nT}) =$$
$$(\tilde{\Gamma}'_{nT}\tilde{\Pi}_{nT}\tilde{\Gamma}_{nT})^{-1}\tilde{\Gamma}'_{nT}\tilde{\Pi}_{nT}\tilde{\Psi}_{inT}\tilde{\Pi}_{nT}\tilde{\Gamma}_{nT}(\tilde{\Gamma}'_{nT}\tilde{\Pi}_{nT}\tilde{\Gamma}_{nT})^{-1},$$
$$i = 1, 2, 3 \quad (5-42)$$

基于 $\tilde{\Omega}_{i\tilde{\lambda}}(\tilde{\Pi}_{nT})$，$i = 1, 2, 3$ 估计空间相关系数的矩估计量，本章将其分别称为 *Spatial-GMM*1、*Spatial-GMM*2 和 *Spatial-GMM*3。由于 *Spatial-GMM*1 和 *Spatial-GMM*2 均将时间相关纳入分析，而 *Spatial-GMM*3 忽视了时间相关，因此，当存在时间相关时，*Spatial-GMM*3 将不再有效，尽管根据定理 5.2 可知上述三个估计量均是一致的。下面给出时间相关系数估计量的方差：

$$\tilde{\Omega}_{\tilde{\rho}_0^{IV_1}} = [(\Delta\tilde{v}_{-2})'(\Delta\tilde{v}_{-1})]^{-1}[(\Delta\tilde{v}_{-2})'(J_{2,T-3} \otimes \sum_n)(\Delta\tilde{v}_{-2})]$$
$$[(\Delta\tilde{v}_{-2})'(\Delta\tilde{v}_{-1})]^{-1}$$

$$\tilde{\Omega}_{\tilde{\rho}_0^{IV_2}} = [(\Delta\tilde{u}_{-2})'(\Delta\tilde{v}_{-1})]^{-1}[(\Delta\tilde{u}_{-2})'(J_{2,T-3} \otimes \sum_n)(\Delta\tilde{u}_{-2})]$$
$$[(\Delta\tilde{u}_{-2})'(\Delta\tilde{v}_{-1})]^{-1}$$

$$\tilde{\Omega}_{\tilde{\rho}_0^{GMM}} = [(\Delta\tilde{v}_{-1})'(\Delta\tilde{I}_{-2}\tilde{W}_n\Delta\tilde{I}'_{-2})(\Delta\tilde{v}_{-1})]^{-1}$$
$$[(\Delta\tilde{v}_{-1})'(\Delta\tilde{I}_{-2}\tilde{W}_n\Delta\tilde{I}'_{-2})(J_{2,T-3} \otimes \sum_n) \times$$
$$(\Delta\tilde{I}_{-2}\tilde{W}_n\Delta\tilde{I}'_{-2})(\Delta\tilde{v}_{-1})]$$
$$[(\Delta\tilde{v}_{-1})'(\Delta\tilde{I}_{-2}\tilde{W}_n\Delta\tilde{I}'_{-2})(\Delta\tilde{v}_{-1})]^{-1} \quad (5-43)$$

定理 5.4 建立了上述方差估计量的一致性。

定理 5.4：假定定理 5.2 与定理 5.3 所有的假定条件均满足，那么（证明见附录 B 的 $B4$）：

$$\tilde{\Omega}_{i\tilde{\lambda}}(\tilde{\Pi}_{nT}) - \Omega_{i\tilde{\lambda}}(\Pi_{nT}) = o_p(1), \quad i = 1, 2 \quad (5-44)$$

$$\tilde{\Omega}_{\tilde{\rho}_0^{IV}} - \Omega_{\tilde{\rho}_0^{IV}} = o_p(1), \quad i = 1, 2; \quad \tilde{\Omega}_{\tilde{\rho}_0^{GMM}} - \Omega_{\tilde{\rho}_0^{GMM}} = o_p(1) \quad (5-45)$$

应用上述结论，可以对空间相关系数和时间相关系数进行相应的假设检验。定理 5.5 给出了可行广义最小二乘法的一致性。

定理 5.5：假定假设 5.1 至假设 5.10 满足，那么（证明见附录 B 的 $B5$），$plim(\tilde{\beta}^{FGLS} - \hat{\beta}^{GLS}) = 0$，$(nT)^{1/2}\Omega_\beta(\tilde{\beta}^{FGLS} - \beta) = o_p(1)$，$\tilde{\Omega}_\beta - \Omega_\beta = o_p(1)$。其中，$\tilde{\Omega}_\beta = [\tilde{X}^{***}(I_T \otimes \tilde{\sum}_n)^{-1}\tilde{X}^{***}]^{-1}$ 和 $\Omega_\beta = [X^{***}(I_T \otimes \sum_n)^{-1}X^{***}]^{-1}$。

第五节 蒙特卡洛模拟

本节将通过蒙特卡洛模拟对本章第二节构建的广义矩估计量的有限样本性质进行考察。样本数据由式（5-3）与式（5-4）组成的模型生成。假定第 i 个空间单元的创新因子方差 d_i 服从均匀分布 $U(1, 3)$，且各单元的创新因子间相互独立。那么，在异方差的背景下，各创新因子的平均方差水平为 2，基于此，将同方差背景下各创新因子的方差设为 2。ξ_{1i} 表示各创新因子服从独立的标准正态分布，ξ_{2i} 表示各创新因子服从独立的自由度为 4 的 t 分布，ξ_{3i} 表示各创新因子服从独立的 $Gamma(1, 1)$ 分布（由于形状参数和速率参数均为 1，也称指数分布）。

本章共进行五套参数数据生成过程（*Data Generation Process*，*DGP*），分别为：

$DGP\ A$: $\theta_0 = (\beta, \lambda_0, \rho_0) = (1, 0.3, 0.3)$ $\varepsilon_i = \sqrt{2}\xi_{1i}$;

$DGP\ B$: $\theta_0 = (\beta, \lambda_0, \rho_0) = (1, 0.3, 0.3)$ $\varepsilon_i = \sqrt{d_i}\xi_{1i}$;

$DGP\ C$: $\theta_0 = (\beta, \lambda_0, \rho_0) = (1, 0.3, 0.6)$ $\varepsilon_i = \sqrt{d_i}\xi_{1i}$;

$DGP\ D$: $\theta_0 = (\beta, \lambda_0, \rho_0) = (1, 0.3, 0.6)$ $\varepsilon_i = \sqrt{d_i}(\xi_{3i} - 1)$;

$DGP\ E$: $\theta_0 = (\beta, \lambda_0, \rho_0) = (1, 0.3, 0.3)$ $\varepsilon_i = \sqrt{d_i/2}\xi_{2i}$。

其中，X_t 和 μ_0 均由独立标准正态分布生成，初始值 v_0 和 Yu 等（2008）与 Su 和 $Yang$（2015）的生成方式类似，按照上述创新因子分布生成。空间权重矩阵 M_n 是一个行随机矩阵，使用 Delaunay 三角作为邻接矩阵，X 轴与 Y 轴坐标由独立标准正态分布生成。

对每一种数据生成情形，我们分别使用 n = 49100196 与 T = 102030 对每一个数据进行集合，并使用 OLS、HAC 和 FGLS 来估计主回归方程参数及其方差，运用 Spatial-GMM1、Spatial-GMM2、Spatial-GMM3 和 OLS 估计空间相关系数，运用 IV、GMM、BGMM 和 OLS 估计时间相关系数。三类 Spatial-GMM 的区别主要在于它们对标准差估计的不同，本章分别使用 $\tilde{\Psi}_{1nT}$、$\tilde{\Psi}_{2nT}$ 和 $\tilde{\Psi}_{3nT}$ 表示。对用于构造矩条件的工具矩阵，其主对角线上的元素均为零，非主对角线上的元素由独立标准正态分布生成。广义矩估计量使用单位矩阵对所有工具矩阵进行加权，而最优广义矩估计量运用其方差的逆矩阵作为加权权重。对于每一个样本大小，我们计算估计量的偏误。此外，通过 1000 次模拟，获得经验偏误（Bias）、标准差（SD）、真实标准差（T-SD）、经验均分误差（RMSE）及收敛概率（CP），全部结果呈现在表 5-1 至表 5-5 中。

正如表 5-1 至表 5-5 的第三列至第五列所示，FGLS 估计量的收敛概率 CP 非常低。这表明在有限样本下，FGLS 并不适用于模型存在时空相关和异方差的情形。这是因为 FGLS 估计量产生的标准误差会导致过度可识别问题，这与 Beck 和 Katz（1995）的结果一致。主回归模型参数方差的 HAC 估计量结果较好，估计的方差比 OLS 估计的要小很多，而且 HAC 的收敛概率 CP 接近 95% 的置信水平，这表明相比于 $FGLS$ 估计量，HAC 估计量更加适合本章的研究模型。

根据表 5-1 至表 5-5 的第六列至第九列，我们可以得出以下结论。第一，相比较表 5-1 的第四列，当时间相关系数越大时，$GMM3$ 的 CP 越低，拒绝 90% 的置信水平。其原因是 $GMM3$ 估计量的方差忽视了时间自回归 AR（1）过程，$GMM3$ 得到了方差的一个有偏估计，特别是随着时间相关系数的增大，偏误增大，这与前面的理论分析相吻合。相似地，表 5-4 的第八列呈现与表 5-3 类似的结果。第二，当样本 T 较小时，空间相关系数的 $GMM2$ 估计量的 SD 要小于 $GMM1$ 估计量的 SD，平均降低 35% 左右，这是因为 $GMM1$ 估计量的方差涉及对时间相关系数的估计，而 $GMM2$ 不需要单独地估计时间相关系数，当样本数较小时，时间相关系数的偏误较大，这种偏误将会累积到 $GMM1$ 的方差估计中，而不会累积至 $GMM2$ 方差中。然而，$GMM2$ 相对 $GMM1$ 未充分利用样本的信息，因此，随着样本 T 的增加，$GMM1$ 的 SD 变小且逐渐小于 $GMM2$ 的 SD。无论是 $GMM1$ 还是 $GMM2$，SD 均随着样本 T 的增加一致收敛至 T-SD。

表 5-1 至表 5-5 的最后五列表明，时间相关系数的 $BGMM$ 具有最小的偏误和 SD，这说明利用广义矩来估计时间自回归系数比传统的工具变量方法要好，虽然空间相关性使模型更加复杂，但也为估计时间相关系数带来了更多的工具变量信息。

综合上述分析，本章关于时间相关系数的 GMM 估计量比传统的工具变量方法更有效。关于空间相关系数的 GMM 估计量有限样本性质良好。时间相关并不影响空间相关系数 GMM 估计的一致性，但会影响其方差。主回归模型参数方差的 HAC 估计较 $FGLS$ 更加有效。

第五章 人口年龄结构与经济增长：基于动态面板估计

表 5-1　　　蒙特卡洛模拟 DGP A 的结果

n, T		Beta = 1						lam = 0.3					rho = 0.3
		OLS	HAC	FGLS	GMM1	GMM2	GMM3	OLS	IV1	IV2	GMM	BGMM	OLS
49, 10	Bias	-0.0003	0.0067			-0.0039		0.2303	0.0147	0.0150	0.0148	0.0006	-0.1747
	S.D	0.0750	0.0653	0.0082	0.1044	0.0820	0.0781		0.2065	0.2086	0.2070	0.2044	
	T-SD	0.0720		0.0624	0.0800				0.1872	0.1892	0.1877	0.1864	
	RMSE	0.0978	0.0900	0.2340	0.1290	0.1075	0.1044		0.2663	0.2690	0.2670	0.2645	
	CP	0.9660	0.9410	0.0620	0.9540	0.9650	0.9560		0.9780	0.9810	0.9770	0.9740	
49, 20	Bias	0.0013	0.0161			-0.0056		0.2265	0.0071	0.0080	0.0074	0.0005	-0.0754
	S.D	0.0506	0.0462	0.0053	0.0582	0.0606	0.0497		0.1319	0.1333	0.1322	0.1313	
	T-SD	0.0502		0.0430	0.0553				0.1283	0.1297	0.1287	0.1280	
	RMSE	0.0671	0.0636	0.1649	0.0773	0.0786	0.0700		0.1751	0.1770	0.1756	0.1748	
	CP	0.9520	0.9390	0.0680	0.9380	0.9710	0.9360		0.9560	0.9570	0.9540	0.9550	
49, 30	Bias	-0.0008	0.0061			-0.0013		0.2331	0.0104	0.0107	0.0105	0.0066	-0.0482
	S.D	0.0406	0.0390	0.0039	0.0445	0.0516	0.0391		0.1044	0.1056	0.1047	0.1041	
	T-SD	0.0410		0.0342	0.0446				0.1041	0.1052	0.1044	0.1039	
	RMSE	0.0549	0.0537	0.1322	0.0593	0.0648	0.0548		0.1413	0.1426	0.1416	0.1409	
	CP	0.9470	0.9440	0.0400	0.9370	0.9890	0.9360		0.9570	0.9570	0.9560	0.9600	
100, 10	Bias	-0.0015	0.0089			-0.0027		0.2236	0.0044	0.0050	0.0046	-0.0036	-0.1737
	S.D	0.0503	0.0440	0.0036	0.0617	0.0556	0.0559		0.1431	0.1446	0.1435	0.1423	
	T-SD	0.0497		0.0423	0.0574				0.1318	0.1333	0.1322	0.1315	
	RMSE	0.0663	0.0613	0.2356	0.0786	0.0734	0.0736		0.1879	0.1901	0.1885	0.1870	
	CP	0.9590	0.9300	0.0290	0.9610	0.9520	0.9530		0.9650	0.9640	0.9660	0.9620	
100, 20	Bias	-0.0014	-0.0077			-0.0014		0.2351	0.0061	0.0061	0.0061	0.0029	-0.0747
	S.D	0.0356	0.0339	0.0025	0.0396	0.0401	0.0338		0.0922	0.0931	0.0924	0.0920	
	T-SD	0.0349		0.0297	0.0375				0.0882	0.0892	0.0885	0.0882	
	RMSE	0.0477	0.0464	0.1754	0.0522	0.0526	0.0476		0.1228	0.1243	0.1232	0.1228	
	CP	0.9610	0.9410	0.0280	0.9570	0.9610	0.9280		0.9550	0.9560	0.9560	0.9540	
100, 30	Bias	-0.0005	-0.0013			-0.0014		0.2344	0.0068	0.0069	0.0068	0.0047	-0.0479
	S.D	0.0276	0.0267	0.0019	0.0315	0.0336	0.0268		0.0731	0.0738	0.0733	0.0730	
	T-SD	0.0274		0.0232	0.0306				0.0712	0.0720	0.0714	0.0712	
	RMSE	0.0380	0.0372	0.1322	0.0428	0.0444	0.0390		0.0978	0.0988	0.0980	0.0974	
	CP	0.9300	0.9200	0.0260	0.9380	0.9650	0.9010		0.9590	0.9540	0.9600	0.9620	
196, 10	Bias	0.0010	-0.0216			-0.0011		0.2366	0.0069	0.0077	0.0073	0.0033	-0.1726
	S.D	0.0356	0.0312	0.0019	0.0433	0.0396	0.0400		0.1017	0.1027	0.1020	0.1015	
	T-SD	0.0348		0.0304	0.0410				0.0933	0.0943	0.0936	0.0932	
	RMSE	0.0466	0.0431	0.2152	0.0571	0.0540	0.0543		0.1334	0.1348	0.1338	0.1331	
	CP	0.9620	0.9430	0.0150	0.9540	0.9420	0.9430		0.9630	0.9620	0.9610	0.9590	

续表

n, T		Beta = 1			lam = 0.3			rho = 0.3				
		OLS	HAC	FGLS	GMM1	GMM2	GMM3	OLS	IV1	IV2	GMM	BGMM	OLS
196, 20	Bias	0.0005	−0.0015		0.0008			0.2389	0.0009	0.0010	0.0010	−0.0007	−0.0750
	S.D	0.0247	0.0232	0.0012	0.0279	0.0278	0.0250		0.0653	0.0660	0.0655	0.0652	
	T-SD	0.0246		0.0212	0.0277		0.0635	0.0642	0.0637	0.0635			
	RMSE	0.0331	0.0319	0.1613	0.0369	0.0368	0.0345		0.0874	0.0881	0.0875	0.0873	
	CP	0.9500	0.9330	0.0190	0.9550	0.9480	0.9290		0.9660	0.9670	0.9640	0.9670	
196, 30	Bias	0.0001	−0.0102		0.0001			0.2381	0.0008	0.0009	0.0008	−0.0002	−0.0475
	S.D	0.0201	0.0193	0.0010	0.0223	0.0229	0.0197		0.0521	0.0526	0.0522	0.0520	
	T-SD	0.0201		0.0172	0.0225		0.0515	0.0521	0.0517	0.0515			
	RMSE	0.0267	0.0261	0.1372	0.0298	0.0302	0.0277		0.0694	0.0702	0.0696	0.0694	
	CP	0.9510	0.9450	0.0080	0.9500	0.9570	0.9260		0.9580	0.9570	0.9570	0.9560	

表 5−2　　蒙特卡洛模拟 DGP B 的结果

n, T		Beta = 1			lam = 0.3			rho = 0.3				
		OLS	HAC	FGLS	GMM1	GMM2	GMM3	OLS	IV1	IV2	GMM	BGMM	OLS
49, 10	Bias	0.0033	0.0093		0.0006			0.2290	0.0189	0.0206	0.0201	0.0029	−0.1751
	S.D	0.0701	0.0592	0.0069	0.1286	0.0821	0.0815		0.2147	0.2169	0.2153	0.2124	
	T-SD	0.0677		0.0583	0.0833		0.1997	0.2018	0.2003	0.1987			
	RMSE	0.0898	0.0810	0.1919	0.1542	0.1089	0.1084		0.2816	0.2851	0.2831	0.2795	
	CP	0.9740	0.9480	0.0750	0.9500	0.9540	0.9590		0.9650	0.9590	0.9610	0.9540	
49, 20	Bias	0.0018	−0.0009		−0.0020			0.2316	0.0055	0.0060	0.0056	−0.0014	−0.0751
	S.D	0.0513	0.0487	0.0049	0.0573	0.0605	0.0485		0.1394	0.1409	0.1398	0.1388	
	T-SD	0.0504		0.0420	0.0538		0.1352	0.1365	0.1355	0.1349			
	RMSE	0.0689	0.0667	0.1651	0.0754	0.0775	0.0679		0.1876	0.1897	0.1882	0.1871	
	CP	0.9430	0.9400	0.0520	0.9370	0.9750	0.9240		0.9550	0.9510	0.9530	0.9560	
49, 30	Bias	−0.0015	−0.0028		−0.0010			0.2345	0.0034	0.0035	0.0034	−0.0007	−0.0485
	S.D	0.0396	0.0374	0.0038	0.0438	0.0517	0.0376		0.1073	0.1085	0.1076	0.1071	0.0000
	T-SD	0.0393		0.0333	0.0429		0.1059	0.1071	0.1062	0.1058	0.0000		
	RMSE	0.0538	0.0521	0.1335	0.0590	0.0651	0.0538		0.1444	0.1460	0.1448	0.1440	0.0000
	CP	0.9450	0.9310	0.0670	0.9280	0.9780	0.9140		0.9470	0.9480	0.9460	0.9460	0.0000
100, 10	Bias	0.0013	−0.0130		−0.0026			0.2339	0.0104	0.0099	0.0100	0.0011	−0.1729
	S.D	0.0502	0.0444	0.0035	0.0623	0.0561	0.0571		0.1497	0.1510	0.1500	0.1488	
	T-SD	0.0493		0.0426	0.0586		0.1388	0.1400	0.1391	0.1384			
	RMSE	0.0674	0.0629	0.2167	0.0802	0.0748	0.0756		0.1949	0.1964	0.1952	0.1935	
	CP	0.9550	0.9230	0.0260	0.9630	0.9560	0.9590		0.9630	0.9650	0.9620	0.9590	

续表

n, T		Beta = 1			lam = 0.3				rho = 0.3				OLS
		OLS	HAC	FGLS	GMM1	GMM2	GMM3	OLS	IV1	IV2	GMM	BGMM	
100, 20	Bias	0.0034	0.0001		−0.0030			0.2324	0.0022	0.0024	0.0023	−0.0011	−0.0753
	S.D	0.0352	0.0329	0.0025	0.0393	0.0404	0.0348		0.0952	0.0960	0.0954	0.0949	
	T-SD	0.0349		0.0298	0.0387			0.0925	0.0934	0.0928	0.0924			
	RMSE	0.0471	0.0453	0.1498	0.0517	0.0525	0.0480		0.1278	0.1290	0.1281	0.1275	
	CP	0.9450	0.9370	0.0320	0.9580	0.9700	0.9450		0.9650	0.9650	0.9640	0.9650	
100, 30	Bias	−0.0012	−0.0005		−0.0007			0.2429	0.0051	0.0046	0.0048	0.0026	−0.0487
	S.D	0.0269	0.0262	0.0018	0.0313	0.0341	0.0271		0.0764	0.0772	0.0766	0.0763	
	T-SD	0.0268		0.0226	0.0309			0.0752	0.0759	0.0754	0.0752			
	RMSE	0.0364	0.0358	0.1218	0.0420	0.0441	0.0386		0.1034	0.1045	0.1037	0.1032	
	CP	0.9530	0.9450	0.0270	0.9400	0.9700	0.9100		0.9480	0.9490	0.9500	0.9480	
196, 10	Bias	0.0002	−0.0058		0.0015			0.2389	0.0045	0.0045	0.0044	0.0003	−0.1723
	S.D	0.0347	0.0309	0.0017	0.0431	0.0397	0.0412		0.1059	0.1068	0.1061	0.1056	
	T-SD	0.0345		0.0294	0.0423			0.0990	0.0999	0.0992	0.0989			
	RMSE	0.0464	0.0435	0.2125	0.0555	0.0526	0.0539		0.1378	0.1387	0.1380	0.1377	
	CP	0.9550	0.9300	0.0180	0.9690	0.9610	0.9700		0.9690	0.9700	0.9690	0.9650	
196, 20	Bias	0.0003	−0.0062		0.0014			0.2374	0.0028	0.0027	0.0027	0.0009	−0.0742
	S.D	0.0245	0.0232	0.0012	0.0278	0.0278	0.0248		0.0680	0.0686	0.0681	0.0679	
	T-SD	0.0245		0.0209	0.0276			0.0662	0.0669	0.0664	0.0662			
	RMSE	0.0330	0.0319	0.1557	0.0374	0.0373	0.0350		0.0904	0.0914	0.0907	0.0904	
	CP	0.9490	0.9390	0.0140	0.9470	0.9490	0.9230		0.9560	0.9570	0.9560	0.9560	
196, 30	Bias	0.0003	0.0029		−0.0009			0.2388	0.0018	0.0021	0.0019	0.0005	−0.0474
	S.D	0.0196	0.0190	0.0010	0.0222	0.0231	0.0194		0.0542	0.0547	0.0543	0.0541	
	T-SD	0.0196		0.0166	0.0221			0.0532	0.0538	0.0534	0.0532			
	RMSE	0.0264	0.0259	0.1223	0.0297	0.0303	0.0274		0.0721	0.0728	0.0723	0.0720	
	CP	0.9550	0.9530	0.0090	0.9550	0.9650	0.9160		0.9600	0.9600	0.9580	0.9610	

表 5 - 3　　蒙特卡洛模拟 DGP C 的结果

n, T		Beta = 1			lam = 0.3				rho = 0.6				OLS
		OLS	HAC	FGLS	GMM1	GMM2	GMM3	OLS	IV1	IV2	GMM	BGMM	
49, 10	Bias	0.0047	0.0165		−0.0021			0.2302	0.0055	0.0093	0.0666	0.0010	−0.2366
	S.D	0.0771	0.0649	0.0065	0.8515	0.0932	0.0724		0.3997	0.4068	0.4020	0.3884	
	T-SD	0.0703		0.0513	0.1089			0.3673	0.3725	0.3688	0.3590			
	RMSE	0.0978	0.0878	0.1923	0.8746	0.1241	0.1081		0.4882	0.4956	0.5326	0.5093	
	CP	0.9710	0.9470	0.0710	0.9610	0.9580	0.8750		0.9830	0.9850	0.9710	0.9660	

续表

n, T		Beta = 1			lam = 0.3				rho = 0.6				
		OLS	HAC	FGLS	GMM1	GMM2	GMM3	OLS	IV1	IV2	GMM	BGMM	OLS
49, 20	Bias	0.0028	0.0136		-0.0011			0.2345	0.0045	0.0060	0.0206	-0.0044	-0.1017
	S.D	0.0635	0.0570	0.0049	0.3423	0.0716	0.0384		0.2502	0.2534	0.2511	0.2474	
	T-SD	0.0582		0.0412	0.0703		0.2401	0.2427	0.2407	0.2380			
	RMSE	0.0829	0.0773	0.1636	0.3626	0.0937	0.0689		0.3195	0.3234	0.3335	0.3285	
	CP	0.9560	0.9450	0.0580	0.9330	0.9590	0.7630		0.9800	0.9790	0.9610	0.9600	
49, 30	Bias	0.0002	0.0015		-0.0028			0.2357	0.0170	0.0184	0.0226	0.0054	-0.0631
	S.D	0.0529	0.0462	0.0039	0.1338	0.0626	0.0291		0.1968	0.1991	0.1974	0.1955	
	T-SD	0.0477		0.0321	0.0573		0.1920	0.1941	0.1925	0.1909			
	RMSE	0.0680	0.0622	0.1244	0.1516	0.0806	0.0558		0.2597	0.2621	0.2646	0.2614	
	CP	0.9550	0.9560	0.0630	0.9080	0.9700	0.6910		0.9780	0.9800	0.9610	0.9590	
100, 10	Bias	0.0037	0.0021		-0.0018			0.2291	0.0231	0.0236	0.0392	0.0066	-0.2358
	S.D	0.0543	0.0462	0.0032	0.3759	0.0642	0.0505		0.2712	0.2740	0.2720	0.2673	
	T-SD	0.0512		0.0369	0.0763		0.2489	0.2514	0.2495	0.2462			
	RMSE	0.0698	0.0632	0.2028	0.3931	0.0866	0.0762		0.3419	0.3448	0.3554	0.3484	
	CP	0.9740	0.9460	0.0360	0.9640	0.9560	0.8690		0.9930	0.9940	0.9810	0.9800	
100, 20	Bias	0.0007	0.0003		-0.0005			0.2344	0.0123	0.0118	0.0132	0.0013	-0.0995
	S.D	0.0401	0.0363	0.0021	0.0910	0.0494	0.0276		0.1733	0.1750	0.1737	0.1724	
	T-SD	0.0381		0.0257	0.0505		0.1678	0.1694	0.1682	0.1671			
	RMSE	0.0530	0.0500	0.1404	0.1057	0.0653	0.0491		0.2278	0.2300	0.2295	0.2283	
	CP	0.9440	0.9320	0.0300	0.9360	0.9580	0.7740		0.9770	0.9760	0.9720	0.9690	
100, 30	Bias	-0.0028	-0.0076		0.0010			0.2348	0.0150	0.0151	0.0155	0.0072	-0.0629
	S.D	0.0339	0.0311	0.0017	0.0578	0.0416	0.0206		0.1383	0.1398	0.1387	0.1378	
	T-SD	0.0323		0.0215	0.0405		0.1351	0.1365	0.1355	0.1348			
	RMSE	0.0448	0.0425	0.1180	0.0701	0.0544	0.0389		0.1838	0.1854	0.1846	0.1834	
	CP	0.9590	0.9430	0.0350	0.9450	0.9620	0.7100		0.9610	0.9620	0.9610	0.9570	
196, 10	Bias	0.0001	-0.0065		-0.0027			0.2336	0.0048	0.0045	0.0062	-0.0072	-0.2366
	S.D	0.0403	0.0341	0.0017	0.2299	0.0458	0.0363		0.1857	0.1874	0.1862	0.1846	
	T-SD	0.0390		0.0277	0.0550		0.1718	0.1734	0.1722	0.1711			
	RMSE	0.0527	0.0478	0.1987	0.2420	0.0605	0.0531		0.2404	0.2425	0.2424	0.2407	
	CP	0.9720	0.9310	0.0140	0.9800	0.9650	0.9070		0.9840	0.9810	0.9740	0.9710	
196, 20	Bias	-0.0007	0.0088		-0.0030			0.2312	0.0037	0.0038	0.0039	-0.0022	-0.0995
	S.D	0.0282	0.0258	0.0011	0.0447	0.0347	0.0198		0.1229	0.1240	0.1232	0.1225	
	T-SD	0.0274		0.0186	0.0364		0.1188	0.1199	0.1191	0.1185			
	RMSE	0.0368	0.0348	0.1405	0.0561	0.0469	0.0360		0.1649	0.1662	0.1655	0.1646	
	CP	0.9660	0.9470	0.0190	0.9430	0.9490	0.7430		0.9550	0.9590	0.9590	0.9550	

续表

n, T		Beta = 1			lam = 0.3			rho = 0.6				
		OLS	HAC	FGLS	GMM1	GMM2	GMM3	OLS	IV1	IV2	GMM	BGMM	OLS
196, 30	Bias	0.0003	0.0038				-0.0005	0.2392	0.0121	0.0130	0.0125	0.0076	-0.0615
	S.D	0.0240	0.0223	0.0009	0.0338	0.0291	0.0148		0.0982	0.0992	0.0985	0.0980	
	T-SD	0.0234		0.0153	0.0292		0.0962	0.0971	0.0964	0.0960			
	RMSE	0.0323	0.0308	0.1188	0.0429	0.0386	0.0281		0.1318	0.1332	0.1322	0.1313	
	CP	0.9530	0.9380	0.0190	0.9400	0.9600	0.7050		0.9510	0.9550	0.9530	0.9500	

表 5-4　　　　　　　　　蒙特卡洛模拟 DGP D 的结果

n, T		Beta = 1			lam = 0.3			rho = 0.6				
		OLS	HAC	FGLS	GMM1	GMM2	GMM3	OLS	IV1	IV2	GMM	BGMM	OLS
49, 10	Bias	-0.0087	-0.0017				0.0092	0.2472	0.0126	0.0144	0.0730	-0.0098	-0.2372
	S.D	0.0832	0.0666	0.0046	0.8125	0.0940	0.0723		0.4462	0.4528	0.4483	0.4265	
	T-SD	0.0761		0.0555	0.1080		0.3665	0.3716	0.3679	0.3576			
	RMSE	0.1046	0.0907	0.1765	0.8357	0.1240	0.1073		0.5217	0.5284	0.5653	0.5360	
	CP	0.9720	0.9470	0.0560	0.9460	0.9550	0.8780		0.9940	0.9930	0.9780	0.9720	
49, 20	Bias	-0.0025	-0.0007				-0.0048	0.2137	0.0066	0.0071	0.0205	-0.0098	-0.1021
	S.D	0.0615	0.0521	0.0031	0.2257	0.0733	0.0388		0.2656	0.2684	0.2664	0.2614	
	T-SD	0.0567		0.0376	0.0711		0.2436	0.2463	0.2443	0.2413			
	RMSE	0.0805	0.0727	0.1484	0.2454	0.0942	0.0682		0.3383	0.3424	0.3507	0.3454	
	CP	0.9450	0.9330	0.0400	0.9080	0.9730	0.7690		0.9700	0.9700	0.9560	0.9550	
49, 30	Bias	-0.0066	-0.0055				-0.0001	0.2337	0.0149	0.0157	0.0206	0.0015	-0.0618
	S.D	0.0532	0.0462	0.0025	0.1314	0.0638	0.0291		0.2052	0.2074	0.2058	0.2032	
	T-SD	0.0486		0.0320	0.0573		0.1943	0.1962	0.1948	0.1931			
	RMSE	0.0703	0.0643	0.1211	0.1483	0.0805	0.0544		0.2715	0.2739	0.2767	0.2739	
	CP	0.9370	0.9410	0.0370	0.9140	0.9750	0.7220		0.9760	0.9720	0.9560	0.9570	
100, 10	Bias	0.0013	-0.0165				-0.0053	0.2257	0.0149	0.0151	0.0316	-0.0023	-0.2368
	S.D	0.0576	0.0488	0.0022	0.3920	0.0642	0.0506		0.3063	0.3088	0.3070	0.3002	
	T-SD	0.0546		0.0400	0.0766		0.2462	0.2486	0.2468	0.2440			
	RMSE	0.0757	0.0686	0.1948	0.4078	0.0843	0.0736		0.3707	0.3734	0.3843	0.3790	
	CP	0.9620	0.9240	0.0200	0.9610	0.9560	0.8890		0.9930	0.9930	0.9850	0.9790	
100, 20	Bias	-0.0077	-0.0121				0.0023	0.2401	0.0035	0.0021	0.0048	-0.0100	-0.0999
	S.D	0.0402	0.0359	0.0014	0.0874	0.0501	0.0278		0.1869	0.1885	0.1873	0.1854	
	T-SD	0.0382		0.0258	0.0508		0.1678	0.1694	0.1681	0.1670			
	RMSE	0.0537	0.0501	0.1341	0.1032	0.0666	0.0502		0.2409	0.2429	0.2432	0.2414	
	CP	0.9390	0.9190	0.0190	0.9170	0.9600	0.7450		0.9710	0.9720	0.9620	0.9550	

续表

n, T		Beta = 1			lam = 0.3			rho = 0.6				
		OLS	HAC	FGLS	GMM1	GMM2	GMM3	OLS	IV1	IV2	GMM	BGMM	OLS
100, 30	Bias	0.0021	0.0008		0.0013			0.2387	0.0064	0.0067	0.0070	-0.0017	-0.0615
	S.D	0.0334	0.0309	0.0011	0.0564	0.0421	0.0205		0.1416	0.1430	0.1420	0.1409	
	T-SD	0.0321		0.0212	0.0405		0.1343	0.1357	0.1347	0.1340			
	RMSE	0.0444	0.0424	0.1101	0.0699	0.0554	0.0398		0.1856	0.1871	0.1864	0.1858	
	CP	0.9510	0.9410	0.0210	0.9210	0.9680	0.6980		0.9710	0.9730	0.9680	0.9640	
196, 10	Bias	0.0051	-0.0021		-0.0011			0.2357	0.0130	0.0146	0.0161	-0.0039	-0.2380
	S.D	0.0390	0.0337	0.0011	0.1411	0.0457	0.0364		0.2168	0.2186	0.2174	0.2143	
	T-SD	0.0376		0.0274	0.0550		0.1733	0.1750	0.1737	0.1725			
	RMSE	0.0498	0.0455	0.1897	0.1540	0.0613	0.0542		0.2693	0.2718	0.2721	0.2693	
	CP	0.9730	0.9520	0.0090	0.9770	0.9580	0.8900		0.9840	0.9850	0.9790	0.9760	
196, 20	Bias	0.0005	0.0035		0.0013			0.2411	-0.0016	-0.0001	-0.0008	-0.0084	-0.0989
	S.D	0.0284	0.0262	0.0007	0.0438	0.0349	0.0198		0.1314	0.1326	0.1318	0.1308	
	T-SD	0.0278		0.0188	0.0363		0.1186	0.1198	0.1190	0.1184			
	RMSE	0.0374	0.0356	0.1379	0.0554	0.0469	0.0359		0.1697	0.1713	0.1702	0.1691	
	CP	0.9660	0.9460	0.0080	0.9340	0.9530	0.7450		0.9690	0.9640	0.9660	0.9680	
196, 30	Bias	-0.0008	-0.0053		-0.0028			0.2330	0.0046	0.0050	0.0047	0.0004	-0.0613
	S.D	0.0229	0.0217	0.0005	0.0316	0.0292	0.0148		0.1023	0.1031	0.1025	0.1020	
	T-SD	0.0225		0.0149	0.0292		0.0964	0.0972	0.0966	0.0962			
	RMSE	0.0302	0.0292	0.1112	0.0409	0.0384	0.0279		0.1335	0.1348	0.1338	0.1333	
	CP	0.9480	0.9470	0.0080	0.9450	0.9600	0.7240		0.9650	0.9740	0.9690	0.9700	

表5-5　　　　　　　　蒙特卡洛模拟 DGP E 的结果

n, T		Beta = 1			lam = 0.3			rho = 0.3				
		OLS	HAC	FGLS	GMM1	GMM2	GMM3	OLS	IV1	IV2	GMM	BGMM	OLS
49, 10	Bias	0.0004	-0.0084		0.0029			0.2402	0.0105	0.0111	0.0113	-0.0109	-0.1775
	S.D	0.0696	0.0594	0.0060	0.1268	0.0844	0.0845		0.2379	0.2403	0.2386	0.2331	
	T-SD	0.0681		0.0588	0.0862		0.2006	0.2027	0.2011	0.1996			
	RMSE	0.0906	0.0823	0.2083	0.1520	0.1096	0.1097		0.3056	0.3079	0.3068	0.3010	
	CP	0.9580	0.9380	0.0470	0.9390	0.9700	0.9600		0.9710	0.9660	0.9620	0.9690	
49, 20	Bias	-0.0030	-0.0045		0.0016			0.2348	0.0042	0.0048	0.0044	-0.0035	-0.0737
	S.D	0.0510	0.0485	0.0043	0.0550	0.0632	0.0493		0.1437	0.1451	0.1440	0.1423	
	T-SD	0.0506		0.0441	0.0546		0.1331	0.1345	0.1335	0.1328			
	RMSE	0.0669	0.0647	0.1564	0.0744	0.0801	0.0691		0.1896	0.1909	0.1898	0.1886	
	CP	0.9570	0.9560	0.0420	0.8980	0.9770	0.9220		0.9370	0.9400	0.9390	0.9320	

续表

n, T		Beta = 1			lam = 0.3				rho = 0.3				OLS
		OLS	HAC	FGLS	GMM1	GMM2	GMM3	OLS	IV1	IV2	GMM	BGMM	
49, 30	Bias	-0.0008		-0.0047	-0.0013			0.2354	0.0061	0.0069	0.0064	0.0013	-0.0479
	S.D	0.0416	0.0397	0.0033	0.0421	0.0535	0.0373		0.1137	0.1147	0.1139	0.1131	
	T-SD	0.0413		0.0343	0.0426		0.1076	0.1087	0.1079	0.1075			
	RMSE	0.0553	0.0537	0.1215	0.0570	0.0658	0.0526		0.1535	0.1549	0.1539	0.1527	
	CP	0.9440	0.9540	0.0570	0.9010	0.9900	0.9120		0.9330	0.9320	0.9350	0.9340	
100, 10	Bias	0.0026		0.0034	0.0016			0.2352	0.0130	0.0133	0.0130	0.0025	-0.1720
	S.D	0.0496	0.0432	0.0029	0.0613	0.0569	0.0578		0.1731	0.1744	0.1735	0.1708	
	T-SD	0.0489		0.0419	0.0591		0.1400	0.1414	0.1403	0.1396			
	RMSE	0.0657	0.0605	0.2015	0.0778	0.0737	0.0744		0.2167	0.2184	0.2171	0.2145	
	CP	0.9610	0.9290	0.0270	0.9530	0.9650	0.9660		0.9720	0.9730	0.9730	0.9730	
100, 20	Bias	-0.0010		-0.0104	-0.0014			0.2381	0.0073	0.0079	0.0076	0.0029	-0.0745
	S.D	0.0343	0.0323	0.0020	0.0377	0.0415	0.0350		0.1002	0.1011	0.1004	0.0998	
	T-SD	0.0347		0.0294	0.0389		0.0930	0.0939	0.0932	0.0929			
	RMSE	0.0460	0.0444	0.1516	0.0514	0.0542	0.0492		0.1318	0.1331	0.1321	0.1320	
	CP	0.9410	0.9420	0.0230	0.9240	0.9700	0.9190		0.9540	0.9580	0.9540	0.9490	
100, 30	Bias	-0.0002		-0.0014	0.0009			0.2409	-0.0003	-0.0004	-0.0004	-0.0029	-0.0477
	S.D	0.0277	0.0268	0.0016	0.0300	0.0351	0.0272		0.0781	0.0788	0.0783	0.0779	
	T-SD	0.0279		0.0237	0.0310		0.0741	0.0748	0.0743	0.0740			
	RMSE	0.0376	0.0368	0.1264	0.0408	0.0447	0.0383		0.1033	0.1043	0.1036	0.1031	
	CP	0.9440	0.9340	0.0250	0.9250	0.9700	0.9290		0.9380	0.9440	0.9400	0.9400	
196, 10	Bias	-0.0027		-0.0005	-0.0019			0.2325	0.0099	0.0100	0.0099	0.0025	-0.1712
	S.D	0.0353	0.0313	0.0015	0.0428	0.0401	0.0414		0.1275	0.1283	0.1277	0.1259	
	T-SD	0.0351		0.0301	0.0425		0.0997	0.1007	0.1000	0.0996			
	RMSE	0.0471	0.0440	0.1987	0.0565	0.0542	0.0553		0.1579	0.1591	0.1582	0.1577	
	CP	0.9630	0.9320	0.0090	0.9530	0.9560	0.9570		0.9780	0.9800	0.9810	0.9790	
196, 20	Bias	-0.0002		-0.0067	-0.0001			0.2375	0.0016	0.0021	0.0018	-0.0007	-0.0738
	S.D	0.0244	0.0230	0.0010	0.0279	0.0284	0.0250		0.0745	0.0751	0.0746	0.0743	
	T-SD	0.0245		0.0209	0.0278		0.0664	0.0670	0.0665	0.0663			
	RMSE	0.0326	0.0315	0.1519	0.0372	0.0375	0.0348		0.0979	0.0987	0.0981	0.0978	
	CP	0.9530	0.9400	0.0190	0.9410	0.9680	0.9430		0.9630	0.9620	0.9600	0.9620	
196, 30	Bias	-0.0013		-0.0087	-0.0005			0.2377	0.0034	0.0033	0.0033	0.0022	-0.0477
	S.D	0.0201	0.0192	0.0008	0.0221	0.0236	0.0195		0.0573	0.0577	0.0574	0.0571	
	T-SD	0.0200		0.0171	0.0222		0.0528	0.0534	0.0530	0.0528			
	RMSE	0.0273	0.0265	0.1196	0.0297	0.0308	0.0275		0.0753	0.0759	0.0754	0.0753	
	CP	0.9430	0.9350	0.0070	0.9380	0.9690	0.9160		0.9500	0.9530	0.9510	0.9480	

第六节　动态面板数据模型应用

根据本章提出的估计方法，对本章第五节进行参数再估计，其结果如表 5-6 所示。

表 5-6　　　　　　　　动态空间计量模型回归结果

出生婴儿死亡率	生育率	预期寿命年限	儿童抚养比	老年抚养比	人口增长率	空间相关系数	时间相关系数
-0.077***	0.586	-0.363***	-0.060**	-0.127***	-0.610***	0.452***	0.404***
(0.028)	(0.490)	(0.080)	(0.034)	(0.048)	(0.300)	(0.028)	(0.144)

注：小括号中为标准差，***、** 分别表示在1%、5%的显著性水平下显著。

表 5-6 的结果表明空间相关系数与时间相关系数在5%的显著性水平下显著，这印证了经济增长存在时空动态变化的效应。从表 5-6 可知，空间相关系数和时间相关系数分别为 0.452 和 0.404，这表明地区间的经济增长存在着非常紧密的联系，一个地区的经济若出现状况，将通过开放经济传导机制向经济关联度密切的国家或地区进行传递。此外，经济增长的时间相关系数表明，经济增长具有一定的连续性，并不是一蹴而就的过程。因此，在分析人口年龄结构变动对经济增长的作用效应时有必要将经济增长的时空变化效应纳入考虑，否则参数的检验结果将不可信。除生育率外，表 5-6 其他参数的回归结果与表 4-8 一致，在第四章中已对这些参数进行分析，本节不再进行赘述，在此节重点分析结果非一致的参数。在考虑时空效应后，生育率的回归结果无法拒绝原假设（偏回归系数为零）。结合本章第二节的理论部分结论可知，在人口结构变动其他影响因素（出生婴儿死亡率与预期寿命）和抚养比（包括少儿抚养比与老年人抚养比）保持不变的条件下，生育率对经济增长的综合效应为零。这表明当生育率发生变化时，正向的预防性储蓄效应与私人人

力资本投资效应和负向的公共人力资本投资效应恰好相互抵消。虽然生育率的偏回归系数不显著,但这并不代表生育率对经济增长的综合影响为零,这是因为上述的结论是建立在其他条件不变的情况下的。当生育率变动时,会进一步地导致少儿抚养比、老年人抚养比及人口增长率的变动。因此,生育率对经济增长的综合影响取决于少儿抚养比、老年人抚养比及人口增长率三者变动对经济增长的效应。当少儿抚养比与人口增长率对经济增长的作用效应大于老年人抚养比对经济增长的作用效应时,降低生育率有利于经济增长;当少儿抚养比与人口增长率对经济增长的作用效应小于老年人抚养比对经济增长的作用效应时,提高生育率有利于经济增长。上述结论的政策含义是:如果一个国家或地区的人口年龄结构是年轻型的,那么可以适当降低生育率;如果一个国家或地区的人口年龄结构是年老型的,那么鼓励生育的政策是合理的。这表明当人口老龄化程度加剧时,应该实行更为宽松的生育数量政策,适当地鼓励生育,提高生育率水平。

第七节 本章小结

由于经济增长存在地区间的空间相关效应和时间动态变化效应,现有文献在研究人口结构经济效应时忽视了这一问题。本章针对这一不足,将时间相关与空间相关纳入计量模型,运用矩类估计方法提出时间相关系数与空间相关系数的矩类估计量,并运用 HAC 对主回归模型参数的方差进行推断,保证主回归模型参数检验的有效性。大样本性质证明了矩类估计量的一致性和渐近有效性,通过蒙特卡洛模拟检验了其有限样本的性质。结果表明本章关于时间相关系数的 GMM 估计量比传统的工具变量方法更有效,空间相关系数的 GMM 估计量有限样本性质表现良好。时间相关并不影响空间相关系数 GMM 估计的一致性,但会影响其方差。主回归模型参数方差的

HAC 估计较 FGLS 估计更有效。

运用构建的模型对人口年龄结构变动经济增长效应进行再估计，结果表明第二章理论与实证结果基本上是稳健的。经济增长存在时空效应，出生婴儿死亡率下降产生的正向人力资本投资效应大于负向的预防性储蓄效应，出生婴儿死亡率对经济增长具有消极作用。预期寿命延长产生的正向寿命储蓄效应与人力资本投资效应无法抵消负向的人力资本折旧效应，对经济增长存在负向作用。少儿抚养比与老年人抚养比对经济增长存在负担效应。在人口结构变动其他影响因素（出生婴儿死亡率与预期寿命）和抚养比（包括少儿抚养比与老年人抚养比）保持不变的条件下，正向的预防性储蓄效应与私人人力资本投资效应和负向的公共人力资本投资效应恰好相互抵消。因此，生育率对经济增长的综合效应取决于抚养比变动和人口增长率变动对经济增长的影响效应之和。这启示我们，随着人口年龄结构老化程度的加剧，适当地放松生育政策、提高生育率，有利于经济的可持续增长。

第 六 章

人口空间再配置、年龄结构变动与经济增长

第一节 城乡人口流动研究背景分析

乡村人口向城镇的持续流动仍是未来一段时期内人口流动的主要特征，一方面是农业现代化的推力，另一方面是城镇化的拉力。虽然我国的粮食生产已经实现12年连续增产，但是我国的粮食生产成本居高不下，且"三农"财政补贴已经接近加入WTO时承诺的"黄线"（补贴总额不得超过产值的8.5%），粮食市场已经出现"进口粮入市，国内粮入库"的现象。通过土地流转等方式实现规模生产、降低生产成本、提高生产效率与国际竞争力，是实现农业现代化的必由之路。农村剩余劳动力与土地流转等规模生产方式推动农村劳动力向城镇非农产业转移，形成城乡人口流动的推力。从人口的角度，城乡人口流动是以人为本的新型城镇化的前提。城乡人口流动是劳动力生产要素在产业（农业部门转向非农业部门）与空间地理（农村流向城镇）上的再配置过程。城镇作为产业的集聚地，对人口的聚集形成强大的拉力。

充足的就业岗位是城乡人口持续流动的根本，否则伴随城镇化推进的是拉美式的贫民窟与颓废的内需，人口流动与经济增长间存

在互动关系（李晓阳等，2015）。在过去的30多年里，大规模的资本投入与农村接近无限供给的劳动力共同推动经济的增长，农村剩余劳动力不断地被城镇的非农业部门所吸纳，形成城乡人口流动与经济增长间的不断循环（Zheng等，2011）。但是，这一城乡人口流动与经济增长的互动模式已经遇到上升的瓶颈，出现"物不能兑其现，人不能尽其才"的现象。过度的资本投入（"潮涌现象"）以及总需求的骤降，出现产能严重供过于求，使"物不能兑其现"，生产难以继续维系（林毅夫等，2010；韩国高等，2011；国务院课题组等，2015）。随着城乡人口流动，家庭生育决策由注重生育数量向注重生育质量转变，劳动力的人力资本水平不断提升，形成劳动力生产要素在非农产业间的再配置（Becker，Lewis，1973；Becker等，1990）。再配置过程造成人才过度拥挤于某些特定行业，人力资本水平不再与行业的要求水平相匹配，而是成为劳动者增加就业概率的砝码，导致"人不能尽其才"（郭凯明等，2013）。此外，转变的家庭生育决策不断导致生育率的下滑，虽然在下滑的前期形成丰厚的人口红利，对过去几十年的经济增长做出巨大贡献，但其积累的人口负债已经开始显现，人口年龄结构老化与未来劳动力供给的减少对经济的可持续增长发出安全警报（都阳，2005；蔡昉，2009，2010；杨玲、张新平，2016）。

因此，剖析历史事实与总结经验数据，归纳城乡人口流动与经济增长间的关系，为城乡人口流动与经济增长的良性循环提出建议具有极其重要的理论意义与实践价值。

不同于已有的文献，本章在梳理中国城乡人口流动特征的基础上，引入城乡劳动力之间的比较优势，首次将生育率与人口年龄结构纳入中国城乡人口流动模型中，根据农村劳动力转移对生产要素的二次配置，将城乡人口流动对经济增长的效应分解为直接效应与（通过家庭生育决策转变作用于经济增长的）间接效应，并以此考察人口城乡结构变动的经济增长效应。①

---

① 农村劳动力向城镇转移不仅直接改变劳动力生产要素在农业部门与（转下页）

第二节　中国城乡人口流动理论模型构建

一　基本假定条件

假设6.1：按人力资本水平由低到高依次将劳动力分为三类，分别是L型劳动力、M型劳动力与H型劳动力。在城乡人口流动的初始时刻，城镇户籍劳动力包含M型劳动力与H型劳动力，农村劳动力均为同质的L型劳动力。劳动力的人力资本水平是可变的，可以通过教育的方式积累，并向更高级的劳动力转变。此外，人力资本水平的高低是相对的，是一个动态调整的过程，以往的高人力资本水平可能成为现在的低人力资本水平。

假设6.2：假定存在农业与工业两个部门，农业部门位于农村地区，工业部门位于城镇地区。农业部门生产单一的农产品，工业部门生产差异性的工业品。工业部门按工业品所需要的人力资本水平差异分为L型产业、M型产业与H型产业，各产业生产单一的工业品。一般而言，大多数的劳动密集型产业均可视为L型产业，高新技术产业等知识密集型产业与技术密集型产业可视为H型产业。产业要求资本与劳动力结构相匹配，即H型产业必须要求H型劳动力，M型产业要求M型劳动力或H型劳动力，且达到产业要求的劳动力间的人力资本差异不会影响该产业的边际产出，这反映了产业的技术水平要与人力资本水平相协调的要求，行业的人力资本水平高于技术水平会造成人力资本的浪费，行业的人力资本水平低于技术水平会造成效率的损失。企业雇主偏好于更高级的劳动力。

假设6.3：在城乡人口流动的初始时刻，城镇户籍人口就已经存在，且城镇户籍劳动力市场存在失业现象，H型劳动力相对稀缺。

（接上页）非农业部门间的配置，还通过影响家庭生育决策对劳动力生产要素在工业部门各行业间进行再配置。详情论述请看绪论部分对我国城乡人口流动特征的归纳。

工业部门的劳动力边际生产率水平较高，而农业部门的劳动力边际生产力为零，甚至为负，农村存在大量的剩余劳动力，即 L 型劳动力是无限供给的。这一假定对我国是合理的，我国的城乡人口流动可以视为随着农村经济体制改革与乡镇企业异军突起而开始，在改革开放之前，我国实行严格的户籍制度，严格控制城乡人口的流动，城镇化水平长期维持在 18% 上下。三年困难时期过后的生育高峰，使农村成为大量剩余劳动力的蓄水池。在这一时期，城镇的工业以资本密集的重工业为主，对劳动力的吸纳是有限的。图 6-1 反映了城乡人口流动初始时刻城乡劳动力市场的供求现状。

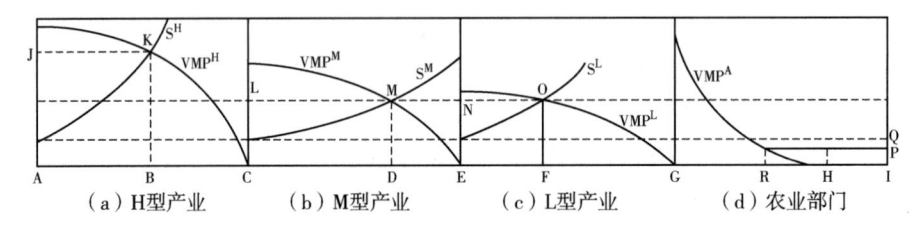

图 6-1 农业与工业部门劳动力市场供求现状

图 6-1 中（a）、(b) 和（c）分别给出了工业部门的 H 型、M 型与 L 型产业的劳动力市场，VMP^H、VMP^M 与 VMP^L 分别是既定资本规模下相应产业的边际产品价值曲线。在相同的劳动力投入水平上，H 型产业的边际产品价值最高，L 型产业的边际产品价值最低。S^H、S^M 与 S^L 分别是既定资本规模下相应产业的劳动力供给曲线，由于 H 型的劳动力供给相对稀缺，H 型产业供求均衡点的实际工资水平 AJ 高于 M 型产业与 L 型产业供求均衡点的实际工资水平 CL。M 型产业与 L 型产业在供求均衡点上的实际工资水平必定相同，原因在于两个产业在人口流动的初始时刻都只能利用 M 型劳动力，M 型劳动力在两个产业间自由流动，实际工资水平相对高的行业会吸引 M 型劳动力的流入，导致供给曲线右移，实际工资水平趋于下降；而实际工资水平相对低的行业会因流出劳动力，导致供给曲线左移，实际工资水平趋于上升。直至两个行业的实际工资水平相同，M 型劳动力在 M 型产业与

L型产业间的流入流出量会相互抵消,两个行业的劳动力供给曲线固定。工业部门的各行业在供求均衡时,仍有劳动力失业,H型产业、M型产业与L型产业的失业人数分别为BC、DE与FG。图6-1(d)反映了农业部门劳动力市场在城乡人口流动初始时刻的情况。农产品的劳动力边际生产率曲线为VMP^A,农业部门的劳动力边际生产率随着农村劳动力的投入不断趋于下降,当投入生产的劳动力规模达到GH时,农业部门的劳动力边际生产率为零,剩余部分的劳动力为HI,这一部分的劳动力被刘易斯及其继承者称为"农村剩余劳动力"。

上述三个基本假设表明城镇户籍劳动力与城乡流动劳动力在产业间存在比较优势。城镇户籍劳动力因人力资本水平相对较高,在M型产业与H型产业中存在比较优势,而城乡流动人口因其工资水平相对较低,在L型产业中存在比较优势。比较优势特征描述的引入,将城镇失业问题与农村剩余劳动力问题纳入统一的分析框架,解决了刘易斯模型(农村剩余劳动力问题)与托达罗模型(城镇失业问题)一边倒的问题。

假设6.4:城镇户籍劳动力与农业户籍劳动力各自存在一个非市场决定的固定的最低生存工资水平,该工资水平不仅需要满足劳动者自身的生存资料,还包括劳动者需要抚养的人口的生存资料,因此,最低生存工资与人口年龄结构相关,我们假定最低生存工资是根据城乡人口流动的初始时刻的人口年龄结构来制定的。

图6-2反映了农产品总需求与总供给情况。农业部门在既定的资本与土地规模投入下的产出曲线为TPP^A,且农产品的最大产出为OY,而城乡全部人口对农产品的总需求为OX(OX大于OY),国内的农产品总供给无法满足总需求,农产品存在缺口YX,这一缺口需要通过国际贸易进口国外的农产品来补充。农业户籍人口对农产品的总需求为OZ,人均农产品需求量为OZ/OJ(OD曲线的斜率),但由于IJ农业户籍抚养人口(或是退休老年人或是少儿或是不具有生产能力的人)不进入劳动力市场,单位劳动力的总抚养比为IJ/OI。总劳动力OI必须生产OZ农产品才能满足全部农业户籍人口的生存,

农业户籍劳动力的人均产量应为 OZ/OI（OC 曲线的斜率）。因此，农村最低生存工资为 OZ/OI。对于城镇户籍人口而言，单位城镇户籍劳动力的总抚养比为 KL/JK，人均农产品需求量为 ZX/JL（DF 曲线的斜率），城镇户籍劳动力的人均实际需求量应等于自身对农产品的需求量加上其抚养人口所消费的农产品量。因此，城镇最低生存工资应该等于 ZX/JK（DE 曲线的斜率）。

综上分析，我们可以得出最低生存工资与人口年龄结构（用退休老年人加少儿的总抚养比表示）存在以下关系：

最低生存工资 = 人均农产品需求量 ×（1 + 总抚养比） （6-1）

从图 6-2 中可以发现，城镇最低生存工资高于农村最低生存工资（因为 DE 曲线的斜率大于 OC 曲线的斜率）。城镇最低生存工资高于农村最低生存工资是城乡人口开始流动的根本原因。城镇最低生存工资较高的原因可以根据式（6-1）分析，一是城镇生活方式要求人均需要更多的农产品来维持；二是城镇户籍人口年龄结构较农业户籍人口年龄结构更老化，单位劳动力要承担的抚养比更高。因此，假设6.4 是城乡人口流动决策的基础条件，也是家庭生育决策转变的根据。

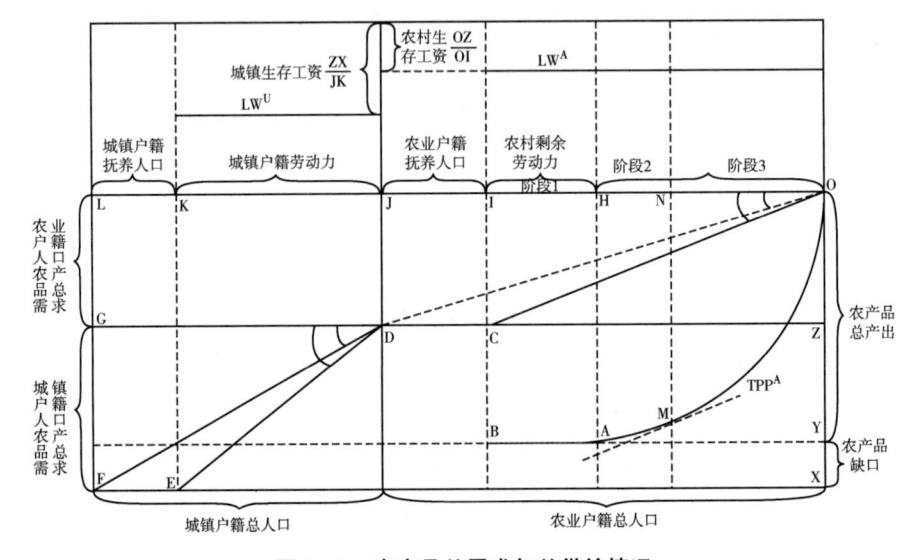

图 6-2　农产品总需求与总供给情况

二 城乡人口流动条件

农村人口是否选择进入城镇劳动力市场不仅需要考虑收益与成本的问题，还要考虑是否能够找到期望的就业岗位。与托达罗模型的核心思想一致，农村人口选择进入城镇劳动力市场的条件应满足进入城镇劳动力市场所获得的预期收益大于或等于农业部门的工资水平与流动产生的成本的总和。预期收益指城乡流动人口在工业部门的工资水平与其就业概率的乘积。流动产生的成本包括流出地与流入地间的距离产生的成本、城市居住的成本及其他成本。因此，农村劳动力流动的决策条件可以表示为（Todaro，1980）：

$$产业工资 \times 就业概率 - 农村工资水平 \geq 流动成本 \quad (6-2)$$

$$就业概率 = P（劳动需求量，劳动供给量，人力资本水平，年龄，户籍） \quad (6-3)$$

其中式（6-2）的不等号左边表示流动的预期净收益（在城镇的预期收入减去在农村的收入），式（6-2）的不等号右边为流动的成本。当预期净收益大于流动的成本时，农村劳动力会选择退出农业部门的劳动力市场，流动到城镇，进入工业部门的劳动力市场。式（6-3）是影响就业概率的一些因素组成的一个函数表达式。就业概率不仅受劳动需求量与劳动供给量组成的随机概率影响，还受到劳动力素质与制定因素的影响。率先流出的农村劳动力往往具有更高的人力资本水平，且相对年轻。此外，许多行业更偏向于本地户籍的劳动力，户籍制度对本地劳动力具有保护效应。

三 城乡人口流动的直接经济增长效应

当农村劳动力流入城镇的条件满足式（6-2）时，农村劳动力开始流入工业部门的劳动密集型产业的劳动力市场。与拉尼斯—费景汉模型相似，本章将城乡劳动力流动分为三个阶段。第一个阶段是农村剩余劳动力阶段（图6-2的HI段劳动力）；第二阶段是图

6-2 中 NH 段劳动力，这一阶段的劳动力特征是劳动力在农业的边际生产率大于零，但小于劳动力维持自身及其抚养人口的农产品需求量；第三阶段是图 6-2 中的 ON 段劳动力的部分，农业部门的工资水平取决于劳动力在农业部门的边际生产率水平。[①] 为便于分析，本章将城乡人口流动的第二阶段与第三阶段统称为刘易斯拐点后阶段。

在城乡人口流动的第一阶段，流动人口以农村剩余劳动力为主。[②] 在这一阶段，城乡流动人口不对农业部门的劳动力市场产生实质性的影响，主要影响城镇工业部门的劳动力市场。由于城乡流动人口（L 型劳动力）在 L 型产业具有比较优势，而城镇 M 型劳动力在 M 型或 H 型产业具有比较优势，L 型劳动力的流入会迫使原本在 L 型产业劳动力市场上的 M 型劳动力转向 M 型产业的劳动力市场，而 H 型产业由于人力资本的门槛约束并未受到城乡流动人口的冲击。

图 6-3 反映了第一阶段城乡人口流动对 L 型产业与 M 型产业劳动力市场的影响。由于农村 L 型劳动力的流入，原本在 L 型产业劳动力市场上的 HI 规模的 M 型劳动力全部转向 M 型产业劳动力市场，M 型产业的劳动力供给曲线由原来的 S^{M1} 变为 S^{M2}。在劳动力市场达到均衡时，K0 资本规模下的边际产品价值曲线 VMP^M 与劳动力供给曲线的交点由 E 点移向 G 点，M 型产业的就业量与实际工资分别为 OH 与 OB，相对于人口流入前，其实际工资下降了 BC，就业量增加了 FH。就 M 型劳动力的总就业量而言，M 型劳动力的失业人数增加了（IN - FH）。对于 L 型产业的劳动力市场，均衡点由 M 点移向 Q 点，实际工资从 OC 下降至 OA，就业量增加了 NP。对于 M 型产

[①] 本章模型中城乡流动劳动力的第二阶段规模大于拉尼斯—费景汉模型的第二阶段，原因在于本章模型将人口的年龄结构考虑在内，第二阶段与第三阶段的拐点是农业部门的边际生产率等于维持劳动力自身及其抚养人口的农产品需求量，而不是等于维持劳动力自身的农产品需求量。

[②] 城乡流动人口不考虑抚养人口的流动，原因在于不管劳动力是在城镇还是在农村，其承担抚养的人口并未因劳动力的流动而消失。

业而言，在既定的资本规模 K0 投入下，资本的剩余由 CED 变为 BGD，增加了 BGEC。增加的剩余部分用于再生产过程，产业的资本规模从 K0 扩大至 K1，边际产品价值曲线向右上方移动，M 型产业的就业量与实际工资水平均上升，产出水平提高。对于 L 型产业而言，在既定的资本规模 K0 的投入下，资本的剩余从 JML 扩大至 JQL。剩余的资本转化为生产性资本，使 L 型产业的劳动力边际产品价值曲线不断向右上方移动，在维持实际工资水平不变的情况下，产量与就业量不断地增加，直至全部农村剩余劳动力被吸收。随着产业生产规模的不断扩大，M 型产业与 L 型产业的实际工资差距在第一阶段不断扩大，导致城镇户籍人口与城乡流动人口间的收入差距扩大。

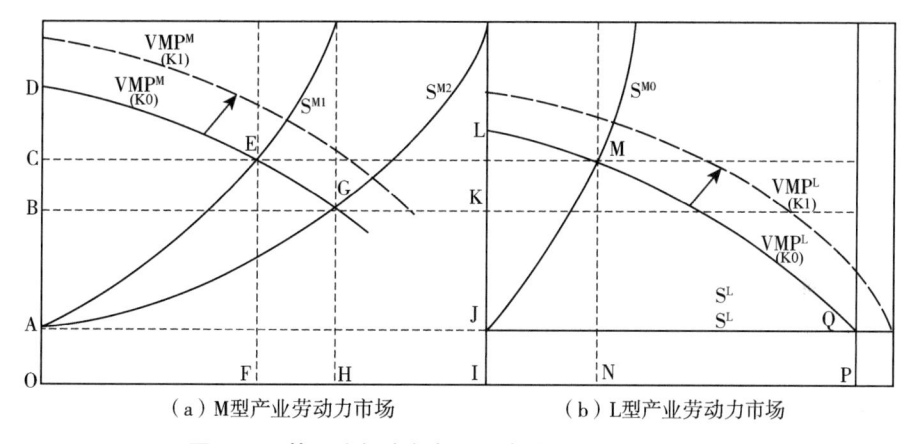

图 6-3　第一阶段城乡人口流动对劳动力市场的影响

虽然城乡人口流动在开始会对城镇户籍劳动力的就业产生挤出效应，但由于比较优势的存在，扩大 M 型产业的生产规模能够解决城镇户籍劳动力的失业问题，而扩大 L 型产业的生产规模能够吸纳农村的剩余劳动力。第一阶段的城乡人口流动改善了劳动力在行业间的配置，直接促进了工业部门的 L 型产业与 M 型产业的产出增长，因此，城乡人口流动在第一阶段具有正向的直接经济增长效应。

在刘易斯拐点后阶段（图 6-2 中的 NH 段加 ON 段的部分），L

型劳动力（城乡流动劳动力）的供给曲线向右上方倾斜，L 型产业如果进一步扩大再生产，必须支付高于城镇最低生存工资水平的工资。随着 L 型产业对资本需求的不断增加，农业部门的劳动力继续向 L 型产业转移，直至农业部门的劳动力边际生产率水平等于 L 型产业的边际生产率水平。刘易斯拐点后阶段的城乡人口流动会降低农业部门的产出水平。在这一阶段，工业部门可能会出现两种情况。一是 M 型产业的实际工资水平一直高于 L 型产业的实际工资水平（出现的概率较高），那么刘易斯拐点后阶段的城乡人口流动仅仅影响 L 型产业，L 型产业进一步吸纳刘易斯拐点后阶段的城乡流动人口，产出水平不断提高，且实际工资水平不断上升。二是 L 型产业的实际工资水平一度高于 M 型产业的实际工资水平，最终两个产业的实际工资水平趋于相等。如果 L 型产业的实际工资水平高于 M 型产业的实际工资水平，会吸引 M 型产业劳动力市场的 M 型劳动力流入 L 型产业劳动力市场，M 型产业因 M 型劳动力的流出，劳动力供给曲线左移，实际工资水平趋于上升，产出水平趋于下降；L 型产业因 M 型劳动力的流入，劳动力供给曲线右移，实际工资水平趋于下降，产出规模进一步扩大。在刘易斯拐点后阶段，城乡人口流动一方面对农业部门的产出增长起到负面效应；另一方面对工业部门的 L 型产业的产出增长起到正向效应，对 M 型产业的产出增长可能起到负向效应，也可能不存在作用效应（取决于两个行业间的实际工资水平）。对整个经济体而言，城乡人口流动的刘易斯拐点后阶段继续促进经济增长，但是存在农产品的产出缺口进一步扩大的问题（见图 6 - 2）。

综合城乡人口流动的第一阶段与刘易斯拐点后阶段，单纯的城乡人口流动能够直接促进经济的增长，特别是 L 型产业的生产规模扩张速度最快，但是在农业部门劳动力边际生产率水平不变的情况下会扩大农产品的产出缺口。城乡人口流动改变工业部门的劳动力市场格局，城镇户籍劳动力与城乡流动劳动力间存在比较优势，城镇户籍劳动力集中就业于人力资本要求较高的产业（M 型产业与 H

型产业),城乡流动人口(一方面以较低实际工资水平获得比较优势,另一方面受人力资本约束)集中就业于 L 型产业。因此,扩大 M 型产业与 H 型产业的生产规模能够解决城镇户籍劳动力失业问题;扩大 L 型产业的生产规模能够吸纳农村的劳动力,充分提高劳动力的配置效率。①

四 生育率下滑与间接经济增长效应

城乡人口流动不仅通过劳动力要素在部门间的配置直接作用于经济增长,而且会改变家庭的生育决策,间接作用于经济增长。生育决策包括生育数量与生育质量间的权衡,以及最优生育年龄的选择。城镇户籍劳动力与城乡流动劳动力均存在提高自身及其后代人力资本水平的强烈要求,一是对更高工资水平的追求,二是提高就业竞争力,提升就业的概率。图 6-1 的分析表明了工业部门的不同产业间的实际工资水平存在较大差异。劳动力想要从低工资水平产业流向高工资水平产业,首先需要跨越高工资水平产业的人力资本要求门槛,因此,劳动力必须进行人力资本的投资才能实现工业部门内产业间的流动。城镇户籍 M 型劳动力通过人力资本的投资转变为 H 型劳动力,进入 H 型产业获取更高水平的工资,城乡流动劳动力(L 型劳动力)通过人力资本的投资转变为 M 型劳动力,进入 M 型产业,获取更高的工资。根据式(6-2)可知,城镇劳动力市场的失业问题和城乡人口流动都会使劳动力市场的供给量超过需求量,这会导致劳动力存在一个小于 1 的就业概率。劳动力为了提高就业的概率,必须突出自己的优势。根据式(6-3)可知,年龄是不可改变的,而户籍是制度原因,唯一受劳动力自身可以灵活支配的是人力资本投资。因此,劳动力为了提高就业的竞争力,倾向于为自己和子女投资人力资本。

---

① 托达罗模型认为城镇户籍劳动力的失业问题无法通过扩张工业部门的生产部门来解决。

一个关键性的问题是人力资本投资所需的财富来自何处？对于城乡流动人口而言，式（6-2）一定会取等号，因为式（6-2）取大于号时，人口会继续从乡村流向城镇，导致就业概率的降低，直至预期收入等于农村工资加上流动成本为止。当式（6-2）为等号时，城乡流动人口的预期收入不存在剩余，即没有财富可以用于人力资本投资，唯一的方式就是降低实际最低生存工资水平。根据式（6-1）可知，只有降低人口的抚养比才能出现财富的剩余。因此，城乡流动人口只有通过降低生育率，减少抚养子女的数量，才能实现节省财富以用于人力资本的投资，城乡人口的流动加速了生育决策从生育数量向生育质量转变的过程。对于城镇户籍人口而言，城乡流动人口的进入使城镇户籍的 M 型劳动力集中于 M 型产业，导致就业竞争更加激烈，在不改变城镇生活质量的前提下，城镇户籍人口会倾向于推迟生育以提高自身的人力资本水平，或减少生育数量以提高生育的质量，以期进入更高工资水平且竞争激烈程度相对低的 H 型产业或者在 M 型产业劳动力市场上具有就业优势。无论是城镇户籍人口还是农业户籍人口，面对城乡人口的流动，均会加速生育决策的转变。

由生育数量向生育质量转变的生育决策对劳动力市场及产出的影响需从生育数量与生育质量两个方面来考虑。一方面，生育数量的下降直接缩小了工业部门可吸纳的劳动力规模；另一方面，生育质量的提高促进劳动力继续从劳动力边际生产率相对较低（人力资本水平要求低）的产业转向劳动力边际生产率相对较高（人力资本水平要求高）的产业。

图 6-4 反映了流动人口及城镇户籍人口生育决策变动对劳动力市场及工业部门产出的影响。对于 L 型产业而言，生育数量的下降将会导致劳动力的供给减少［见图 6-4（c）的 IJ 段］，刘易斯拐点提前到来。同时，生育质量的上升会进一步减少 L 型劳动力的供给［见图 6-4（c）的 HI 段］，导致均衡点从 I 点移到 H 点，产出进一步下降。生育决策的改变约束了 L 型产业未来的扩张规模，对该产业的未来产出起到抑制作用。对于 M 型产业而言，HI 段的 L 型劳动

力因人力资本水平的提升转变为 M 型劳动力，并且进入 M 型产业的劳动力市场，使劳动力供给曲线从 TE 转变为 TF，均衡位置由 O 点移向 P 点，实际工资水平下降，产出增加。在新 M 型劳动力进入的同时，部分原有的 M 型劳动力通过人力资本投资成为 H 型劳动力，并从 M 型产业流向 H 型产业。M 型产业的劳动力供给曲线从 TF 移向 TD，均衡位置向左上方移动。M 型产业最终的均衡水平究竟是在 O 点的左上方还是右下方取决于劳动力的流动情况。如果劳动力是净流入，那么最终的均衡点位于 O 点的右下方，产出水平提高，实际工资水平下降；如果劳动力是净流出，那么最终的均衡点位于 O 点的左上方，产出水平下降，实际工资水平上升。对于 H 型产业而言，新 H 型劳动力的流入，使供给曲线 RA 移向 RB，实际产出水平提升，工资水平趋于下降。城乡人口流动不仅改变了流动人口的生育决策，而且影响城镇户籍人口的生育决策，全部人口由注重生育数量向注重生育质量转变的生育决策减小了工业部门所有产业未来的劳动力供给规模［见图 6-4（a）的 BC 段和图 6-4（b）中的 FG 段］。

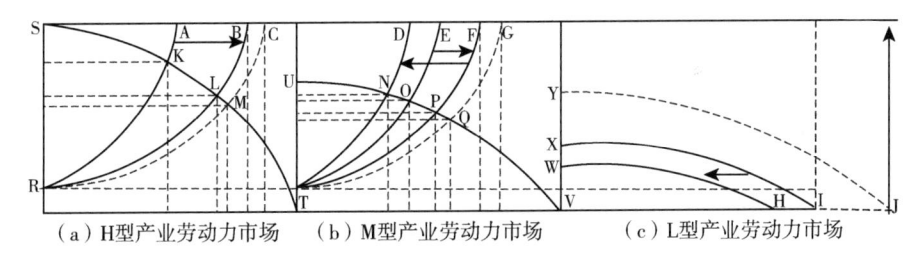

（a）H 型产业劳动力市场　（b）M 型产业劳动力市场　（c）L 型产业劳动力市场

图 6-4　生育决策变动对劳动力市场的影响

对于整个经济体而言，城乡人口流动通过改变生育决策间接影响经济增长，一方面，提高人均的有效生产水平，促进经济增长；另一方面，未来有效生产劳动力规模减小，减缓经济增长，因此，城乡人口流动的间接经济增长效应取决于上述两个方面的综合结果。

五　城乡人口流动的综合经济增长效应

综合上述两个部分对城乡人口流动直接经济增长效应与间接经

济增长效应的分析，可以归纳出城乡人口流动经济增长的综合效应。农村劳动力通过做出流动决策，从农业部门转向工业部门，提高劳动力的配置效率，提高产出。增加的产出转化为资本，不断地扩大再生产，继续吸纳农村劳动力，形成经济增长的良性循环。这一过程是城乡人口流动的直接经济增长效应。同时，流动劳动力与城镇户籍劳动力均具有流向高工资产业与提高就业机会的强偏好，做出由注重生育数量向注重生育质量转变的家庭生育决策，提高人力资本水平，劳动力在工业部门内部行业间形成再配置过程，进一步提高有效生产水平，城乡人口流动通过生育率间接作用于经济增长。

假定用 m 表示城乡流动人口规模占总人口规模的比例，用 f、Y、A、K 与 L 分别表示生育水平、总产出、TFP、资本投入规模与劳动力规模，那么城乡人口流动的经济增长效应可以表示为（对模型取对数形式）：

$$\frac{\partial \ln Y}{\partial \ln m} = \frac{\partial \ln Y}{\partial \ln m_d} + \frac{\partial \ln Y}{\partial \ln f}\frac{\partial \ln f}{\partial \ln m}$$

$$= \left(\frac{\partial \ln Y}{\partial \ln K}\frac{\partial \ln K}{\partial \ln m} + \frac{\partial \ln Y}{\partial \ln L}\frac{\partial \ln L}{\partial \ln m} + \frac{\partial \ln Y}{\partial \ln A}\frac{\partial \ln A}{\partial \ln m}\right) + \frac{\partial \ln Y}{\partial \ln f}\frac{\partial \ln f}{\partial \ln m} \quad (6-4)$$

其中，$\frac{\partial \ln Y}{\partial \ln m_d}$ 表示城乡人口流动的直接经济增长效应，$\frac{\partial \ln Y}{\partial \ln f}\frac{\partial \ln f}{\partial \ln m}$ 表示城乡人口流动的间接经济增长效应。同时，$\frac{\partial \ln Y}{\partial \ln m_d}$ 可以分解为三个部分，分别作用于资本、劳动力与 TFP。

第三节 计量分析

根据本章第二节的理论模型分析及式（6-4），利用我国的实际数据进行实证分析，探讨城乡人口流动的经济增长效应。式（6-4）表明城乡人口流动的经济增长效应来自直接效应与间接效应，其中，间接效应通过影响生育率作用于经济增长。因此，为了分析城乡人口流动的经济效应，首先必须考察城乡人口流动对生育率的影响。本节先利用国家宏观时间序列数据实证分析城乡人口流动与生育率间的关系，再分析城乡人口流动的经济增长效应。

一 城乡人口流动与生育率

由于改革开放前城镇化率长期在18%上下波动，本章将18%作为城乡人口流动初始时刻城镇的人口规模，那么城乡的流动人口规模可以用常住人口城镇化率减去18%来表示（忽略城乡生育差异的误差）。

为了分析城乡人口流动对生育率的影响效应，需要控制一些其他影响变量。根据本章第二节的理论模型分析可知，城乡人口流动对生育决策的影响是基于收入提高这一出发点的，随着收入水平的上升，消费收入比趋于下降，拉姆齐的生育模型表明消费收入比的下降会导致生育率的下降。同时，拉姆齐的生育模型还表明不同群体的收入差距扩大将会导致整个社会的生育率下降，因此，分析生育率的影响因素需考虑消费收入比与贫富差距。除消费收入比和贫富差距之外，本章第二节的理论模型分析表明人口的抚养比是生育决策的一个关键影响因素。生育率的下降还受到预期寿命延长的影响，预期寿命的延长使人力资本的投资收益变高，促进生育决策由注重生育数量向注重生育质量转变。本章利用城镇、农村居民人均可支配收入及人均消费支出计算城镇居民、农村居民的消费收入比，再利用城镇人口与农村人口作权重，计算全国的平均消费收入比。用全国基尼系数作为衡量贫富差距的指标，生育率用总和生育率表示。生育率与预期寿命数据来源于世界银行数据库，其他数据来源于国家统计局网站。

图6-5给出了城乡人口流动规模与生育率间的散点关系，由此可知，生育率随着城乡人口流动规模的扩大先递增后递减再递增。城乡人口流动规模为6.525%—18.220%，生育率迅速地从2.826下降至1.510，而城乡人口流动规模在其他两个区间段呈缓慢上升的态

势，这表明从二者的散点分布无法直观地看出城乡人口流动规模与生育率间的关系，为了分析城乡人口流动规模对生育率的作用效应，利用上述变量及数据构建以下两个回归方程：

$$f_t = \beta_{10} + \beta_{11} \cdot m_t + \varepsilon_{1t} \qquad (6-5)$$

$$f_t = \beta_{20} + \beta_{21} \cdot m_t + \beta_{22} \cdot cy_t + \beta_{23} \cdot gini_t + \beta_{24} \cdot life_t + \beta_{25} \cdot dr_t + \varepsilon_{2t} \qquad (6-6)$$

其中，f、m、cy、$gini$、$life$ 与 dr 分别表示生育率、城乡人口流动规模、消费收入比、基尼系数、预期寿命年限与人口抚养比。ε_{it}，$i=1,2$ 表示随机扰动项，且满足期望为零，其他字母表示变量前的偏回归系数。式（6-5）反映了城乡人口流动对生育率的综合效应，式（6-6）反映了控制消费收入比、基尼系数、预期寿命与人口抚养比后，城乡人口流动对生育率的净影响。

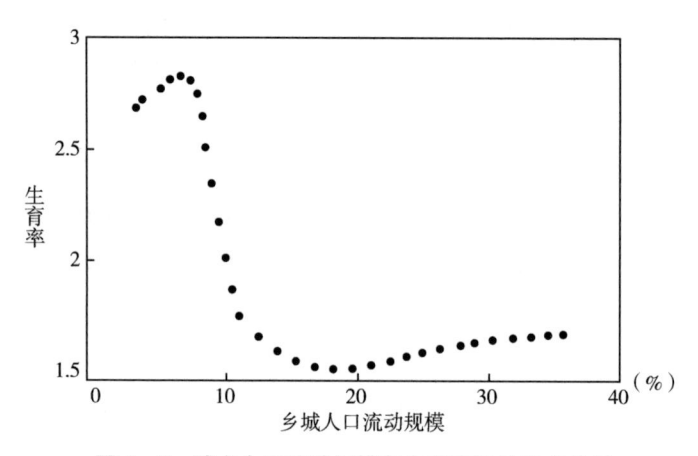

图 6-5 城乡人口流动规模与生育率间的散点关系

表 6-1 反映了生育率与城乡人口流动间的回归结果。（1）栏给出了式（6-5）的回归结果，结果表明城乡人口流动对生育率具有负向的综合效应，城乡人口流动规模的系数通过 1% 的显著性水平检验，城乡人口流动规模每增加 1 个百分点，生育率下降 0.0379。（1）栏回归结果的拟合优度为 0.5737，这表明城乡人口流动能够解释生育率变异的 57.37%。（2）栏给出了式（6-6）的回归结果，

表明拟合优度为 0.9183，模型中选择的解释变量能够很好地解释大部分的生育率变异，城乡人口流动规模、消费收入比、基尼系数和预期寿命通过了 5% 的显著性水平检验。尽管人口抚养比未通过 5% 的显著性水平检验，但这并不表明人口抚养比对生育率没有影响，而是由变量间存在多重共线性导致的。（2）栏结果表明消费占收入的比重每提高 1 个百分点，生育率将提高 0.0600，因为育儿具有预防性储蓄效应，高消费占比表明储蓄的占比减少，对育儿具有更强烈的需求，促进生育率水平的上升。基尼系数的偏回归系数为负表明贫富差距的扩大将会抑制生育率的上升，这与拉姆齐理论模型的分析一致，基尼系数每提高 0.01，生育率平均下降 0.0351。预期寿命的偏回归系数表明，预期寿命每延长 1 年，生育率平均下滑 0.3179。（2）栏中城乡人口流动规模的系数的符号与（1）栏的系数符号相反，这表明城乡人口流动通过消费收入比、基尼系数、预期寿命与人口抚养比变量作用于生育率的效应占据主要。为了进一步了解城乡人口流动通过上述变量路径效应的大小，用城乡人口流动规模变量分别对消费收入比、基尼系数、预期寿命与人口抚养比变量进行回归，（3）栏至（6）栏给出了回归结果。回归结果表明城乡人口流动通过消费收入比路径的作用效应为 -0.0276（-0.0046×5.9956），通过贫富差距路径的作用效应为 -0.0232（0.0066×-3.5128），通过预期寿命路径的作用效应为 -0.0791（0.2487×-0.3179），通过人口抚养比路径的作用效应为 -0.0103（-0.7498×0.0137），其他路径的综合效应为 0.1021。将各个影响路径进行对比可以发现，城乡人口流动通过预期寿命作用于生育率路径的效应非常大，人口由农村向城镇集聚不断地延长了整体人口的预期寿命，对生育率产生负面效应，这同时启示我们随着城镇化的推进，生育率下降的空间仍然较大，在推进城镇化的同时要采取配套生育政策措施来预防生育率的过度下滑。城乡人口流动通过贫富差距的变化来影响生育率的路径表明，城乡人口流动规模每提高 1 个百分点，基尼系数增加 0.0066，因此，在推进城镇化的过程中，要防止贫富差距的进一步扩大,这同样启示我们减少贫富差距可以通过生育率,这为解决当前严峻的生育形势提供了一条新的思路。

表6-1　　　　　　　生育率与城乡人口流动间的回归结果

	(1)	(2)	(3)	(4)	(5)	(6)
被解散变量	f	f	cy	$gini$	$life$	dr
拟合优度 R^2	0.5737	0.9183	0.7461	0.7116	0.9771	0.9337
解释变量						
m	-0.0379***	0.1021***	-0.0046***	0.0066***	0.2487***	-0.7498***
	(-6.93)	(4.80)	(-10.87)	(8.43)	(28.45)	(-16.68)
cy		5.9956				
		(3.31)***				
$gini$		-3.5128				
		(-3.86)***				
$life$		-0.3179				
		(-2.66)**				
dr		0.0137				
		(0.64)				
常数项	2.6232***	19.0379*	0.8689***	0.2950***	67.3052***	58.8487***
	(21.67)	(1.98)	(77.28)	(17.14)	(499.35)	(58.84)

注:小括号里为基于稳健性标准误差计算的 t 值。***、**和 * 分别表示在 1%、5% 和 10% 的显著性水平下显著。

二　城乡人口流动经济增长效应计量分析结果

根据本章第二节的理论模型分析和式(6-4),利用相关数据测算我国城乡人口流动的经济增长效应。利用国内生产总值和国内生产总值指数得到按 1982 年不变价计算的国内生产总值。劳动力就业人数用年末就业总人数衡量。物质资本存量用永续盘存法计算,以 10% 作为资本折旧率,用全社会固定资产投资作为当年固定资本流量,设定当年新投入的固定资本交付使用率为 60%。关于基准年份(1982 年)的固定资本规模假定为当年全社会固定资本投资额的 10 倍。由于固定资产投资价格指数从 1990 年开始,1982—1989 年的固定资产投资价格指数用工业生产者出厂价格指数代替。上述全部数据来源于国家统计局数据库。国内生产总值、物质资本存量与劳动力就业人数均采用对数形式。

根据理论模型与式（6-4），分别建立以下回归方程：

$$\ln Y_t = \beta_{30} + \beta_{31} \cdot m_t + \varepsilon_{3t} \qquad (6-7)$$

$$\ln Y_t = \beta_{40} + \beta_{41} \cdot m_t + \beta_{42} \cdot f_t + \varepsilon_{4t} \qquad (6-8)$$

$$\ln Y_t = \beta_{50} + \beta_{51} \cdot m_t + \beta_{52} \cdot \ln K_t + \beta_{53} \cdot \ln L_t + \beta_{54} \cdot f_t + \varepsilon_{5t} \quad (6-9)$$

式（6-7）中的 β_{31} 表示城乡人口流动对产出的总效应，反映了式（6-4）中 $\dfrac{\partial \ln Y}{\partial \ln m_d}$ 与 $\dfrac{\partial \ln Y}{\partial \ln f} \dfrac{\partial \ln f}{\partial \ln m}$ 的效应总和，式（6-8）中的 β_{41} 表示城乡人口流动对产出的直接效应，反映式（6-4）中 $\dfrac{\partial \ln Y}{\partial \ln m_d}$ 的效应，那么结合式（6-7）与式（6-8）可以得到城乡人口流动对产出的间接效应（$\beta_{31} - \beta_{41}$），反映式（6-4）中 $\dfrac{\partial \ln Y}{\partial \ln f} \dfrac{\partial \ln f}{\partial \ln m}$ 的效应。式（6-9）中的 β_{51} 表示在城乡人口流动直接效应部分通过作用于全要素生产率路径的那一部分效应，反映式（6-4）中 $\dfrac{\partial \ln Y}{\partial \ln A} \dfrac{\partial \ln A}{\partial \ln m}$ 的效应。

表6-2给出了式（6-7）至式（6-9）的回归结果。(7) 栏给出了式（6-7）的回归结果，表明城乡人口流动对产出的综合效应为正向，城乡人口流动促进了生产规模的扩大。回归系数为0.0496，通过1%的显著性水平检验，表示城乡人口流动规模每增加1个百分点，总产出以4.96%的速度增加。(8) 栏给出了式（6-8）的回归结果，在控制生育率后，城乡人口流动对产出的影响减少接近一半的效应，这表明生育率的变动在城乡人口流动的经济效应中扮演着极其重要的角色。生育率的偏回归系数表明生育率每提高0.1，总产出以5.70%的速度增加，综合 (7) 栏与 (8) 栏的回归结果，城乡人口流动对产出的直接效应和间接效应分别为0.0279与0.0227，表明城乡人口流动规模每提高1个百分点，直接促进总产出以2.79%的速度增加，通过生育率间接促进总产出以2.27%的

速度增加。城乡人口流动对产出的直接效应与间接效应分别反映了其对劳动力市场的二次配置效应,实证结果表明城乡人口流动对劳动力市场的再配置过程与其对劳动力市场的初次配置过程几乎产生相等的产出效应。(9)栏给出了式(6-9)的回归结果,在控制生育率、资本存量与劳动力就业人数后,城乡人口流动对经济增长的影响为负,这表明城乡人口流动在劳动力市场的初次配置中对技术进步起到抑制作用,初次配置产生的经济增长效应主要由投资来驱动。

表 6-2　　城乡人口流动经济增长效应的 OLS 回归结果

	(7)	(8)	(9)
m	0.0496***	0.0279***	-0.0483***
	(13.11)	(10.88)	(-6.46)
$\ln K$			0.7339***
			(9.71)
$\ln L$			0.1001
			(0.65)
f		-0.5698***	-0.4059***
		(-11.10)	(-11.12)
常数项	8.7029***	10.1975***	2.2847
	(116.81)	(73.55)	(1.54)
拟合优度 R^2	0.8514	0.9717	0.9958

注:小括号里为 t 值,*** 表示在 1% 的显著性水平下显著。

三　内生性处理及结果分析

通过本章第二节的理论分析可知,城乡人口流动规模受到产出规模的影响,即变量 m 与 $\ln Y$ 间存在双向因果关系,m 为内生变量。为了矫正式(6-7)至式(6-9)存在的内生性问题,本章选择乡村人口的老年人抚养比(用 od 表示)和户籍城镇化率(用 h 表示)作为城乡人口流动规模的工具变量 IVs,利用二阶段最小二乘法(2SLS)对式(6-6)与式(6-7)进行重新估计,表6-3反映了其检验与估计结果。之所以选择乡村人口的老年人抚养比是因为乡村流出的人口相对更年轻，留下的人口年龄相对较大，即老年人与劳动力间的变动与城乡人口流动的规模有直接的关系。对于户籍城镇化率而言，常住人口城镇化率相对越高，户籍城镇化率相对高的可能性也越大，户籍与产出并没有直接的联系。因此，这两个变量基本满足工具变量选取的条件。乡村人口的老年人抚养比数据和户籍城镇化率数据来自相关年份《中国人口统计年鉴》。Hausman 检验结果拒绝原假设，表明城乡人口流动规模变量 m 存在内生性。利用 Sargan 检验与 Basmann 检验来检验所有变量的外生性，结果表明 2SLS 的模型不存在内生性，所有变量均满足外生性，这亦表明工具变量选择的合理性。对比表 6-3 的（10）栏、（11）栏与表 6-2 的（7）栏、（8）栏发现，2SLS 回归结果表明变量 m 的 OLS 估计偏低，f 的 OLS 估计偏高，但偏误很小，OLS 回归的基本结论保持不变。对比表 6-3 的（12）栏与表 6-2 的（9）栏发现，经过内生性处理后，城乡人口流动在初次劳动力市场配置过程中对技术进步的抑制作用变小且不显著。

表 6-3　城乡人口流动经济增长效应的 2SLS 回归结果与内生性检验

	(10)	(11)	(12)
m	0.0509 ***	0.0290 ***	-0.0184
	(13.80)	(11.66)	(-1.33)
$\ln K$			0.4350 ***
			(3.13)
$\ln L$			0.4151 *
			(1.95)
f		-0.5539 ***	-0.3810 ***
		(-11.21)	(-8.81)
常数项	8.6797 ***	10.1482 ***	1.3993
	(119.48)	(75.88)	(0.80)
拟合优度 R^2	0.8508	0.9715	0.9933

续表

	（10）	（11）	（12）
Hausman 检验	10.0200	6.0800	10.3600
	[0.0016]	[0.0137]	[0.0013]
Sargan 检验	2.5047	3.8078	0.0314
	[0.1135]	[0.0510]	[0.8593]
Basmann 检验	2.4626	3.7818	0.0256
	[0.1166]	[0.0518]	[0.8730]

注：小括号里为 t 值，中括号里为 p 值，***、* 分别表示在 1%、10% 的显著性水平下显著。

本章第三节的实证分析表明城乡人口流动通过生产规模的扩大与生育决策的转变促进劳动力在农业与工业部门间、工业部门内部产业间的配置，促进经济的增长。城乡人口流动、生育决策与经济增长相互作用，城乡人口流动促进生育决策由注重生育数量向注重生育质量转变，进一步促进经济的增长。经济增长一方面继续吸引城乡人口流动，另一方面扩大原有产业规模或者创造新供给引导劳动力向新型产业移动。

城乡人口流动与经济增长互动的过程（城乡人口流动→产出→资本规模扩大→城乡人口流动）受到两个方面的制约，一是总需求，二是资本规模扩大。产业规模扩大所增加的总供给速度超过总需求规模的增速，将会出现产能的过剩与资本的短缺，导致经济增长的不可持续。低人力资本产品总需求的萎缩可能来源于两个方面：一是全球经济的低迷，二是高人力资本产品的替代性。全球经济的低迷导致低人力资本产品的出口大量萎缩，需求减少。随着国内居民人均收入水平的提高，其对产品的需求质量在上升，消费的偏好不断由低人力资本产品转向高人力资本产品。因此，低人力资本产品的总需求存在瓶颈的限制。此外，随着中国农村剩余劳动力的不断减少，工资面临上升的压力，外商资本会向其他劳动力相对廉价的国家转移，再生产的规模受到约束，城乡人口流动受到阻碍。

即使产品的总供给能够转化为资本，经济增长的可持续仍会受到全要素生产率的制约，无法实现产业结构的升级与经济增长方式的转变。全要素生产率提高的制约来源于企业与劳动者两个方面。由于城乡人口流动的劳动力不断补充和再生产资本规模的扩大可以迅速实现资本的积累，企业缺乏创新的动力，本章第三节的实证分析也证实了这一点，城乡人口流动对全要素生产率的提高具有抑制效应。同时，劳动力本身也会丧失不断提升人力资本水平的积极性，原因在于人力资本水平不再与工资率相匹配，而是成为劳动人口提高就业率的一种方式。劳动力随着人力资本水平的不断上升，不断流入高人力资本行业，增加的劳动力供给一方面导致高人力资本行业的工资报酬不断下降，使差异性人力资本水平产业间的工资率趋于相同；另一方面会导致行业流入的门槛提高，劳动力的人力资本水平高出了行业的需求水平，人力资本的价值不仅受到压制，而且存在效率的损失，导致劳动力市场产生"人不能尽其才，价不能量其能"的现象。

造成上述局面的一个原因是人力资本过度地集中于某些特定的行业，导致人才出现既"充裕"又"短缺"的现象。因此，对人力资本投资的行业方向应该进行适当的引导。一方面，新供给能够引导资本的流入，防止部分产业出现产能过剩，特别是劳动密集型产业；另一方面，高人力资本含量的产品首先意味着其对人力资本水平和全要素生产率的更高要求，不仅能够激励企业进行技术创新，而且保证劳动力追求人力资本投资的积极性。因此，在城乡人口流动的过程中，创造新供给对于劳动力与资本的疏导具有极其重要的作用，使经济能够可持续性地增长。

人力资本投资方向的引导与新供给的创造还不完全能够保证经济的可持续增长，原因在于新供给无法阻止生育率的下降。尽管下降的生育率在前期形成规模可观的人口红利，但是到后期所积累的人口负债也是需要偿还的，而且未来劳动力供给的萎缩直接影响经济增长的可持续性。尤为迫切的是，中国的人口数量红利可发挥的余地已经越来越小，所积累的人口负债问题亟待解决。从本章第二节的理论分析与第三节的实证分析可知，贫富差距的拉大会导致整体生育率的过度下降,从而减少收入教育不平等,缩小贫富差距,有利于阻止低生育率。

第四节 本章小结

本章基于现有的人口流动模型,从我国城乡人口流动的特点出发,引入城乡劳动力间的比较优势,首次将人口年龄结构与家庭生育决策纳入人口城乡结构变动模型的分析框架,分析城乡人口流动对经济增长的直接效应与间接效应,探讨生产与生育的可持续性,保证经济的平稳增长,并利用中国1982—2013年的宏观时间序列数据与CHIP 2008微观数据进行实证分析。

理论模型分析及实证结果表明:首先,城乡人口流动直接改变劳动力生产要素在农业与非农产业间的配置,提高整体的总产出水平。在刘易斯拐点前,农村劳动力的流动对低人力资本产业的技术进步具有抑制作用。其次,由于城乡劳动力间比较优势的存在,农村劳动力的流入对低人力资本产业具有较大影响,对高人力资本产业的影响较小,流动劳动力与城镇户籍劳动力在职业与工资上形成相对的差异。再次,城乡人口流动促进城乡家庭的生育决策由注重生育数量向注重生育质量转变,通过人口红利与人力资本促进经济增长。最后,城乡人口流动与生育率的实证结果表明农村人口流动加速了生育率的下滑,城乡人口流动规模每提高1个百分点,生育率平均下降0.0379。城乡人口流动的经济增长效应实证分析结果表明城乡人口流动规模每提高1个百分点,产出以5.09%的速度增加,其中通过生育率间接促进总产出以2.17%的速度增加,家庭生育决策转变在城乡人口流动对经济增长的作用过程中发挥重要作用。控制生育率后,城乡人口流动对技术进步具有抑制效应,城乡人口流动对经济增长的影响主要来自资本规模的扩张与人力资本水平的提升。

人力资本投资的产业方向引导、新供给的创造与收入教育不平等的减少有利于城乡人口流动与经济增长的可持续。资本的潮涌、总需求的骤降与人口红利的衰竭均对城乡人口流动与经济增长的可持续构成潜在威胁。创造新供给，特别是人力资本水平相对较高的产品的新供给，能够继续吸纳农村劳动力，促进生产的可持续，同时可以防止产能过剩与人力资本闲置现象的发生。贫富差距与教育不平等拉大了城市劳动力的比较优势，弱化了农村及流动家庭生育决策转变的效应，强化了城镇户籍家庭生育决策转变的效应，导致生育水平的下滑，严重威胁生育的可持续与未来劳动力的稳定供给。减少收入教育不平等，有利于生育水平的回升，促进经济增长的可持续。

第 七 章

人口结构与自主技术创新

第一节 人口结构变动与技术创新现状分析

通过第四章至第六章的分析可知，中国过去的人口年龄结构与人口城乡结构变动对经济增长存在着正向的促进作用。由于技术创新是经济增长的主要动力源泉之一，本章进一步探讨人口（包括年龄与城乡）结构对我国自主技术创新的影响。资本与劳动力等要素的持续投入是中国过去40多年经济高速增长的首要驱动因素。除此之外，技术的进步与全要素生产率的提升也发挥了十分重要的作用。根据国务院发展研究中心课题组在《中国经济增长十年展望（2015—2024）：攀登效率高地》中的介绍，中国在1978—2005年和1978—2013年，全要素生产率的年均增长速度分别达到3.8%和3.6%，对经济增长的贡献份额分别为40%和37%。进一步地，全要素生产率快速提升的主要原因包括改革开放带来的技术后发优势和劳动力向非农产业的转移两个方面。中国劳动力的再配置过程也是中国人口城乡结构变动、劳动力由农村向城镇转移的过程。同时，中国劳动力的再配置过程也是中国年龄结构变动、青壮年劳动力占比不断提高的过程。人口年龄结构的变动积累了大量的劳动力，这些劳动力在中国通过开放经济，在参与国际分工的过程中向城镇转移,并被配置到非农产业当中。虽然技术引进可以促进技术进步,劳动力再配置提高生产的效率,但这些仍不足以长期推动生产率的提高,只有原创性的技术创新才是全要素生产率提高的动力源泉。因此,本章将探讨人口（包括年龄与城乡）结构对中国自主技术创新的影响,目的在于探究人口结构变动是否促进了中国的自主创新水平。

图7-1反映了中国人口结构（包括15—64岁人口占比、常住城镇人口占比和老年人抚养比）与技术创新水平（R&D经费支出、R&D人员全时当量和发明专利申请数）变化趋势。1995—2015年,中国的技术创新水平突飞猛进。R&D经费支出从1995年的348.69亿元增长至2015年的14169.88亿元,年间增长约198个百分点;R&D人员全时当量从1995年的75.17万人/年增长至2015年的375.88万人/年,年间增长约20个百分点;发明专利申请数从1995年的21636项增长至2015年的1101864项,年间增长约250个百分点。在技术创新水平提高的同时,中国的人口结构也经历了相似的变动趋势[图7-1中的(a)、(b)、(c)与(d)、(e)、(f)对比]。15—64岁人口占比从1995年的67%增长至2015年的73%,年间增长0.29个百分点;常住城镇人口占比从1995年的29%增长至2015年的56%,年间增长1.39个百分点;老年人抚养比从1995年的9.2%增长至2015年的14.3%,年间增长0.26个百分点。因此,由图7-1可知,人口结构与自主技术创新间存在着共同的变动趋势。由于技术创新过程是一个多阶段的过程（包含知识生产阶段和知识转化阶段）,在研究技术创新效率的过程中,需要将这种结构考虑在内,Network-DEA模型正好适用于本章的研究。但是,人口结构变量作为环境变量不能简单地将其视为技术创新过程的投入产出变量。因此,本章有必要对现有效率评估方法进行改进。

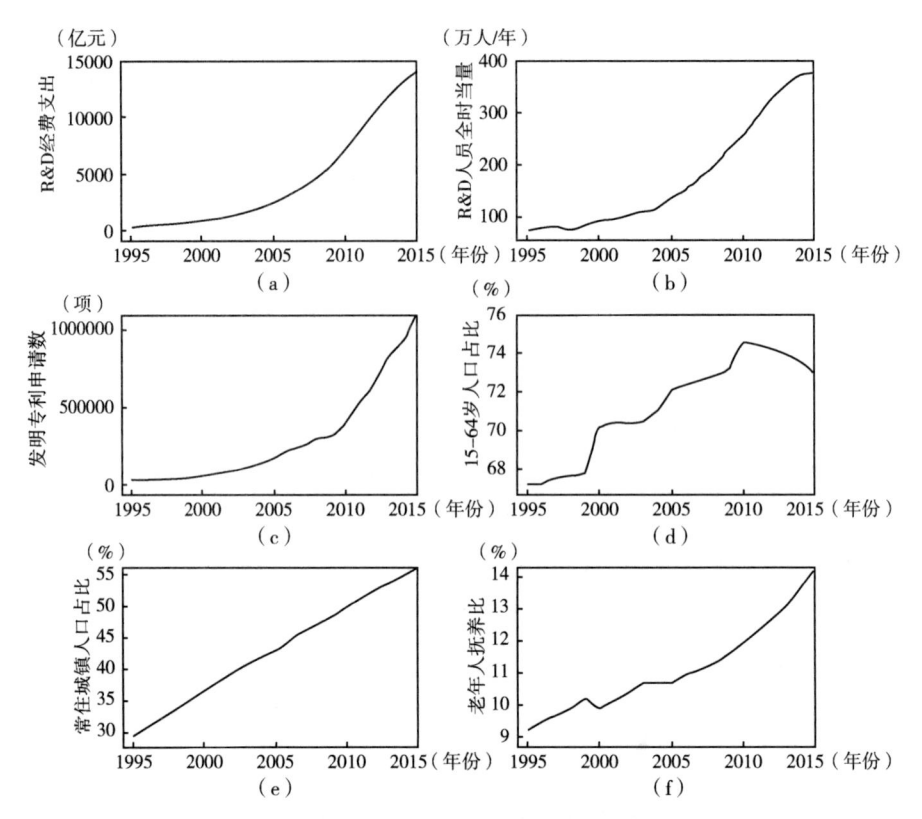

图 7-1　中国人口结构与技术创新水平变化趋势

资料来源：笔者根据国家统计局网站数据整理得出。

第二节　考虑环境变量的网络 DEA 模型

一　方法研究现状分析

到目前为止，现有关于异质性环境下的效率测度方法探讨都集中于传统的 DEA 模型，而在 Network-DEA 模型中有关环境变量作用效应的探讨较少。为了弥补这一不足，本章构建了一个考虑环境变量的 Network-DEA 模型，以探究环境变量对生产内部子过程的作用效应。该模型由拓展的条件 Network-DEA 估计量和定义的加权条件性网络方向距离函数两部分组成。拓展的条件 Network-DEA 估计量继承了条件性 DEA 估计量的优点，而且具有一般的 Network-DEA 估计量的性质。定义的加权条件性网络方向距离函数是一种非径向非导向的效率测度类型，弥补了条件性方向距离函数无法测度潜在松弛的不足。本章还表明在一定的条件下，Fukuyama 和 Weber（2010）提出的 NSBI 效率测度类型是 WCND 距离函数的一个特例，Tone 和 Tsutui（2009）的 NSBM 测度结果与 WCND 的测度结果一致。[①] 基于构建的条件 Network-DEA 模型，本章分别进行不考虑环境变量、考虑单一环境变量和考虑多个环境变量情形下的蒙特卡洛模拟，并运用提出的效率评估模型考察人口结构变动、出口依存度与技术创新效率间的关系。蒙特卡洛模拟结果表明本章构建的模型能够很好地测度环境变量对整体生产过程及其子生产过程的作用效应，创新生产过程分析结果表明出口依存度与技术创新效率间存在负相关关系，人口转变对技术创新效率具有抑制作用，不考虑环境变量作用效应下测度的省际技术创新效率排名存在较大偏误。

二 条件 Network-DEA 估计量

本章考虑 Li 等（2012）定义的包含二阶段网络结构的生产过程。[②] 假定有 n 个生产决策单元，每一个生产决策单元 DMU_j，$j=1,\cdots,n$ 在第 1 阶段子生产过程中使用 m 种原始投入 x_{ij}^1，$i=1,\cdots,m$ 来生产 D 种中间产出 z_{dj}，$d=1,\cdots,D$。在第 2 阶段子生产过程中，D 种中间产出和其他 q 种中间投入共同生产 s 种最终产出 y_{rj}，$r=1,\cdots,s$。假定有 F 个环境变量 e_{fj}，$f=1,\cdots,F$。因此，本章拓展的基于规模报酬不变的条件 Network-DEA 估计量估计的网络生产可能性集合

---

① 考虑不包含非期望产出的 NSBI 效率测度。
② 多阶段网络结构的生产过程可以视为二阶段网络结构的生产过程的一般化推广。因此，为了简化模型、便于分析，本章采用基础的二阶段网络结构的生产过程来阐明环境变量对生产过程内部的影响效应。

（Network Production Possibility Set，NPPS）可以表示为①：

$$\hat{\Psi}^c_{N-DEA} =$$

$$\left\{ \begin{array}{l} (x_0^1, z_0, z_0, x_0^2, y_0 | e_0) | \sum_{j=1,\cdots,n \mid \|e_j - e_0\| \leq h} \lambda_j^1 x_{ij}^1 \leq x_{i0}^1, \ i = 1, \cdots, m; \\ \sum_{j=1,\cdots,n \mid \|e_j - e_0\| \leq h} \lambda_j^1 z_{dj} \geq z_{d0}, \ d = 1, \cdots, D; \\ \sum_{j=1,\cdots,n \mid \|e_j - e_0\| \leq h} \lambda_j^2 z_{dj} \leq z_{d0}, \ d = 1, \cdots, D; \\ \sum_{j=1,\cdots,n \mid \|e_j - e_0\| \leq h} \lambda_j^2 x_{pj}^2 \leq x_{p0}^2, \ p = 1, \cdots, q; \\ \sum_{j=1,\cdots,n \mid \|e_j - e_0\| \leq h} \lambda_j^2 y_{rj} \geq y_{r0}, \ r = 1, \cdots, s; \\ \|e_j - e_0\| \leq h, \ \lambda_j^1 \geq 0, \ \lambda_j^2 \geq 0, \ j = 1, \cdots, n \end{array} \right\}$$

(7-1)

其中，λ_j^1 和 λ_j^2, $j = 1, \cdots, n$ 分别表示第 1 阶段和第 2 阶段子生产过程的非负强度变量。$\|e_j - e_0\| \leq h$ 可以通过乘积核 $K(u) = \prod_{f=1}^{F} K_f(u_f)$ 的每个组成部分 $|e_j^f - e_0^f| \leq h_f$ 和一个带宽矩阵 $H = diag(h_1, \cdots, h_F)$ 来理解，其中 $K_f(u_f)$ 表示满足紧密性的单变量核，h_f 表示第 f 个环境变量的带宽。条件 Network-DEA 估计量的基本思想是对生产可能性集合内的任意 e_0 条件下的点，在 $(e_0 - h, e_0 + h)$ 区间内假定环境同质性。因此，生产可能性集合内的任意 e_0 条件下的 DMU_0 $(x_0^1, z_0, z_0, x_0^2, y_0 | e_0)$ 的 NPPS 由 $(e_0 - h, e_0 + h)$ 区间内所有的生产决策单元构成。NPPS 随着环境变量 e_0 的改变而变动，这表明环境变量能够影响生产可能性集合，进而影响生产前沿面的形状，且式（7-1）中的环境变量只是作为一种条件，而没有先验性地将其判断为投入或产出变量。因此，拓展的条件 Network-DEA 估计量放松了环境变量集合与生产可能性集合独立性的假定，且能够影响生产前沿的形状。此外，式（7-1）还表明环境变量

---

① 将式（5-1）中的强度变量 λ_j^1 和 λ_j^2 加上限制性条件 $\sum_{j=1}^{n} \lambda_j^1$ 和 $\sum_{j=1}^{n} \lambda_j^2$，可以定义可变规模报酬下的条件 Network-DEA 估计量。

对整体生产过程的作用效应是其对两个子生产过程作用效应的综合反映。

三 加权条件性网络方向距离函数

为了测度环境变量 e 条件下的系统效率和子系统效率,首先将 CD 距离函数拓展到包含网络结构的条件性网络方向(Conditional Network Directional, CND)距离函数。然而,CND 距离函数和 CD 距离函数在本质上均是径向效率测度类型,无法测度潜在的松弛。为了弥补这一不足,本章定义以下加权条件性网络方向距离函数将潜在的松弛考虑在内:

$$\text{WCND}\ (x^1,\ z,\ z,\ x^2,\ y;\ g\,|\,e)\ = \sup$$

$$\left\{\gamma_c\ \middle|\ \begin{aligned} &\gamma_c = \varpi_1(\sum_{i=1}^{m}\omega_i\beta_{xi}) + \varpi_2(\varpi_{x^2}\sum_{p=1}^{q}\omega_p\beta_{xp} + \varpi_y\sum_{r=1}^{s}\omega_r\beta_{yr}), \\ &(x_i^1+\beta_{xi}g_{xi},\ z_d,\ z_d,\ x_p^2+\beta_{xp}g_{xp},\ y_r+\beta_{yr}g_{yr})\ \in \hat{\psi}_{\text{N-DEA}}^c \end{aligned}\right\}$$

$$(7-2)$$

其中,非零向量 $g = (g_{xi},\ 0,\ 0,\ g_{xp},\ g_{yr})$ 表示方向向量,决定投入和产出要素的伸缩方向。式(7-2)中的 WCND 距离函数通过不同变动速率朝方向向量方向伸缩投入产出变量,寻求最大值 γ_c。β_{xi}、β_{xp} 和 β_{yr} 分别表示原始投入要素 x_i^1、中间投入要素 x_p^2 和最终产出 y_r 的最大潜在伸缩比例。式(7-2)中的 $\sum_{i=1}^{m}\omega_i\beta_{xi}$ 表示第 1 阶段的平均投入失效率水平,$\sum_{p=1}^{q}\omega_p\beta_{xp}$ 和 $\sum_{r=1}^{s}\omega_r\beta_{yr}$ 分别表示第 2 阶段的平均投入失效率水平和平均产出失效率水平。ω_i、ω_p 和 ω_r 是由决策者依据投入产出的优先顺序或者管理偏好先验性地进行决定,表示相应的投入产出变量的权重系数,且权重系数之和为 1,$\sum_{i=1}^{m}\omega_i = \sum_{p=1}^{q}\omega_p = \sum_{r=1}^{s}\omega_r = 1$(Zhou 等,2007)。相似的,系数 ϖ_{x^2} 和 ϖ_y 分别表示给予第 2 阶段投入和产出的平均权重,且 $\varpi_{x^2}+\varpi_y=1$;系数 ϖ_i,$i=1,2$ 表示给予第 i 阶段的权重,且 $\varpi_1+\varpi_2=1$,反映子生

产过程的相对重要性。因此，γ_c 是一种加权的平均效率测度，反映整个生产过程各投入产出平均的潜在伸缩比例。式（7-2）表明 WCND 距离函数的值取决于环境变量 e 在其带宽领域范围内的 DMUs（Daraio 和 Simar，2007）。

基于式（7-2）的最优解，定义一个 DMU 的 WCND-efficient 为：

定义 7.1（WCND-efficient）：当 WCND $(x^1, z, z, x^2, y; g|e) = 0$ 时，该 DMU 是 WCND-efficient。

WCND $(x^1, z, z, x^2, y; g|e)$ 具有定理 7.1 中的性质。

定理 7.1：g 是一固定的方向向量，且 $(x^1, z, z, x^2, y|e) \in \psi$。那么 WCND $(x^1, z, z, x^2, y; g|e)$ 具有以下重要的性质。

性质 1：WCND $(x^1, z, z, x^2, y; g|e) \geq 0$。

性质 2：当 $g = (-x^1, 0, 0, -x^2, y)$ 时，WCND $(x^1, z, z, x^2, y; g|e)$ 满足单位不变性。

性质 3：转换性质（证明见附录 C 的 C1）。即满足：

WCND $(x^1 + \alpha g_{xi}, z, z, x^2 + \alpha g_{xp}, y + \alpha g_{yr}; g|e)$ = WCND $(x^1, z, z, x^2, y; g|e) - \alpha$，$\alpha \in \Re$。

性质 4：负一阶齐次性（证明见附录 C 的 C2）。即满足：

WCND $(x^1, z, z, x^2, y; \lambda g|e) = \lambda^{-1}$ WCND $(x^1, z, z, x^2, y; g|e)$，$\lambda > 0$。

性质 5：正一阶齐次性（证明见附录 C 的 C3）。即满足：

WCND $(\lambda x^1, \lambda z, \lambda z, \lambda x^2, \lambda y; g|e) = \lambda \cdot$ WCND $(x^1, z, z, x^2, y; g|e)$，$\lambda > 0$。

性质 6：WCND 距离函数的值大于或等于 CND 距离函数值，且当且仅当不存在松弛偏差（Slack Bias，SB）时，二者相等（证明见附录 C 的 C4）。[①] 即满足：

WCND $(x^1, z, z, x^2, y; g|e) \geq$ CND $(x^1, z, z, x^2, y; g|e)$。

---

① 松弛偏差可以用非径向测度结果与径向测度结果的差值来度量，指径向效率测度方法无法测度到的那一部分潜在松弛。

性质 1 表明了 WCND 距离函数的范围是非负实数，且最小值为 0。当 WCND 距离函数的值为 0 时，表明该 DMU 是有效率的，处于生产前沿面上。当 WCND 距离函数的值大于 0 时，表明该 DMU 存在效率的损失，没有达到帕累托最优状态。性质 2 至性质 5 表明了 WCND 距离函数满足 Färe 和 Grosskopf（2000）描述的方向距离函数的几个重要性质，其中性质 3 是 WCND 距离函数参数化方法的重要依据。性质 6 表明了 WCND 距离函数与 CND 距离函数间的关系，由于松弛偏差的存在，WCND 距离函数测度的失效率水平高于 CND 距离函数。当且仅当松弛偏差为零时，非径向的 WCND 距离函数等价于径向的 CND 距离函数。

当 $h \to +\infty$ 时，WCND $(x^1, z, z, x^2, y; g|e)$ = WND $(x^1, z, z, x^2, y; g)$。当 $h \to +\infty$ 时，所有的 DMUs 都位于 $(e_0 - h, e_0 + h)$ 区间内，环境变量对生产可能性集合不产生影响，即在这种情况下，环境变量条件性测度的效率结果与无条件测度的效率结果不存在任何差异。因此，加权条件性网络方向距离函数退化为加权网络方向距离函数。这亦表明无条件下的效率测度可以视为条件下的效率测度的一种极端情况。因此，我们有定理 7.2 和定理 7.3。

定理 7.2：当 $h \to +\infty$，$\beta_{xi} = s_i^-/g_{xi}$，$\beta_{xp} = s_p^\#/g_{xp}$，$\beta_{yr} = s_r^+/g_{yr}$，且 $\varpi_1 \omega_i = 1/3m$，$\varpi_2 \varpi_{x^2} \omega_p = 1/3q$，$\varpi_2 \varpi_y \omega_r = 1/3s$ 时，WCND $(x^1, z, z, x^2, y; g|e)$ 等价于 Fukuyama 和 Weber（2010）定义的基于松弛导向的网络效率测度类型 NSBI $(x^1, z, z, x^2, y; g)$（Network Slacks-based Inefficiency，NSBI）。进一步，当选择的投入产出向量为真实的投入产出向量时，WCND $(x^1, z, z, x^2, y; g|e)$ 与 Tone 和 Tsutui 定义的基于松弛导向的网络效率测度类型 NSBM (x^1, z, z, x^2, y)（Network Slacks-based Model，NSBM）具有一致的测度结果（证明见附录 C 的 C5）。

定理 7.2 给出了加权条件性网络方向距离函数和现存的非径向网络效率测度方法间的关系，但是，NSBI $(x^1, z, z, x^2, y; g)$ 不满足定理 7.1 中的性质 3，具有更弱的转换性质，即：

NSBI $(x^1 + \alpha g_{xi}, z, z, x^2 + \alpha g_{xp}, y + \alpha g_{yr}; g|e) \geq (\leq)$ WCND $(x^1, z, z, x^2, y; g|e)$, $\alpha \leq (\geq) 0$。

此外，WCND 距离函数和 NSBI $(x^1, z, z, x^2, y; g)$ 一样存在多重规划的问题。

定理 7.3：当环境变量 e_f 对失效率具有正向（负向）作用时，WCND 距离函数对环境变量 e_f 的一阶偏导数大于（小于）零。当且仅当 WCND 距离函数对环境变量 e_f 的一阶偏导数为零时，环境变量 e_f 对失效率不存在作用效应。

根据定理 7.3，我们可以提出以下法则来测度环境变量 e_f 对整体生产过程的综合作用效应：

$$E_f = \frac{\partial \text{WCND}(x^1, z, z, x^2, y; g|e)}{\partial e_f} \geq 0 \Leftrightarrow \hat{E}_f = \frac{Q_{f,1} - Q_{f,2}}{e_{f,1} - e_{f,2}} \geq 0,$$

$$Q_{f,j} = \text{WCND}(x_j^1, z_j, z_j, x_j^2, y_j; g|e_j) / $$
$$\text{WCND}(x_j^1, z_j, z_j, x_j^2, y_j; g|e_{j,(f)}) \quad (7-3)$$

其中，$\hat{E}_f$ 表示环境变量 e_f 对失效率的作用效应。当环境变量 e_f 对失效率具有正向（负向）作用时，$\hat{E}_f$ 大于（小于）零。当且仅当 $\hat{E}_f$ 为零时，环境变量 e_f 对失效率不存在作用效应。当 e 为单变量时，式（7-3）可以表示为：

$$Q = \frac{\text{WCND}(x^1, z, z, x^2, y; g|e, h<<\infty)}{\text{WCND}(x^1, z, z, x^2, y; g|e, h\to\infty)} = m(e, h) + \varepsilon$$
$$(7-4)$$

其中，ε 表示随机误差项，且满足 $E(\varepsilon|e) = 0$。$m(\cdot)$ 表示期望回归函数，且满足 $E(Q|\varepsilon) = m(e, h)$。一条递增（递减）的回归线表明环境变量对失效率具有正向（负向）作用。式（7-4）的 Nadaraya-Watson 估计量可以表示为：

$$\hat{m}_j(e_0, h_j) = \frac{\sum_{j=1}^n K_{h_j}(e_j - e_0) Q_j}{\sum_{j=1}^n K_{h_j}(e_j - e_0)} \quad (7-5)$$

其中，$K_{h_j}(u) = K(h_j^{-1} u)$ 表示高斯核密度函数，h 表示带

宽,由 Hall 等(2004)介绍的最小二乘交叉鉴定数据驱动的方法计算得到。此外,本章运用 Racine 等(2006)和 Racine(2008)提出的非参数回归显著性检验方法对环境变量 e 的作用效应进行统计性检验。

四 环境变量对子生产过程的作用效应

在对整体生产过程效率评估的基础上,第 1 阶段和第 2 阶段子生产过程的效率在环境变量条件下可以分别用以下 WCND 距离函数表示:

$$\text{WCND}^1(x^1, z, z, x^2, y; g|e) = \sup\left\{\gamma_c^1 \middle| \begin{array}{l} \gamma_c^1 = \varpi_1(\sum_{i=1}^m \omega_i\beta_{xi}) + \varpi_2(\sum_{d=1}^D \omega_d\beta_{zd}), \\ (x_i^1 + \beta_{xi}g_{xi}, z_d + \beta_{zd}g_{zd}, z_d, x_p^2, y_r) \in \hat{\psi}_{\text{N-DEA}}^c, \\ \gamma_c = \varpi_1(\sum_{i=1}^m \omega_i\beta_{xi}) + \varpi_2(\varpi_{x^2}\sum_{p=1}^q \omega_p\beta_{xp} + \varpi_y\sum_{r=1}^s \omega_r\beta_{yr}) \end{array}\right\}$$

(7-6)

和

$$\text{WCND}^2(x^1, z, z, x^2, y; g|e) = \sup\left\{\gamma_c^2 \middle| \begin{array}{l} \gamma_c^2 = \varpi_1(\sum_{d=1}^D \omega_d\beta_{zd}) + \varpi_2(\varpi_{x^2}\sum_{p=1}^q \omega_p\beta_{xp} + \varpi_y\sum_{r=1}^s \omega_r\beta_{yr}), \\ (x_i^1, z_d, z_d + \beta_{zd}g_{zd}, x_p^2 + \beta_{xp}g_{xp}, y_r + \beta_{yr}g_{yr}) \in \hat{\psi}_{\text{N-DEA}}^c, \\ \gamma_c = \varpi_1(\sum_{i=1}^m \omega_i\beta_{xi}) + \varpi_2(\varpi_{x^2}\sum_{p=1}^q \omega_p\beta_{xp} + \varpi_y\sum_{r=1}^s \omega_r\beta_{yr}) \end{array}\right\}$$

(7-7)

其中,$\text{WCND}^1(x^1, z, z, x^2, y; g|e) = \gamma_c^1$ 和 $\text{WCND}^2(x^1, z, z, x^2, y; g|e) = \gamma_c^2$ 分别表示第 1 阶段和第 2 阶段子生产过程的平均最大潜在伸缩比例,反映失效率水平的高低,γ_c 是式(7-2)中的最优值。由于 $\gamma_c^1 + \gamma_c^2$ 一般情况下不等于 γ_c,因此,有必要对子生产过程的失效率水平进行调整,即:

$$\text{WCND} = \gamma_c = \gamma_c^{1*} + \gamma_c^{2*},$$

$$\text{WCND}^{1*} = \gamma_c^{1*} = \frac{\gamma_c^{1*}}{(\gamma_c^{1*} + \gamma_c^{2*})}\gamma_c, \quad \text{WCND}^{2*} = \gamma_c^{2*} = \frac{\gamma_c^{2*}}{(\gamma_c^{1*} + \gamma_c^{2*})}\gamma_c$$

(7-8)

其中，γ_c^{1*} 和 γ_c^{2*} 分别表示修正后的第 1 阶段和第 2 阶段子生产过程的平均最大潜在伸缩比例。加权分解的方法避免了子生产过程效率的不唯一性。此外，当 $\gamma_c^{1*} = \gamma_c^{1}$ 和 $\gamma_c^{2*} = \gamma_c^{2}$ 时，本章的加权分解方法和 Fukuyama 和 Weber（2010）的分解方法一样，均存在唯一分解结果。通过定理 7.3，我们同样可以分析环境变量对子生产过程效率的作用效应。环境变量对整体生产过程的作用效应是其对第 1 阶段和第 2 阶段子生产过程作用效应的综合反映。

第三节 蒙特卡洛模拟

一 单变量蒙特卡洛模拟

我们假定，在第 1 阶段子生产过程中，单一原始投入 x_1 生产单一的中间产出 z；在第 2 阶段子生产过程中，中间产出 z 和另一中间投入变量 x_2 生产单一的最终产出 y。另外，模拟的样本大小为 $n=100$，且单一的环境变量 e-Uniform（1，10）。据此模拟以下三种情形。

情形 1：$z = x_1 \exp(-\varepsilon_1)$，$y = z^{0.6} x_2^{0.4} \exp(-\varepsilon_2)$，其中 $x_i \sim$ Uniform（1，5），$i=1,2$，ε_i 是随机真实的失效率水平，服从零均值和单位方差的半正态分布 $\varepsilon_i \sim N^+(0,1)$，$i=1,2$。在情形 1 下，$e$ 对整体生产过程不存在作用效应。

情形 2：$z = (e/5)^{1.5} x_1 \exp(-\varepsilon_1)$，$y = z^{0.6} x_2^{0.4} \exp(-\varepsilon_2)$，其中 x_i 和 ε_i 与情形 1 相同。在情形 2 下，e 对第 1 阶段子生产过程存在正向作用效应，对第 2 阶段子生产过程不存在作用效应。

情形 3：$z = (e/5)^{1.5} x_1 \exp(-\varepsilon_1)$，$y = (e/5)^{1.5} z^{0.6} x_2^{0.4} \exp(-\varepsilon_2)$，其中 x_i 和 ε_i 与情形 1 相同。在情形 1 下，e 对整体生产过程均存在

正向作用效应。

使用本章第二节介绍的方法估计不同带宽下的整体生产过程和子生产过程的 WCND 距离函数值,如表 7-1 所示,其中 $h=0.8341$ 是运用 Hall 等(2004)介绍的最小二乘交叉鉴定数据驱动的方法计算得到的。

表 7-1　　　　　不同带宽下 WCND 距离函数的平均水平

情形	$h=0.8341$				
	整体	第1阶段（修正前）	第2阶段（修正前）	第1阶段（修正后）	第2阶段（修正后）
1	0.7969	0.7665	0.6824	0.4216	0.3753
2	0.8151	1.0476	0.6745	0.4958	0.3193
3	0.8622	1.0476	0.7213	0.5106	0.3516
情形	$h=\infty$				
	整体	第1阶段（修正前）	第2阶段（修正前）	第1阶段（修正后）	第2阶段（修正后）
1	0.8165	0.7742	0.6981	0.4293	0.3872
2	0.8787	4.8618	0.6913	0.7693	0.1094
3	1.3250	4.8618	1.1374	1.0738	0.2512

表 7-1 的情形 1 表明有条件和无条件下测度的 WCND 距离函数值差异较小;表 7-1 的情形 2 表明第 1 阶段的失效率水平在有条件和无条件测度下的结果差异较大;表 7-1 的情形 3 表明不管是整体效率还是阶段效率在有条件和无条件下的结果差异较大。这表明 WCND 距离函数能够测度出环境变量的作用效应。图 7-2 反映了环境变量 e 对整体生产过程效率和阶段效率的具体作用效应。非参数回归曲线与我们的预期相符合,这表明本章构建的环境变量下的 Network-DEA 模型在单投入单产出的情形下能够很好地测度环境变量对整体生产过程效率和子生产过程效率的作用效应。

为了进行带宽选择的敏感度分析,我们重新计算 $h=h\times 0.8$ 和 $h=h\times 1.2$（$h=0.8341$）带宽下的整体生产过程和子生产过程的

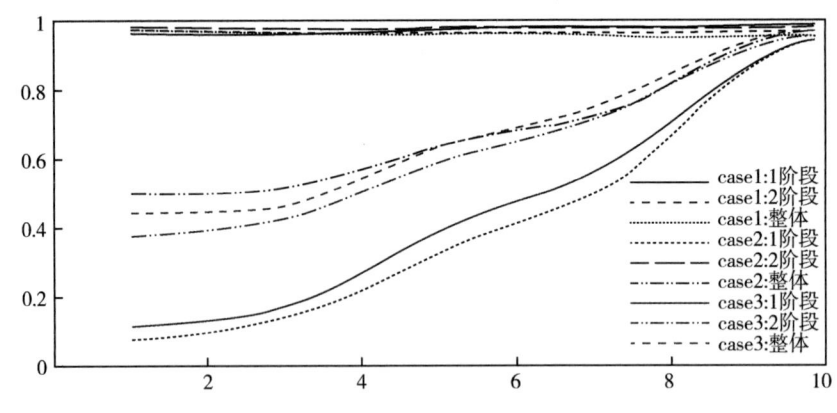

图 7-2　不同情形下单一环境变量作用效应的非参数回归曲线

WCND 距离函数值。在 $h = h \times 0.8$ 和 $h = h \times 1.2$ 带宽下，非参数回归曲线具有和图 5-2 相同的形状，没有发生实质性的改变。① 正如我们的预期，WCND 距离函数的值随着带宽 h 的增加而变大，随着带宽 h 的减少而变小。表 7-2 反映了在 $h = h \times 0.8$ 和 $h = h \times 1.2$ 带宽下的 WCND 距离函数的均值。通过与表 7-1 的对比，我们发现结果对于带宽的选择不敏感，具有较稳定的结果。

表 7-2　　　0.8 与 1.2 倍带宽下 WCND 距离函数的平均水平

情形	$h = 0.8341$	整体	第1阶段（修正前）	第2阶段（修正前）	第1阶段（修正后）	第2阶段（修正后）
1	$h \times 0.8$	0.7960	0.7661	0.6817	0.4212	0.3748
1	$h \times 1.2$	0.7978	0.7669	0.6831	0.4219	0.3759
2	$h \times 0.8$	0.8122	0.8740	0.6737	0.4587	0.3535
2	$h \times 1.2$	0.8180	1.2212	0.6753	0.5267	0.2913
3	$h \times 0.8$	0.8411	0.8740	0.7024	0.4664	0.3748
3	$h \times 1.2$	0.8833	1.2212	0.7402	0.5499	0.3333

---

① 由于在 $h = h \times 0.8$ 和 $h = h \times 1.2$ 带宽下，非参数回归曲线的形状与图 5-2 没有本质的区别，为了节省篇幅，本章不再给出 $h = h \times 0.8$ 和 $h = h \times 1.2$ 带宽下的非参数回归曲线图。

二 多变量蒙特卡洛模拟

在这一部分,我们模拟两个环境变量下 (e_1, e_2) 的生产过程,在第 1 阶段,有两个投入变量 (x_{11}, x_{12}) 和两个中间产出变量 (z_1, z_2),在第 2 阶段,有一个单一的中间投入变量 (x_{21}) 和两个最终产出变量 (y_1, y_2)。情形 4 可以表示为:

情形 4:$z_{1,eff} = \dfrac{(x_{11})^{0.6}(x_{12})^{0.4}}{(s_1)+1}$,$z_{2,eff} = (x_{11})^{0.6}(x_{12})^{0.4} - z_{1,eff}$,

$s_1 = \dfrac{\tilde{z}_{2,eff}}{\tilde{z}_{1,eff}}$;

$z_1 = e_1^{1.5} z_{1,eff} \exp(-\varepsilon_1)$,$z_2 = e_1^{1.5} z_{2,eff} \exp(-\varepsilon_1)$;

$y_{1,eff} = \dfrac{(z_1)^{0.3}(z_2)^{0.3}(x_{21})^{0.4}}{(s_2)+1}$,$y_{2,eff} = (z_1)^{0.3}(z_2)^{0.3}(x_{21})^{0.4} - y_{1,eff}$,

$s_2 = \dfrac{\tilde{y}_{2,eff}}{\tilde{y}_{1,eff}}$;

$y_1 = (11-e_2)^{0.5} y_{1,eff} \exp(-\varepsilon_2)$,$y_2 = (11-e_2)^{1.5} y_{2,eff} \exp(-\varepsilon_2)$

其中,x_{11}、x_{12} 和 x_{21} 服从 *Uniforms* (1, 5),且变量间相互独立;$\tilde{z}_{i,eff}$ 和 $\tilde{y}_{i,eff}$ 服从 *Uniforms* (0.2, 5),$i=1, 2$,且变量间相互独立。环境变量 e_i 服从 *Uniforms* (1, 10),$i=1, 2$。ε_i 是随机真实的失效率水平,服从零均值和单位方差的半正态分布——N^+ (0, 1),$i=1, 2$。在情形 4 下,e_1 对第 1 阶段效率具有正向的作用效应,e_2 对第 2 阶段效率具有负向的作用效应。

使用本章第二节介绍的方法分析情形 4 下的整体生产过程和子生产过程的 WCND 距离函数值,如表 7-3 所示,其中 $h_1 = 0.8980$ 和 $h_2 = 0.8890$ 分别表示环境变量 e_1 和 e_2 的带宽,是运用 Hall 等 (2004) 介绍的最小二乘交叉鉴定数据驱动的方法计算得到的。表 7-3 表明在 $h_1 = 0.8980$,$h_2 = 0.8890$ 下测度的 WCND 距离函数值与 $h_1 = \infty$,$h_2 = \infty$ 下测度的 WCND 距离函数值差异甚大,且 $h_1 = 0.8980$,

$h_2 = 0.8890$ 下测度的 $WCND^{1*}$ 距离函数均值与 $h_1 = \infty$，$h_2 = 0.8890$ 下测度的 $WCND^{1*}$ 距离函数值差异甚大，$h_1 = 0.8980$，$h_2 = 0.8890$ 下测度的 $WCND^{2*}$ 距离函数均值与 $h_1 = 0.8980$，$h_2 = \infty$ 下测度的 $WCND^{2*}$ 距离函数值差异甚大。① 这表明环境变量 e_1 对第 1 阶段效率存在作用效应，环境变量 e_2 对第 2 阶段效率存在作用效应。图 7-3 反映了环境变量 e_1 和 e_2 对整体生产过程效率和阶段效率的具体作用效应。非参数回归曲线与我们的预期相符合，这表明本章构建的环境变量下的 Network-DEA 模型在多投入多产出的情形下能够很好地测度环境变量对整体生产过程效率和子生产过程效率的作用效应。

表 7-3　　　　　情形 4 下 WCDN 距离函数的平均水平

条件			$h_1 = 0.8980$, $h_2 = 0.8890$		
	整体	第 1 阶段（修正前）	第 2 阶段（修正前）	第 1 阶段（修正后）	第 1 阶段（修正后）
1	1.0287	1.4427	0.9103	0.6307	0.3980
条件			$h_1 = 0.8980$, $h_2 = \infty$		
	整体效率	第 1 阶段（修正前）	第 2 阶段（修正前）	第 1 阶段（修正后）	第 1 阶段（修正后）
2	4.2108	1.5487	4.0679	1.1610	3.0497
条件			$h_1 = \infty$, $h_2 = 0.8890$		
	整体	第 1 阶段（修正前）	第 1 阶段（修正前）	第 1 阶段（修正后）	第 1 阶段（修正后）
3	1.4639	5.0197	0.9360	1.2338	0.2301
条件			$h_1 = \infty$, $h_2 = \infty$		
	整体	第 1 阶段（修正前）	第 1 阶段（修正前）	第 1 阶段（修正后）	第 1 阶段（修正后）
4	5.9922	5.2289	4.1424	3.3435	2.6488

① $WCND^{1*}$ 和 $WCND^{2*}$ 分别表示第 1 阶段和第 2 阶段 WCND 距离函数修正后的结果。

图 7-3 情形 4 下两个环境变量的作用效应的非参数回归曲线

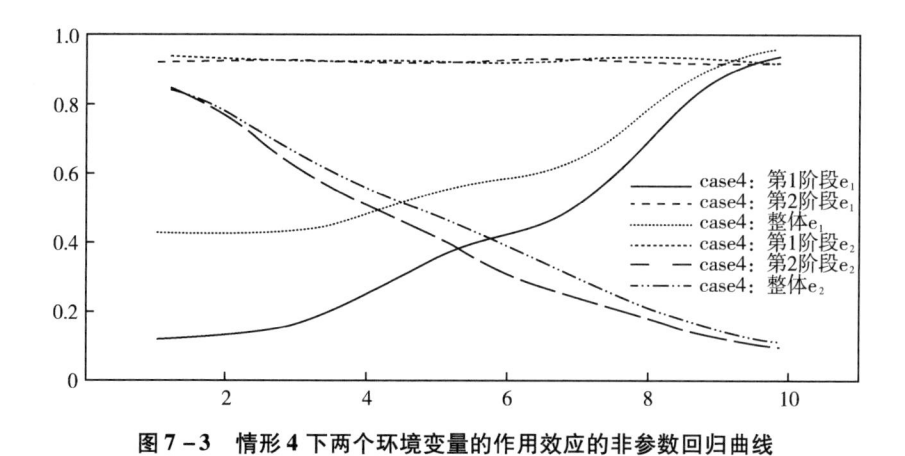

第四节 人口结构变动与自主技术创新

一 创新生产过程分析

本节将运用本章第二节的方法来研究人口年龄结构和人口城乡结构变动对中国省际自主技术创新生产过程（Innovation Production Process，IPP）的作用效应。Hansen 和 Birkinshaw（2007）指出技术创新生产过程是一个二阶段网络结构的生产过程，由知识生成阶段和知识转化阶段组成。图 7-4 给出了一个简化的创新生产过程。在知识生产阶段，R&D 和人员等原始投入要素生成专利等中间产出；在知识转化阶段，专利等中间产出和其他非 R&D 等中间投入要素共同形成新产品等最终产出。Hansen 和 Birkinshaw（2007）的研究表明即使知识生产阶段和知识转化阶段的效率非常低下，但用 DEA 方法测度的创新生产过程整体效率可能会很高。在这种情况下，DEA 方法无法准确地反映真实的 IPP，只有将两个阶段的网络结构加以考虑，才能够有效地测度创新水平。越来越多的文献开始关注 IPP 创新的 Network-DEA 方法研究。在自主技术创新过程中，还存在一些环境变量，例如人口结构变量，即使整个技术创新过程不发生，它们仍然存在，且在技术创新过程中发挥着较为重要的作用。因此，不能简单地将这类变量作为投入或者产出变量。为了将人口结构变量纳入技术创新过程中，我们基于第二节提出的考虑环境变量的 Network-DEA 模型来研究人口结构变动下的自主技术创新情况，并分析人口年龄结构变动和人口城乡结构变动对自主技术创新生产过程、知识生产阶段和知识转化阶段的作用效应。

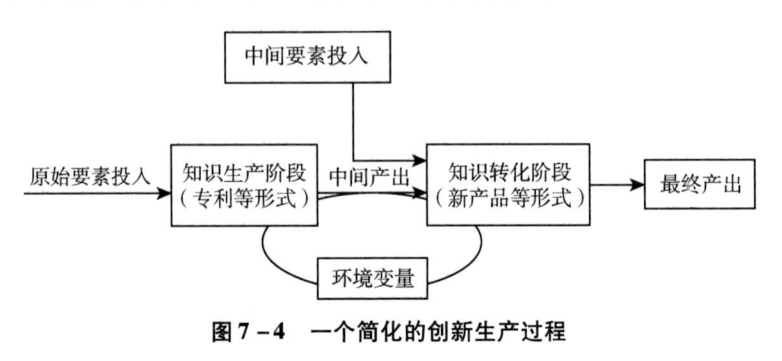

图 7-4 一个简化的创新生产过程

二 数据说明

建立合理的投入产出指标是得到可靠结果的前提和基础。综合大量的现有文献，本章选取 R&D 内部支出和 R&D 人员全时当量作为知识生产过程的投入要素，将专利申请数作为知识生产阶段的中间产出变量。新产品的产值作为知识转化阶段的最终产出变量，技术引进经费支出和新产品开发经费支出作为非 R&D 技术创新的中间投入。[①] 用 15—64 岁人口占比和城镇常住人口占比作为环境变量，分别测度人口年龄结构变动和人口城乡结构变动对自主技术创新的影响效应。由于创新的投入和产出存在时间上的滞后，本章借鉴 Guan 和 Chen（2010）的研究结果，选取知识生产阶段的滞后期为两年，知识转化阶段的滞后期为一年。由于《中国科技统计年鉴》在 2010 年对工业企业相关指标的统计口径是以大中型企业为准的，在 2008 年、

[①] 技术引进经费支出包括引进技术经费支出和技术消化吸收经费支出。

2009年和2011年及以后年份是以规模以上企业作为统计口径的。此外，我国在2011年对规模以上企业的标准也做了相应的调整，2011年以前规定主营业务收入在500万元以上的工业企业为规模以上企业，而2011年开始规定主营业务收入在2000万元以上的工业企业为规模以上企业。因此，即使以规模以上企业作为选取标准，仍存在口径不一致的问题。为了避免口径不一致的影响，本章以规模以上企业作为标准，选取2011—2014年30个省份（除西藏外）作为研究对象。R&D内部支出和R&D人员全时当量数据的时间年份为2011年；专利申请数、技术引进经费支出和新产品开发经费支出数据的时间年份为2013年；新产品产值数据的时间年份为2014年。15—64岁人口占比和城镇常住人口占比用2011—2014年的省际平均值来表示。所有数据均来自相关年份《中国科技统计年鉴》和《中国统计年鉴》。

三　实证结果分析

根据Hall等（2004）提出的最小二乘交叉鉴定数据驱动的方法，对人口年龄结构与人口城乡结构变量的带宽进行估计，15—64岁人口占比的带宽为2.08（下文记为$h_1=2.08$），城镇常住人口占比的带宽为7.82（下文记为$h_2=7.82$）。为了测度人口年龄结构与人口城乡结构对技术创新过程的作用效应，根据第二节的方法，需要分别计算四种不同带宽选择条件下的省际WCND距离函数值。条件1：$h_1=\infty$，$h_2=\infty$；条件2：$h_1=2.08$，$h_2=\infty$；条件3：$h_1=\infty$，$h_2=7.82$；条件4：$h_1=2.08$，$h_2=7.82$。从四种带宽选择条件可知，条件1表示技术创新效率的测度不考虑两个人口结构变量，条件2表示技术创新效率的测度仅考虑人口年龄结构变量，条件3表示技术创新效率的测度仅考虑人口城乡结构变量，条件4表示同时考虑人口结构变量与人口城乡结构变量。

表7-4反映了在条件1与条件4下省际WCND距离函数值结果。以北京为例可以看出，在$h_1=\infty$，$h_2=\infty$条件下，整个技术创新过程的WCND值为1.37，表明北京的技术创新存在着效率的损失，

还没有达到帕累托最优状态，存在着帕累托改进的空间。第2列和第4列表明在 $h_1 = \infty$, $h_2 = \infty$ 和 $h_1 = 2.08$, $h_2 = 7.82$ 条件下 WCND 值的排序结果差异较大，这表明人口结构影响技术创新过程。以广东和重庆为例，广东和重庆在 $h_1 = 2.08$, $h_2 = 7.82$ 条件下的整体创新效率排名分别为第2和第10，而在 $h_1 = \infty$, $h_2 = \infty$ 条件下的整体创新效率排名分别为第11和第2。这表明人口结构作为技术创新过程的环境变量，对创新过程的作用强度会随着环境变量的变化而变化。

表7-4　　在条件1与条件4下省际 WCND 距离函数值

省份	WCND $h_1=\infty$ $h_2=\infty$	排名	WCND $h_1=2.08$ $h_2=7.82$	排名	WCND^{1*} $h_1=\infty$ $h_2=\infty$	排名	WCND^{1*} $h_1=2.08$ $h_2=7.82$	排名	WCND^{2*} $h_1=\infty$ $h_2=\infty$	排名	WCND^{2*} $h_1=2.08$ $h_2=7.82$	排名
北京	1.37	7	0.28	4	1.25	10	0.17	7	0.13	4	0.11	6
天津	1.13	1	0.16	1	1.00	5	0.10	3	0.13	3	0.06	1
河北	2.09	17	1.78	19	1.70	20	0.85	16	0.39	18	0.94	24
山西	2.51	22	2.40	24	2.07	25	2.00	27	0.44	20	0.40	16
内蒙古	3.64	27	3.76	27	2.98	28	3.07	29	0.66	24	0.69	21
辽宁	1.96	16	1.46	17	1.65	18	0.34	11	0.32	16	1.12	26
吉林	2.54	23	1.50	18	2.25	27	1.41	24	0.30	15	0.09	5
黑龙江	4.33	29	4.13	28	3.01	29	2.93	28	1.32	27	1.20	27
上海	1.90	14	0.34	6	1.64	17	0.14	5	0.26	13	0.21	10
江苏	1.23	5	0.22	3	0.97	3	0.04	1	0.26	14	0.18	7
浙江	2.30	19	0.57	8	1.67	19	0.21	9	0.63	22	0.36	15
安徽	2.73	25	2.73	26	0.76	1	0.76	15	1.97	29	1.97	29
福建	1.19	3	0.33	5	0.98	4	0.14	6	0.21	10	0.19	8
江西	1.38	8	1.10	13	1.23	9	0.87	17	0.15	7	0.23	12
山东	1.37	6	0.65	9	1.23	8	0.25	10	0.15	6	0.40	17
河南	3.53	26	2.62	25	2.02	24	1.39	23	1.51	28	1.23	28
湖北	1.76	13	1.16	15	1.43	14	0.19	8	0.33	17	0.97	25
湖南	1.92	15	1.92	20	1.27	11	1.27	22	0.65	23	0.65	20
广东	1.63	11	0.18	2	1.40	13	0.10	4	0.22	11	0.08	4
广西	2.41	20	1.97	21	2.15	26	1.45	25	0.26	12	0.52	19

续表

省份	WCND $h_1=\infty$ $h_2=\infty$	排名	WCND $h_1=2.08$ $h_2=7.82$	排名	WCND^{1*} $h_1=\infty$ $h_2=\infty$	排名	WCND^{1*} $h_1=2.08$ $h_2=7.82$	排名	WCND^{2*} $h_1=\infty$ $h_2=\infty$	排名	WCND^{2*} $h_1=2.08$ $h_2=7.82$	排名
海南	12.06	30	10.55	30	0.95	2	0.94	18	11.11	30	9.62	30
重庆	1.17	2	0.72	10	1.04	6	0.66	12	0.13	5	0.06	3
四川	2.44	21	2.00	23	1.95	22	1.24	20	0.48	21	0.76	22
贵州	2.73	24	1.43	16	2.01	23	1.24	21	0.73	25	0.19	9
云南	1.75	12	1.12	14	1.58	16	1.06	19	0.17	9	0.06	2
陕西	1.20	4	0.52	7	1.07	7	0.07	2	0.13	2	0.45	18
甘肃	2.18	18	1.98	22	1.77	21	1.64	26	0.41	19	0.33	14
青海	1.48	9	0.98	12	1.32	12	0.74	14	0.16	8	0.24	13
宁夏	1.59	10	0.92	11	1.52	15	0.71	13	0.07	1	0.22	11
新疆	4.00	28	4.40	29	3.22	30	3.54	30	0.78	26	0.86	23

表 7-4 的第 6 列、第 8 列、第 10 列和 12 列表明人口结构对知识生产阶段和知识转化阶段的作用程度是不尽相同的。以贵州和海南为例，贵州和海南在 $h_1=2.08$，$h_2=7.82$（人口结构作为环境变量）条件下，知识生产阶段的效率排名分别为第 21 和第 18，在 $h_1=\infty$，$h_2=\infty$（无环境变量）条件下的知识生产阶段的效率排名分别为第 23 和第 2，分别变动 2 位和 16 位；贵州和海南在 $h_1=2.08$，$h_2=7.82$（人口结构作为环境变量）条件下知识转化阶段的效率排名分别为第 9 和第 30，而在 $h_1=\infty$，$h_2=\infty$（无环境变量）条件下知识转化阶段的效率排名分别为第 25 和第 30，分别变动 16 位和 0 位。上述的分析表明，人口结构对技术创新过程及其子过程（包括知识生产过程和知识转化过程）均存在着作用效应，而且这种效应的强度在省际存在着差异，但仅通过表 7-4 还无法分清效应是来源于人口年龄结构，还是来源于人口城乡结构。

为了区分人口结构对技术创新过程及其子过程的具体效应，我们利用本章第二节的式（7-3）进行分析。首先，对 $h_1=2.08$，$h_2=7.82$ 带宽选择条件下测算的 WCND 距离函数值与 $h_1=\infty$，$h_2=7.82$ 带

(a) 人口年龄结构与技术创新知识
生产子过程

(b) 人口年龄结构与技术创新知识
转化子过程

(c) 人口年龄结构与技术创新全过程

(d) 人口城乡结构与技术创新知识
生产子过程

(e) 人口城乡结构与技术创新知识
转化子过程

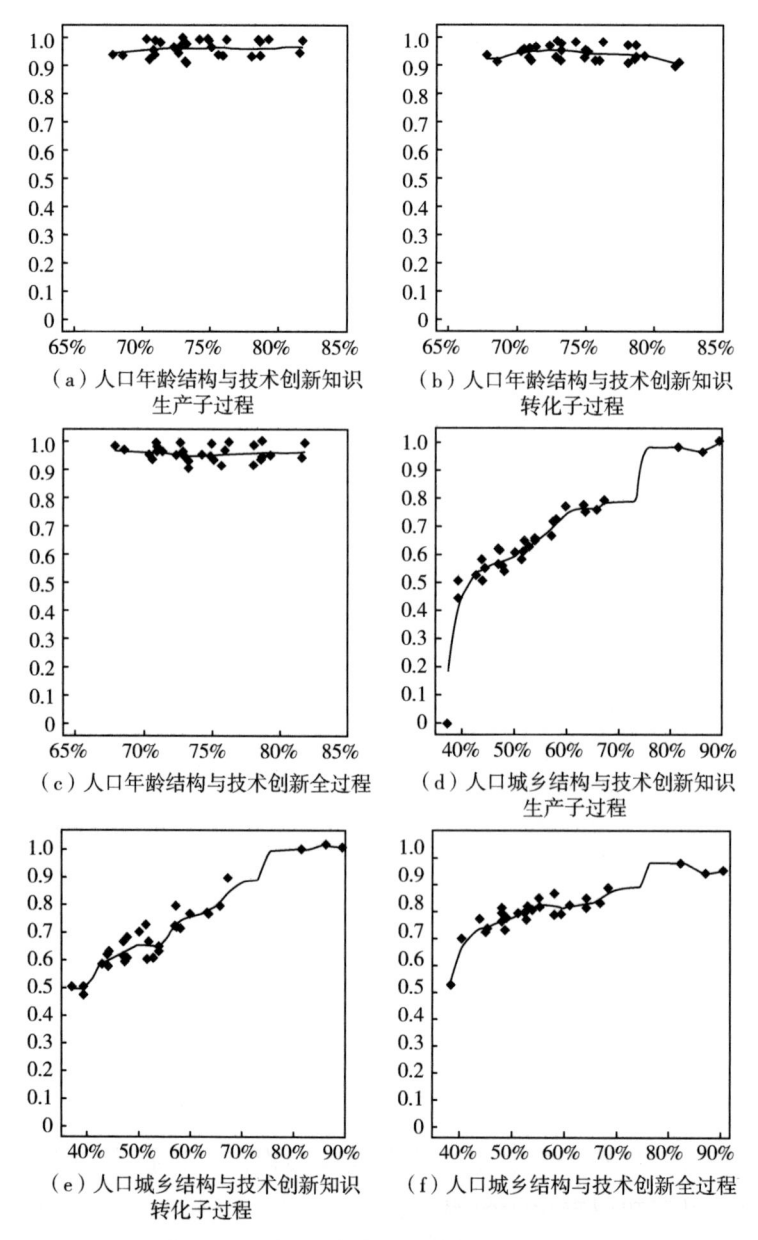

(f) 人口城乡结构与技术创新全过程

图 7-5　人口结构与技术创新间的关系图

宽选择条件下测算的 WCND 距离函数值进行相除，得到式（7-3）中的 Q 变量，再利用核密度估计方法对其人口年龄结构变量（15—64 岁人口占比）进行回归，得到图7-5（a）至图7-5（c）。进一步地，对 $h_1=2.08$，$h_2=7.82$ 带宽选择条件下测算的 WCND 距离函数值与 $h_1=2.08$，$h_2=\infty$ 带宽选择条件下测算的 WCND 距离函数值进行相除，得到式（7-3）中的 Q 变量，再利用核密度估计方法对其人口城乡结构变量（常住城镇人口占比）进行回归，得到图7-5（d）至图7-5（f）。

图7-5（a）至图7-5（c）分别给出了人口年龄结构对技术创新知识生产子过程、技术创新知识转化子过程及技术创新全过程的作用效应，均发现一条接近水平线的回归曲线，这表明我国人口年龄结构对技术创新过程不存在作用效应。这也与第四章和第五章的结论相吻合，中国在过去的30多年里，人口年龄结构变动主要以资本积累和人口红利释放的方式作用于经济增长。该结论暗示我们，尽管人口年龄结构加剧老化，但这并不阻碍我们努力进行技术创新。图7-5（d）至图7-5（f）分别给出了人口城乡结构对技术创新知识生产子过程、技术创新知识转化子过程及技术创新全过程的作用效应，均存在着一条向右上方倾斜的曲线，这表明人口城乡结构对技术创新过程存在正向的作用效应，城镇人口占比的提高有利于我国自主技术创新，这与仇怡（2013）的研究结论一致。通过图7-5（d）至图7-5（f）的对比可以发现，人口城乡结构对知识生产阶段的作用效应要强于知识转化阶段的作用效应，这与现有理论是吻合的。城镇化过程是要素集聚的过程，城镇化一方面提高了人力资本的水平，另一方面有利于新产品与技术的外溢。城镇化两个方面的作用均会提高知识生产水平，因此，城镇化对知识生产过程的作用效应较大。此外，城镇化的外溢效应会提高引进技术的消化与吸收能力，提高知识转化的效率。

第五节　本章小结

本章构建的环境变量下的 Network-DEA 模型不仅放松了环境变量集合和投入产出集合相互独立性的假定，而且能够测度环境变量与效率间的非线性关系。提出的加权条件性网络方向距离函数是一种非径向非导向的效率测度类型，能够测度所有潜在的松弛，且具有转换性、负一阶齐次性和正一阶齐次性等优良性质，同时，本章还表明在一定的条件下，Fukuyama 和 Weber（2010）提出的 NSBI 效率测度类型是 WCND 距离函数的一个特例，Tone 和 Tsutui（2009）的 NSBM 测度结果与 WCND 测度的结果一致，很好地说明了 WCND 距离函数与现有的非径向网络效率测度类型的相互关系。单变量和多变量下的蒙特卡洛模拟结果表明本章构建的模型能够有效地测度异质性环境下的效率，且准确地反映了环境变量对整个生产过程及其子生产过程的作用效应。

本章基于中国省际技术创新过程的实证分析，得出以下结论：第一，不考虑环境变量条件下的自主创新效率及其阶段效率的测度结果排序和考虑人口年龄结构变量、人口城乡结构变量条件下的自主创新效率及其阶段效率的测度结果排序差异较大，表明不考虑环境的异质性会对效率的测度结果产生较大的偏误，人口结构对技术创新过程及其子过程存在作用效应。第二，人口年龄结构对技术创新过程不存在作用效应，这与第二章研究结论相印证，人口年龄结构主要通过资本积累和人口红利释放的方式作用于经济增长，对技术创新的影响较小。人口年龄结构与技术创新间的研究结论启示我们，虽然我国的人口年龄结构不断老化，但并不阻碍我们对技术创新的努力。第三，人口城乡结构对技术创新过程及其子过程具有正向的作用效应，且对知识生产子过程的作用效应比对知识转化子过程的作用效应更强，这与现有经济学理论和文献研究结论一致。人口城乡结构变动是要素集聚的过程，通过人力资本的积累和技术外溢的方式作用于技术创新。该研究结论启示我们，城镇化有助于技术创新和保持经济增长的可持续性。

第 八 章

结论、政策启示与展望

本章是对本书的归纳和总结,在前述经济理论模型定性分析和计量实证定量分析的基础上,对前述主要结论进行回顾和梳理,并为如何优化我国人口结构、促进人口与经济的可持续发展提供一些政策上的启示。本章的第三节针对本书中存在的一些不足之处,指出在未来深入研究过程中有待进一步探讨与完善的地方。

第一节 本书主要结论

本书的主要结论基于本书的研究目的、研究思路及技术路线图,按生育率下降的宏观、微观分析的结论与人口结构变动的经济增长效应的研究结论两大块来回顾与总结。

第一,生育率下降的宏观、微观分析的结论:死亡率和人均收入水平分别与生育率存在正向和负向的相关关系,人力资本水平与女性育龄延迟正向相关。

由出生率、死亡率与人均收入的趋势变化分析可知:其一,死亡率先于出生率下降,在改革开放前,出生率与死亡率存在较好的对应关系,人均 GDP 变动极其缓慢,这一阶段的生育变动不能用人均 GDP 来解释。其二,改革开放后,人均 GDP 与出生率存在一致的下滑趋势,死亡率几乎没有变动,这一阶段的生育变动不能用死亡率解释。

基于时间序列分析结果可知：其一，出生率与死亡率和人均GDP间存在一个长期的均衡关系。人均GDP对出生率具有负向效应，人均收入每相对增加1个单位，出生率绝对量下降5.94个千分点。死亡率对出生率具有正向效应，死亡率每下降1个单位，出生率将下降1.63个千分点。其二，出生率与死亡率是通过偏离长期均衡关系的离差进行调整的，但人均GDP不是，它是一个弱外生变量。从短期的格兰杰因果关系可知，死亡率对出生率存在单向的格兰杰因果关系，死亡率对人均GDP不存在单向的格兰杰因果关系。其三，死亡率对出生率下降的作用效应主要体现在改革开放前，其间，人均GDP水平长期停滞，死亡率先行下降，使出生率随后下降，避免马尔萨斯陷阱在我国的重现。此外，死亡率与生育率间的"剪刀差"形成人口转变过程中巨大的人口红利，这一人口红利在改革开放后得以释放，对经济增长起到巨大的作用。人均收入对出生率下降的作用效应主要体现在我国改革开放后，其人均收入水平的提高与出生率的下降同行，使中国的经济增长逐渐向现代经济增长过渡，形成中国的刘易斯增长阶段。死亡率与人均收入在中国不同的历史时期对生育的转变产生重要影响。

由省际面板数据分析结果得出人均收入与死亡率分别对出生率具有负向和正向的作用效应，结论与时间序列分析结果一致，且出生率与死亡率和人均收入存在的长期均衡关系结果是稳健的，且对内生性、个体异质性与截面系数随机性均是稳健的。

由人力资本投资、女性育龄延长与收入提升分析可得出结论：其一，人力资本投资通过工资水平效应、工资增长效应与时间花费效应影响女性的收入与育龄。女性的早育偏好程度越强，工资增长效应对育龄的负向作用越大，综合的正向作用相对越弱。人力资本投资的增加将引起女性最优生育年龄的延后，但对不同早育偏好程度的女性作用强度不同，育龄延后的程度随着女性早育偏好的减弱而增加。其二，人力资本投资提高女性的收入并延迟女性的育龄，收入提高与育龄延迟的程度均与女性早育偏好的强度呈反向变动。育龄每延迟1年，工资收入以9%左右的速度增加，人力资本投资能够解释女性生育延迟收入效应的多数。

第二，中国人口结构与经济增长间的关系的研究结论：人口年龄结构促进了经济的增长，但其正向效应强度随着人口年龄结构老化程度的加剧而减弱；人口城乡结构变动对经济增长具有正向的促进作用；人口年龄结构不影响我国自主技术创新，而人口城乡结构对技术创新具有正向效应。人口年龄结构对经济增长的影响存在着主导路径与效应方向的双重转变压力。

基于内生经济增长理论与修正的世代交叠模型分析可知：其一，个人的最优储蓄率受生育率、出生婴儿死亡率、预期寿命、少儿抚养比和老年人抚养比的影响。生育率具有负向的预防性储蓄效应，而出生婴儿死亡率和预期寿命具有正向的预防性储蓄效应。少儿抚养比与老年人抚养比均产生负担效应。生育率、出生婴儿死亡率与预期寿命不仅对储蓄率具有直接效应，还通过影响少儿抚养比和老年人抚养比对储蓄率产生间接效应。其二，生育率对经济增长存在预防性储蓄、公共人力资本投资与私人人力资本投资三种效应。当生育率下降时，若正向的预防性储蓄效应与私人人力资本投资效应大于负向的公共人力资本投资效应，则生育率对经济增长具有积极作用；反之，若正向的预防性储蓄效应与私人人力资本投资效应无法抵消负向的公共人力资本投资效应，则生育率对经济增长具有消极作用。其三，出生婴儿死亡率对经济增长存在两种作用方向相反的效应，即人力资本投资效应与预防性储蓄效应。当死亡率下降时，若正向的人力资本投资效应大于负向的预防性储蓄效应，则死亡率降低对经济增长具有积极作用；反之，若正向的人力资本投资效应无法抵消负向的预防性储蓄效应，则死亡率降低对经济增长具有消极作用。其四，预期寿命对经济增长存在寿命储蓄效应、人力资本投资效应与人力资本折旧效应三种作用效应。当延长预期寿命时，若预期寿命延长产生的正向寿命储蓄效应与人力资本投资效应小于负向的人力资本折旧效应,则预期寿命延长对经济增长具有消极作用;反之,若预期寿命延长产生的正向寿命储蓄效应与人力资本投资效应大于负向的人力资本折旧效应,则预期寿命延长对经济增长具有积极作用。其五,人口结构变动对经济增长的综合效应取决于生育率、出生婴儿死亡率与预期寿命通过物质资本路径与人力资本路径直接作用的经济增长的效应和通过改变抚养比间接作用于经济增长的效应之和,且综合效应的方向具有不确定性。

基于静态空间面板数据模型分析结果可知:其一,生育率通过储蓄—投资路径和人力资本路径对经济增长的综合效应为正,生育率的公共人力资本投资效应大于预防性储蓄效应与私人人力资本投资效应之和。当生育率下降时,正向的预防性储蓄效应与私人人力资本投资效应之和不足以抵消负向的公共人力资本投资效应,生育率的下降将对经济增长产生负向效应。其二,出生婴儿死亡率通过储蓄—投资路径和人力资本路径对经济增长的综合效应为负,出生婴儿死亡率的人力资本投资效应大于其预防性储蓄效应。死亡率下降产生的正向人力资本投资效应大于负向的预防性储蓄效应,死亡率对经济增长具有消极作用。其三,预期寿命年限通过储蓄—投资路径和人力资本路径对经济增长的综合效应为负,预期寿命年限延长产生的正向寿命储蓄效应与人力资本投资效应无法抵消负向的人力资本折旧效应,对经济增长存在负向作用。预期寿命年限的延长使人口结构趋于老化,加快了人力资本的折旧速度。其四,人口结构变动对 OECD 国家的经济增长产生负向效应,年均贡献率为 -0.0422%,尤其是日本的人口结构变动对其经济增长带来的负向效应更大,年均贡献率为 -0.1408%。OECD 国家人口结构变动产生的负向效应的根源是老龄化程度的加剧。中国人口结构变动在过去的 40 多年里对中国的经济增长年均贡献率为 0.0212%,其中出生婴儿死亡率的下降和少儿抚养负担的减轻是其贡献产生的主要来源,这与中国"第一次人口红利"释放相吻合。虽然过去中国人口结构变动对经济增长产生正向效应,但生育率的下降对经济增长产生较大的负向作用，且随着中国老龄化程度的不断加深，老年人抚养负担不断加重，其带来的负担效应将拖累中国未来的经济增长。

基于本书构建的包含时空相关与异方差分布的随机扰动项结构的动态空间面板数据模型分析结果可知：其一，本书关于时间相关系数与空间相关系数提出的矩类估计量具有一致性和渐近正态性等大样本性质，蒙特卡洛模拟试验表现出良好的有限样本性质。其二，经济增长存在时空效应且国家间具有异质性，在研究人口结构变动的经济增长效应时，不能忽视经济增长的时空效应及其异质性问题。其三，除生育率外，其他人口结构变动因素的实证结果与静态空间面板数据模型结果一致。随着人口结构的老化，适当提高生育率有助于经济的增长。

人口城乡结构与经济增长间的关系结论表明：其一，城镇户籍劳动力与城乡流动劳动力间存在比较优势，城乡人口流动能够促进经济的增长，特别是劳动密集型产业的生产规模扩张速度最快，但会扩大农产品的产出缺口。其二，家庭生育决策对劳动力市场流动形成二次配置。城乡人口流动促进生育率的下滑和育龄的延迟，通过资本扩张与生育质量提升，促进经济增长。其三，资本"潮涌"、需求骤降与人口红利衰竭对经济的可持续构成潜在威胁。人力资本投资方向的引导与收入教育不平等的减少有利于继续吸纳农村劳动力、推进城镇化、保证生育水平、促进经济增长的可持续。

基于环境变量的网络 DEA 模型分析结果可知：其一，人口年龄结构对技术创新过程不存在作用效应，这与第四章的研究结论相印证，人口年龄结构主要通过资本积累和人口红利释放方式作用于经济增长，对技术创新的影响较小。人口年龄结构与技术创新间的研究结论启示我们，虽然我国的人口年龄结构不断老化，但其并不阻碍我们对技术创新的努力。其二，人口城乡结构对技术创新过程具有正向的作用效应，且对知识生产子过程的作用效应比知识转化子过程的作用效应更强，这与现有经济学理论和文献研究结论一致。人口城乡结构变动是要素集聚的过程，通过人力资本的积累和技术的外溢方式作用于技术创新。该研究结论启示我们，城镇化有助于技术创新和保持经济增长的可持续性。

第二节　政策启示

当前，中国正处于人均 GDP 3000 美元以上和 1 万美元以下的"中等收入陷阱"发展阶段。在未跨越"中等收入陷阱"之时，我国已经在 21 世纪初开始步入人口老龄化社会，出现"未富先老"的现象。为了应对人口老龄化，实现我国人口结构的优化，保障中国经济的可持续增长，根据前述定性理论研究和定量实证研究结论，本书提出以下几点政策建议。

第一，放开生育的同时，增加对公共基础教育的投入并保障其公平性，提升公共教育的平均质量水平，实现生育数量增加的同时保证生育质量。这是因为放开生育后，在家庭收入水平不变的情况下，生育率的上升会减少家庭对未来的预防性储蓄，且孩子的人均人力资本投资水平会下降，要实现生育水平的提高与经济增长水平的保持，公共人力资本投资的增长速度至少要高于预防性储蓄和私人人力资本投资下降的速度，使人力资本流量增加的效应大于物质资本存量减少的效应，保持经济的平稳增长。教育是养育孩子成本中最重要的一部分，家庭生育孩子时会考虑孩子将来的教育问题，会将当期的公共教育情况纳入考虑，公共基础教育资源分配的不公也是公共基础教育薄弱的特殊表现。当公共教育资源过分集中于片区，会提高养育孩子的成本，父母面对高额的孩子教育成本时，他们对二胎生育会望而却步。因此，应引导公共教育投入流向相对薄弱的地区，防止师资力量、先进教育设备等公共教育资源扎堆，出现更多的学区房。应鼓励与倡导优秀师资力量在合理区域内轮动教学，从学区房的供给侧进行改革，配合教育需求端。

第二，发展智慧健康养老产业，增加就业岗位，促进经济增长。

当前我国正处于人口空间流动加速、产业结构升级与人口老龄化程度加深的阶段，人们的居住空间环境与生活方式均在不断地发生变化。面对巨大的健康与养老需求，现有的健康、养老资源供给已经相对不足，老年产业的信息技术应用水平较低，难以满足人民群众对健康养老日益增长的需求。智慧健康养老借助物联网平台，利用云计算、大数据以及智能硬件等新型信息技术产品，实现了个人与家庭养老需求和社会健康养老资源供给间的有效对接，优化健康养老资源的配置，推动健康养老服务智慧化升级，提升健康养老服务质量效率水平。此外，智慧健康养老产业的发展有助于国家培育新产业、新业态与新模式，通过发展智慧健康养老产业，促进信息消费增长，推动信息技术产业转型升级，完善我国产业结构，促进经济的可持续发展。

第三，在关注生育转变的社会政策成因的同时，应更加重视生育转变的经济因素。女性教育水平和平均家庭收入水平的提高导致生育成本的不断上升。生育面临时间成本（提前备孕、十月怀胎、坐月子与休养）、经济成本与工作成本（产假或失业、丧失事业晋升机会）。此外，城镇化的推进与房价的上涨，以及公共服务资源的稀缺，均会提高家庭抚育子女的成本，降低父母的生育意愿。因此，在生育政策的制定过程中，应将上述的经济因素纳入考虑的范畴。

第四，倡导企业将追逐利润与女性人文关怀兼顾，适当地对实施生育休假良好的企业提供一定的补贴和税收优惠。企业与商业组织趋利避害、节约成本，是它们追逐利润最大化的本能，个别社会责任感不足和缺乏女性人文关怀的企业难以落实生育产假，出现有假不能休的现象。同时，企业也存在新进员工休产假的问题，难以避免个别员工不合理利用规则，平添企业成本，让企业"买单"，导致企业在用工方面歧视女性，甚至是千方百计地拒收女性员工。因此，一方面为了能让女性员工实现产假；另一方面为了保证企业的利益，实现生育产假的实际可操作性，可以考虑对实施生育休假良好的企业提供适当的补贴与税收优惠，使企业能够心甘情愿地为员工打开便捷之门，将生育奖励落到实处。

第五，实现地区间人口的无限制流动，缩小地区间的贫富差距。本书前述实证研究结论表明了收入差距的扩大会降低生育水平，缩小家庭与家庭间、地区与地区间的收入差距有益于生育率的回升。除城镇化政策因素的引导外，人口在空间的流动本质上是地区间人均收入差距的结果，人均收入水平高的地区吸引人口流入。陆铭（2016）在《大国大城》中指出地区间人口无限制流动可以实现地区间人均 GDP 的均衡，尽管地区间在总量 GDP 上差距较大，且人口高度密集地区仅占总面积的较小部分。我国地区间在过去的十几年里，基础交通设施建设突飞猛进，且农民工市民化进程加快，各地已普遍取消户口性质区分，放开落户限制的地区范围扩大，这些都将有利于实现人口的无限制流动。

第三节　本书的不足及展望

由于人口结构问题的复杂性、笔者知识积累的局限性以及研究时间的有限性，在理论分析与经验实证研究过程中，存在一些有待今后进一步解决和完善的地方，主要有以下三个方面。

第一，可用计量模型的限制。尽管本书在针对人口结构变动的经济增长效应研究过程中，提出了包含时空相关与异方差分布的空间面板数据模型，解决了经济增长的时空效应所产生的内生性问题，但是人口结构研究中还存在变系数问题，有待进一步研究。我国经济增长存在明显的结构差异特征。结构性差异具体体现在不同区域所处的经济发展阶段、资源禀赋、能源消费种类和主导产业间的差异，以及同一区域的经济发展水平、产业结构、技术水平和能源消费偏好随时间的变动。结构差异使相同的人口结构变动程度在不同的经济发展阶段对经济增长的边际效应不一，在模型上体现为变系数特征，而现有的空间面板数据模型无法解决这一问题。今后的研究过程将把变系数函数纳入空间数据面板模型的研究中，由常系数空间面板数据模型拓展至变系数空间面板数据模型。

第二，国内生育方面微观数据的匮乏。本书更多地是从宏观层面对生育成因及其效应进行探讨，对微观层面的探讨也仅限于人力资本投资的视角，而与生育转变相关的其他因素，例如房价等经济因素，由于数据的匮乏而无法展开研究。因此，今后的深入研究过程将结合社会问卷调查，组织生育方面微观数据的收集，获取国内生育方面的微观数据，从微观层面分析生育转变的更多成因及效应。

第三，本书对于人口结构优化方面的政策研究主要针对生育政策，而对其他公共政策缺乏关注，彭希哲和胡湛（2011）指出应对人口老龄化需重构当前公共政策体系。未来的研究将重视延迟退休等政策对社会经济的作用效应。同时，构建人口结构优化的多维度、多层级政策指标体系，实现人口结构优化的全方位评估。

附　　录

附录A　与第五章五个定理证明相关的四个定理及证明[①]

定理A1：假定 ε_{it} 满足 $E\varepsilon_{it}=0$，$E\varepsilon_{it}^2=\sigma_{i,n}^2$，存在一些 η 且 $0<\underline{a}^{\sigma}\leqslant\sigma_{i,nT}^2\leqslant\bar{a}^{\sigma}<\infty$ 使 $\sup E\varepsilon_{it}^{4+\eta}<\infty$。此外，对每一 $n\geqslant 1$，$T\geqslant 1$，随机变量 $\{\varepsilon_{it}:1\leqslant i\leqslant n, 1\leqslant t\leqslant T\}$ 完全独立。令 $v_t=\sum_{h=0}^{h^*}\dot{\rho}(h)\varepsilon_{t-h}$，其中 $\dot{\rho}(h)=\rho^h$，$\varepsilon_t=(\varepsilon_{1t},\cdots,\varepsilon_{nt})'$，$v_t=(v_{1t},\cdots,v_{nt})'$。让 $\bar{v}_t=1/T\sum_{t=1}^{T}v_t$，$v_t^*=v_t-\bar{v}_t$，$v^*=(v_1^{*'},\cdots,v_T^{*'})'$，令 J_T 是一个 $T\times T$ 的矩阵，其 (t,s) 元素为 $\sum_{h=0}^{h^*}[\dot{\rho}(h)\dot{\rho}(|t-s|+h)-\dot{\rho}(h)\ddot{\rho}(T-t+h)-\dot{\rho}(h)\ddot{\rho}(T-s+h)+\ddot{\rho}^2(h)]$，那么：

（1）$\bar{v}_t=\sum_{h=0}^{h^*}\ddot{\rho}(h)\varepsilon_{T-h}$，其中，

$$\ddot{\rho}(h)=\begin{cases}(1-\rho^{h+1})/T(1-\rho), & h<T-1 \\ (1-\rho^T)\rho^{h-(T-1)}/T(1-\rho), & h\geqslant T-1\end{cases};$$

（2）$Ev^*v^{*'}=J_T\otimes\sum_n$

证明：（1）证明省略。由 $Ev_t^*v_s^{*'}=E(v_t-\bar{v}_T)(v_s-\bar{v}_T)'=$

[①] 附录A是附录B证明时要提前用到的四个定理，附录A对这四个定理进行证明。

$Ev_t v'_s - Ev_t \bar{v}'_T - E\bar{v}_T v'_s + E\bar{v}_T \bar{v}'_T$。

其中第一项等于 $\sum_{h=0}^{h^*} \dot{\rho}(h) \dot{\rho}(|t-s|+h) \sum_n$，第二项等于 $\sum_{h=0}^{h^*} \dot{\rho}(h) \ddot{\rho}(T-t+h) \sum_n$，第三项等于 $\sum_{h=0}^{h^*} \dot{\rho}(h) \ddot{\rho}(T-s+h) \sum_n$，最后一项等于 $\sum_{h=0}^{h^*} \ddot{\rho}^2(h) \sum_n$，因此，可以得到 $Ev_t^* v_s^{*'} = (J_{ts,T}) \sum_n$，进而得证（2）。

定理 A2：让 $\xi_t = (\xi_{1t}, \cdots, \xi_{nt})'$，$t=1, \cdots, T$ 和 $\xi = (\xi'_1, \cdots, \xi'_T)'$ 是随机向量，且满足零均值和正定方差—协方差矩阵 $J_T \otimes \sum_n$。让 $P = (a_{ij})$ 和 $Q = (b_{ij})$ 为 $n \times n$ 非随机对称矩阵，α 和 β 为 $nT \times 1$ 非随机向量。考虑分解 $J_T = \Gamma_T \Gamma'_T$ 和 $\sum_n = S_n S'_n$，让 $P^* = (p_{ij}^*) = S'_n P S_n$，$Q^* = (q_{ij}^*) = S'_n Q S_n$，$\Gamma^* = (\gamma_{ts}^*) = \Gamma'_T \Gamma_T$，$\alpha^* = (\Gamma'_T \otimes S'_n)\alpha$，$\beta^* = (\Gamma'_T \otimes S'_n)\beta$。此外，令 $\eta = (\eta'_1, \cdots, \eta'_T)' = (\Gamma_T^{-1} \otimes S_n^{-1})\xi$。则 η_{it} 对每一 i 和 t 具有零均值、单位方差和有限的三阶和四阶矩 $E(\eta_{it}^3) = \mu_{\eta_u}^{(3)}$，$E(\eta_{it}^4) = \mu_{\eta_u}^{(4)}$。那么：

（1）$E(\xi'(I_T \otimes P_n)\xi + \alpha'\xi) = tr(J_T) \times tr(P_n \sum_n)$；

（2）$cov(\xi'(I_T \otimes P_n)\xi + \alpha'\xi, \xi'(I_T \otimes Q_n)\xi + \beta'\xi) = 2tr(J_T^2) \times tr(P_n \sum_n Q_n \sum_n) + \alpha'(J_T \otimes \sum_n)\beta + \sum_{i=1}^{n}\sum_{t=1}^{T}\gamma_{tt,T}^*(p_{ii,n}^*\beta_{n(t-1)+i}^* + q_{ii,n}^*\alpha_{n(t-1)+i}^*)\mu_{\eta_u}^{(3)} + \sum_{i=1}^{n}\sum_{t=1}^{T}\gamma_{tt,T}^{*2}p_{ii,n}^*q_{ii,n}^*(\mu_{\eta_u}^{(4)}-3)$

证明：由于 $\xi'(I_T \otimes P_n)\xi + \alpha'\xi = \eta'(\Gamma^* \otimes P^*)\eta + \alpha^{*'}\eta$，$\xi'(I_T \otimes Q_n)\xi + \beta'\xi = \eta'(\Gamma^* \otimes Q^*)\eta + \beta^{*'}\eta$。$E(\xi'(I_T \otimes P_n)\xi + \alpha'\xi) = E(\eta'(\Gamma^* \otimes P^*)\eta + \alpha^{*'}\eta) = tr(\Gamma^* \otimes P^*) = tr(\Gamma^*) \times tr(P^*) = tr(J_T) \times tr(P_n \sum_n)$，（1）得证。

$E(\xi'(I_T \otimes P_n)\xi + \alpha'\xi)(\xi'(I_T \otimes Q_n)\xi + \beta'\xi)$

$= E(\eta'(\Gamma^* \otimes P^*)\eta + \alpha^{*'}\eta)(\eta'(\Gamma^* \otimes Q^*)\eta + \beta^{*'}\eta)$

$= E(\eta'(\Gamma^* \otimes P^*)\eta\eta'(\Gamma^* \otimes Q^*)\eta + \eta'(\Gamma^* \otimes P^*)\eta\beta^{*'}\eta +$

$$\alpha^{*\prime}\eta\eta^{\prime}(\Gamma^{*}\otimes Q^{*})\eta+\alpha^{*\prime}\eta\beta^{*\prime}\eta)$$

$$E(\eta^{\prime}(\Gamma^{*}\otimes P^{*})\eta\eta^{\prime}(\Gamma^{*}\otimes Q^{*})\eta)=E(\eta^{\prime}A\eta\eta^{\prime}B\eta)=$$

$$E\sum_{i=1}^{n}\sum_{j=1}^{n}\sum_{k=1}^{n}\sum_{l=1}^{n}\sum_{t=1}^{T}\sum_{s=1}^{T}\sum_{r=1}^{T}\sum_{o=1}^{T}a_{it,js}b_{kr,lo}\eta_{it}\eta_{js}\eta_{kr}\eta_{lo}$$

由于 η_{it} 独立同分布，因此，仅当 $i=j=k=l$, $t=s=r=o$; $i=j=k=l$, $t=s\neq r=o$; $i=j=k=l$, $t=r\neq s=o$; $i=j=k=l$, $t=o\neq r=s$; $i=j\neq k=l$, $t=s\neq r=o$; $i=k\neq j=l$, $t=r\neq s=o$ 和 $i=l\neq j=k$, $t=o\neq s=r$ 时，$E\eta_{it}\eta_{js}\eta_{kr}\eta_{lo}$ 不为零。故：

$$E(\eta^{\prime}(\Gamma^{*}\otimes P^{*})\eta\eta^{\prime}(\Gamma^{*}\otimes Q^{*})\eta)=E(\eta^{\prime}A\eta\eta^{\prime}B\eta)$$

$$=\sum_{i=1}^{n}\sum_{t=1}^{T}a_{it,it}b_{it,it}E(\eta_{it}^{4})+\sum_{i=1}^{n}\sum_{t=1}^{T}\sum_{s=1,s\neq t}^{T}(a_{it,it}b_{is,is}+a_{it,is}b_{it,is}+a_{it,is}b_{is,it})E(\eta_{it}^{2}\eta_{is}^{2})+\sum_{i=1}^{n}\sum_{j=1,j\neq i}^{n}\sum_{t=1}^{T}\sum_{s=1,s\neq t}^{T}(a_{it,it}b_{js,js}+a_{it,js}b_{it,js}+a_{it,js}b_{js,it})E(\eta_{it}^{2}\eta_{js}^{2})$$

$$=\sum_{i=1}^{n}\sum_{t=1}^{T}\gamma_{tt,T}^{*2}p_{ii,n}^{*}q_{ii,n}^{*}(\mu_{\eta_{u}}^{(4)}-3)+\sum_{i=1}^{n}\sum_{j=1}^{n}\sum_{t=1}^{T}\sum_{s=1}^{T}\gamma_{tt,T}^{*}\gamma_{ss,T}^{*}p_{ii,n}^{*}q_{jj,n}^{*}+2\gamma_{ts,T}^{*2}p_{ij,n}^{*}q_{ij,n}^{*}$$

$$=\sum_{i=1}^{n}\sum_{t=1}^{T}\gamma_{tt,T}^{*2}p_{ii,n}^{*}q_{ii,n}^{*}(\mu_{\eta_{u}}^{(4)}-3)+tr^{2}(\Gamma^{*})tr(P^{*})tr(Q^{*})+2tr(\Gamma^{*2})tr(P^{*}Q^{*})$$

$$=\sum_{i=1}^{n}\sum_{t=1}^{T}\gamma_{tt,T}^{*2}p_{ii,n}^{*}q_{ii,n}^{*}(\mu_{\eta_{u}}^{(4)}-3)+tr^{2}(J_{T})tr(P_{n}\sum_{n})tr(Q_{n}\sum_{n})+2tr(J_{T}^{2})tr(P_{n}\sum_{n}Q_{n}\sum_{n})$$

$$E(\eta^{\prime}(\Gamma^{*}\otimes P^{*})\eta\beta^{*\prime}\eta)=E(\eta^{\prime}A\eta\beta^{*\prime}\eta)=E\sum_{i=1}^{n}\sum_{j=1}^{n}\sum_{k=1}^{n}\sum_{t=1}^{T}\sum_{s=1}^{T}\sum_{r=1}^{T}a_{it,js}\beta_{n(r-1)+k}^{*}\eta_{it}\eta_{js}\eta_{kr}$$，仅当 $i=j=k$, $t=s=r$ 不为零时，故：

$$E(\eta^{\prime}A\eta\beta^{*\prime}\eta)=\sum_{i=1}^{n}\sum_{t=1}^{T}a_{it,it}\beta_{n(t-1)+i}^{*}E(\eta_{it}^{3})$$

$$=\sum_{i=1}^{n}\sum_{t=1}^{T}\gamma_{tt,T}^{*}p_{ii,n}^{*}\beta_{n(t-1)+i}^{*}\mu_{\eta_{u}}^{(3)}。$$

相似地，$E(\eta'B\eta\alpha^{*'}\eta) = \sum_{i=1}^{n}\sum_{t=1}^{T}b_{it,it}\alpha^*_{n(t-1)+i}E(\eta^3_{it}) = \sum_{i=1}^{n}\sum_{t=1}^{T}\gamma^*_{u,T}q^*_{ii,n}\alpha^*_{n(t-1)+i}\mu^{(3)}_{\eta_u}$。

$$E(\alpha^{*'}\eta\beta^{*'}\eta) = E\sum_{i=1}^{n}\sum_{j=1}^{n}\sum_{t=1}^{T}\sum_{s=1}^{T}\alpha^*_{n(t-1)+i}\beta^*_{n(s-1)+j}\eta_{it}\eta_{js}$$

$$= \sum_{i=1}^{n}\sum_{t=1}^{T}\alpha^*_{n(t-1)+i}\beta^*_{n(t-1)+i}E\eta_{it}\eta_{jt}$$

$$= \sum_{i=1}^{n}\sum_{t=1}^{T}\alpha^*_{n(t-1)+i}\beta^*_{n(t-1)+i}E\eta_{it}\eta_{jt} = \alpha^{*'}\beta^*$$

$$= [(\Gamma'_T \otimes S'_n)\alpha]'[(\Gamma'_T \otimes S'_n)\beta]$$

$$= \alpha'(J_T \otimes \sum_n)\beta$$

将上面四个部分加总即可证得 (2)。进一步地，当 ξ's 服从正态分布时，我们有 $\mu^{(4)}_{\eta_u} - 3 = 0$。当 P_n 与 Q_n 所有主对角线上的元素均为零时，结论 (2) 可以进一步地化简为 $2tr(J^2_T) \times tr(P_n \sum_n Q_n \sum_n) + \alpha'(J_T \otimes \sum_n)\beta$。

定理 A3：考虑以下二次随机形式：

$$Q_{r,nT} = v^{*'}(I_T \otimes C_{r,n})v^* + \alpha'_r v^*, \quad r = 1, \cdots, m$$

其中 $C_{r,n}$ 与 α_r 分别表示 $n \times n$ 非随机对称矩阵和 $nT \times 1$ 非随机向量，其他变量定义与定理 A2 相同。令 $Z_{nT} = [Q_{1,nT}, \cdots, Q_{m,nT}]$，$\mu_{Z_{nT}} = [\mu_{Q_{1,nT}}, \cdots, \mu_{Q_{m,nT}}]$，$\sum_{Z_{nT}} = [\sigma_{Q_{m,nT}}]$，$r, s = 1, \cdots, m$。此外，考虑分解 $\sum_{Z_{nT}} = (\sum^{1/2}_{Z_{nT}})(\sum^{1/2}_{Z_{nT}})$。假定正文中的假设 5.1 至假设 5.5 满足，且 $n^{-1}\lambda_{\min}(\sum_{Z_{nT}}) > const$，那么：

$$\sum^{1/2}_{Z_{nT}}(Z_{nT} - \mu_{Z_{nT}}) \xrightarrow{d} N(0, I_m)。$$

证明：假定 $\kappa_{1ts} = \sum_{h=0}^{h^*}[\dot{\rho}(h)\dot{\rho}(|t-s|+h) - \dot{\rho}(h)\ddot{\rho}(T-t+h) - \dot{\rho}(h)\ddot{\rho}(T-s+h) + \ddot{\rho}^2(h)]$ 为一常数，则 $Ev^{*'}_t v^*_s = \kappa_{1ts} \cdot tr(\sum_n)$。因此，$Q_{r,nT} - \mu_{Q_{r,nT}}$，$r = 1, \cdots, m$ 可以表示为：

$$Q_{r,nT} - \mu_{Q_{r,nT}} = \sum_{t=1}^{T} \left(\sum_{i=1}^{n} \sum_{j=1}^{n} c_{r,ij} v_{it}^* v_{jt}^* + \sum_{i=1}^{n} \alpha_{r,i+(t-1)n} v_{it}^* + \sum_{i=1}^{n} c_{r,ii} \sigma_{i,tt,nT}^{*2} \right) = \sum_{t=1}^{T} \sum_{i=1}^{n} y_{it,r,nT}$$

其中 $y_{it,r,nT} = c_{r,ii} (v_{it}^{*2} - \sigma_{i,tt,nT}^{*2}) + v_{it}^* \left(\alpha_{r,i+(t-1)n} + 2 \sum_{j=1}^{i-1} c_{r,ij} v_{jt}^* \right)$。

令 $\{y_{it,r,nT}, \zeta_{it,nT}, 1 \leq i \leq n, 1 \leq t \leq T\}$ 是概率空间 (Ω, ζ, P) 上的一组随机变量,其中 $\{\zeta_{it,nT}, 1 \leq i \leq n, 1 \leq t \leq T\} = \sigma(v_{11}^*, \cdots, v_{n1}^*, \cdots, v_{1,t-1}^*, \cdots, v_{n,t-1}^*, v_{1t}^*, \cdots, v_{nT}^*)$ 是一组 sigma 代数。由于 $E(y_{it,r,nT} | \zeta_{n,t-1,nT}) = 0$ 和 $E(y_{it,r,nT} | \zeta_{i-1,t,nT}) = 0$,因此,$\{y_{it,r,nT}, \zeta_{it,nT}, 1 \leq i \leq n, 1 \leq t \leq T\}$ 是一组鞅差分序列 MD。我们将利用 Gänssler 和 Stute (1977) 的鞅中心极限定理证明 $\sum_{t=1}^{T} \sum_{i=1}^{n} y_{it,r,nT}$ (该定理的更多信息可见 Pöscher 和 Prucha, 1997 及 Yu 等, 2008)。由 $y_{it,r,nT}$ 是鞅差分可得 $\sigma_{Q_{r,nT}}^2 = \sum_{t=1}^{T} \sum_{i=1}^{n} y_{it,r,nT}^2$,进而 $\frac{1}{nT} \sigma_{Q_{r,nT}}^2 = O(1)$。定义标准化变量 $y_{it,r,nT}^* = \frac{y_{it,r,nT}}{\sigma_{Q_{r,nT}}}$,$\{y_{it,r,nT}^*, \zeta_{it,nT}, 1 \leq i \leq n, 1 \leq t \leq T\}$ 同样也是鞅差分双重序列,且

$$\frac{Q_{r,nT} - \mu_{Q_{r,nT}}}{\sigma_{Q_{r,nT}}} = \sum_{t=1}^{T} \sum_{i=1}^{n} y_{it,r,nT}^* = \frac{y_{it,r,nT}}{\sigma}。$$

因此,定理 A3 的证明等价于以下两个条件的证明:

(i) 当 n 趋向于无穷时,存在 δ 使 $\sum_{t=1}^{T} \sum_{i=1}^{n} E |y_{it,r,nT}^*|^{2+\delta}$ 趋向于 0;

(ii) $\sum_{t=1}^{T} \sum_{i=1}^{n} E(y_{it,r,nT}^{*2} | \zeta_{i-1,t,nT}) \xrightarrow{P} 1$。

对于任意的正数 p 和 q,且满足 $\frac{1}{p} + \frac{1}{q} = 1$,有

$$|y_{it,r,nT}| \leq |c_{r,ii}|^{\frac{1}{p}} |c_{r,ii}|^{\frac{1}{q}} |v_{it}^{*2} - \sigma_{i,tt,nT}^{*2}| + |v_{it}^*| \left(|\alpha_{r,i+(t-1)n}|^{\frac{1}{p}} |\alpha_{r,i+(t-1)n}|^{\frac{1}{q}} + 2 \sum_{j=1}^{i-1} |c_{r,ij}|^{\frac{1}{p}} |c_{r,ij}|^{\frac{1}{q}} |v_{jt}^*| \right)$$

利用 Höder 不等式可得:

$$|y_{it,r,nT}|^q \leq (|\alpha_{r,i+(t-1)n}| + \sum_{j=1}^{i}|c_{r,ij}|)^{\frac{q}{p}}(|c_{r,ii}||v_{it}^{*2} - \sigma_{i,tt,nT}^{*2}|^q +$$

$$|\alpha_{r,i+(t-1)n}||v_{it}^*|^q + 2^q|v_{it}^*|^q \sum_{j=1}^{i-1}|c_{r,ij}||v_{jt}^*|^q)$$ 存在一个常数 K_1 满足

$$|\alpha_{r,i+(t-1)n}| \leq \frac{K_1}{2}, \sum_{j=1}^{i}|c_{r,ij}| \leq \sum_{j=1}^{n}|c_{r,ij}| \leq \frac{K_1}{2},$$ 因此，

$$|y_{it,r,nT}|^q \leq 2^q K_1^{\frac{q}{p}}(|c_{r,ii}||v_{it}^{*2} - \sigma_{i,tt,nT}^{*2}|^q + |\alpha_{r,i+(t-1)n}||v_{it}^*|^q +$$

$$|v_{it}^*|^q \sum_{j=1}^{i-1}|c_{r,ij}||v_{jt}^*|^q)。$$

令 $q = 2 + \delta$，且一个常数 K_q 满足 $E|\varepsilon_{it}| \leq K_q$，$E|\varepsilon_{it}|^q \leq K_q$，

$E|\varepsilon_{it}^2 - \sigma_{tt,nT}^2| \leq K_q$。由于 $E|v_{it}^*|^q = E\left|\sum_{h=0}^{h^*}\dot{\rho}(h)\varepsilon_{i,t-h} - \sum_{h=0}^{h^*}\ddot{\rho}(h)\varepsilon_{i,T-h}\right|^q \leq$

$\left|\sum_{h=0}^{h^*}\dot{\rho}(h) + \sum_{h=0}^{h^*}\ddot{\rho}(h)\right|^q E|\max_{h \in [0,h^*]}\{|\varepsilon_{i,T-h}|\}|^q$，根据 Liapounov 不

等式可得 $E|v_{it}^*| \leq (E|v_{it}^*|^q)^{\frac{1}{p}} \leq (\bar{k}_q)^{\frac{1}{p}}$。相似地，容易得到 E

$|v_{it}^{*2} - \sigma_{i,tt,nT}^{*2}|^q < \infty$，存在常数 K_2 满足 $E|v_{it}^*| \leq K_2$，$E|v_{it}^*|^q \leq K_2$，E

$|v_{it}^{*2} - \sigma_{i,tt,nT}^{*2}|^q \leq K_2$。

$$\sum_{t=1}^{T}\sum_{i=1}^{n}E|y_{it,r,nT}|^q \leq$$

$$\sum_{t=1}^{T}\sum_{i=1}^{n}2^q K_1^{\frac{q}{p}}(|c_{r,ii}|E|v_{it}^{*2} - \sigma_{i,tt,nT}^{*2}|^q + |\alpha_{r,i+(t-1)n}|E|v_{it}^*|^q$$

$$+ E|v_{it}^*|^q \sum_{j=1}^{i-1}|c_{r,ij}|E|v_{jt}^*|^q) = O(nT)。$$

由于 $\sigma_{Q_{r,nT}}^{2+\delta} = \left(\frac{1}{nT}\sigma_{Q_{r,nT}}^2\right)^{1+\frac{\delta}{2}}(nT)^{1+\frac{\delta}{2}}$，因此，

$$\sum_{t=1}^{T}\sum_{i=1}^{n}E|y_{it,r,nT}^*|^{2+\delta} = \frac{1}{\sigma_{Q_{r,nT}}^{2+\delta}}\sum_{t=1}^{T}\sum_{i=1}^{n}E|y_{it,r,nT}|^{2+\delta} = O((nT)^{-\frac{\delta}{2}}) \xrightarrow{n \to \infty} 0。$$

（ⅰ）证明完。

$$y_{it,r,nT}^2$$

$$= c_{r,ii}^2 v_{it}^{*4} - 2c_{r,ii}^2 \sigma_{i,tt,nT}^{*2} v_{it}^{*2} + c_{r,ii}^2 \sigma_{i,tt,nT}^{*4} + c_{r,ii}^2 v_{it}^{*3}(\alpha_{r,i+(t-1)n} + 2\sum_{j=1}^{i-1}c_{r,ij}v_{jt}^*)$$

$$-c_{r,ii}\sigma_{i,tt,nT}^{*2}v_{it}^*(\alpha_{r,i+(t-1)n}+2\sum_{j=1}^{i-1}c_{r,ij}v_{jt}^*)+v_{it}^{*2}(\alpha_{r,i+(t-1)n}+2\sum_{j=1}^{i-1}c_{r,ij}v_{jt}^*)^2$$

$Ev_{it}^{*3}=\kappa_{2t}\cdot\mu_{i,n}^3$，其中：

$$\kappa_{2t}=\sum_{h=0}^{h^*}[\dot{\rho}^3(h)\dot{\rho}(|t-s|+h)-3\dot{\rho}^2(h)\ddot{\rho}(T-t+h)+3\dot{\rho}(h)\ddot{\rho}^2(T-t+h)-\ddot{\rho}^3(h)]。$$

由于 $\frac{1}{nT}\sum_{t=1}^{T}\sum_{i=1}^{n}[E(y_{it,r,nT}^2|\zeta_{i-1,t,nT})-E(y_{it,r,nT}^2)]=H_1+H_2+H_3$，其中：

$$H_1=\frac{1}{nT}\sum_{t=1}^{T}\sum_{i=1}^{n}2\kappa_{2t}c_{r,ii}\mu_{i,n}^3(\sum_{j=1}^{i-1}c_{r,ij}v_{jt}^*);$$

$$H_2=\frac{1}{nT}\sum_{t=1}^{T}\sum_{i=1}^{n}2\alpha_{r,i+(t-1)n}\sigma_{i,tt,nT}^{*2}(\sum_{j=1}^{i-1}c_{r,ij}v_{jt}^*);$$

$$H_3=\frac{1}{nT}\sum_{t=1}^{T}\sum_{i=1}^{n}4\sigma_{i,tt,nT}^{*2}[(\sum_{j=1}^{i-1}c_{r,ij}v_{jt}^*)^2-\sum_{j=1}^{i-1}c_{r,ij}^2\sigma_{j,tt,nT}^{*2}]。$$

$$\sum_{t=1}^{T}\sum_{i=1}^{n}E(y_{it,r,nT}^{*2}|\zeta_{i-1,t,nT})-1=\frac{1}{\frac{1}{nT}\sigma_{Q_{r,nT}}^2}[\frac{1}{nT}(E(y_{it,r,nT}^2|\zeta_{i-1,t,nT})-E(y_{it,r,nT}^2))]\xrightarrow{P}0\Leftrightarrow\frac{1}{nT}\sum_{t=1}^{T}\sum_{i=1}^{n}[E(y_{it,r,nT}^2|\zeta_{i-1,t,nT})-E(y_{it,r,nT}^2)]\xrightarrow{P}0。$$

由于 $EH_i=0$，$i=1,2,3$，因此，只需证明 $E(H_i)^2=o_p(1)$，$i=1,2,3$。

$$E(H_1)^2$$

$$=\frac{1}{(nT)^2}(\sum_{t=1}^{T}\sum_{i=1}^{n}\sum_{j=1}^{i-1}2\kappa_{2t}c_{r,ii}\mu_{i,n}^3c_{r,ij}v_{jt}^*)(\sum_{t=1}^{T}\sum_{i=1}^{n}\sum_{j=1}^{i-1}2\kappa_{2t}c_{r,ii}\mu_{i,n}^3c_{r,ij}v_{jt}^*)$$

$$=\frac{4}{(nT)^2}(\sum_{t=1}^{T}\sum_{s=1}^{T}\sum_{i=1}^{n}\sum_{j=1}^{i-1}\sum_{k=1}^{n}\sum_{l=1}^{k-1}\kappa_{2t}\kappa_{2s}c_{r,ii}c_{r,kk}\mu_{i,n}^3\mu_{k,n}^3c_{r,ij}c_{r,kl}v_{jt}^*v_{ls}^*)$$

$$=\frac{4}{(nT)^2}(\sum_{t=1}^{T}\sum_{s=1}^{T}\kappa_{1ts}\kappa_{2t}\kappa_{2s}\sum_{i=1}^{n}\sum_{j=1}^{n}\sum_{k=1}^{\min\{i-1,j-1\}}c_{r,ii}c_{r,jj}\mu_{i,n}^3\mu_{j,n}^3c_{r,ik}c_{r,jk}\sigma_{k,n}^2)$$

令 $|c_{r,ii}| \leq K_c$, $\left|\sum_{j=1}^{n} c_{r,ij}\right| \leq K_c$, $\left|\sum_{i=1}^{n} c_{r,ij}\right| \leq K_c$, $|\mu_{i,n}^3| \leq K_\mu$,

$$|\sigma_{i,n}^2| \leq K_\sigma, \sum_{i=1}^{n}\sum_{j=1}^{n}\sum_{k=1}^{\min\{i-1,j-1\}} c_{r,ii}c_{r,jj}\mu_{i,n}^3\mu_{j,n}^3 c_{r,ik}c_{r,jk}\sigma_{k,n}^2$$

$$\leq \sum_{i=1}^{n}\sum_{j=1}^{n}\sum_{k=1}^{\min\{i-1,j-1\}} |c_{r,ii}||c_{r,jj}||\mu_{i,n}^3||\mu_{j,n}^3||c_{r,ik}||c_{r,jk}||\sigma_{k,n}^2|$$

$$\leq \sum_{j=1}^{n}\sum_{k=1}^{\min\{i-1,j-1\}} |c_{r,jj}||\mu_{j,n}^3||c_{r,jk}||\sigma_{k,n}^2| \left(\sum_{i=1}^{n}(\max_i |c_{r,ii}|)(\max_i |\mu_{i,n}^3|)|c_{r,ik}|\right)$$

$$\leq K_\mu K_c^2 \sum_{i=1}^{n}\sum_{j=1}^{n}\sum_{k=1}^{\min\{i-1,j-1\}} |c_{r,jj}||\mu_{j,n}^3||c_{r,jk}||\sigma_{k,n}^2|$$

$$= K_\mu K_c^2 \sum_{k=1}^{n-1}\sum_{j=\max\{k,l\}+1}^{n} (|c_{r,jj}||\mu_{j,n}^3||c_{r,jk}|)|\sigma_{k,n}^2|$$

$$\leq K_\mu^2 K_c^4 \sum_{k=1}^{n-1} |\sigma_{k,n}^2| \leq K_\sigma K_\mu^2 K_c^4 = O(n)$$

由于 $\sum_{t=1}^{T}\sum_{s=1}^{T} \kappa_{1ts}\kappa_{2t}\kappa_{2s} = O(T)$,

因此, $E(H_1)^2 = O\left(\dfrac{1}{nT}\right) = o(1)$, 同理可证 $E(H_2)^2 = O\left(\dfrac{1}{nT}\right) = o(1)$。

$$E(H_3)^2$$

$$= \frac{16}{(nT)^2}\sum_{t=1}^{T}\sum_{s=1}^{T}\sum_{i=1}^{n}\sum_{j=1}^{n}\sigma_{i,tt,nT}^{*2}\sigma_{k,ss,nT}^{*2}\left[\sum_{j=1}^{\min\{i,k\}-1} c_{r,ij}^2 c_{r,kj}^2 (Ev_{jt}^{*2}v_{js}^{*2} - 3) + 2\sum_{j=1}^{\min\{i,k\}-1}\sum_{l=1}^{\min\{i,k\}-1} c_{r,ij}c_{r,il}c_{r,kj}c_{r,kl}\sigma_{j,ts,nT}^{*2}\sigma_{l,ts,nT}^{*2}\right]$$

$$= \frac{16}{(nT)^2}\sum_{t=1}^{T}\sum_{s=1}^{T}\kappa_{1tt}\kappa_{1ss}\sum_{i=1}^{n}\sum_{k=1}^{n}\sigma_{i,n}^2\sigma_{k,n}^2\sum_{j=1}^{\min\{i,k\}-1} c_{r,ij}^2 c_{r,kj}^2 (Ev_{jt}^{*2}v_{js}^{*2} - 3) + \frac{32}{(nT)^2}\sum_{t=1}^{T}\sum_{s=1}^{T}\kappa_{1ts}^2\kappa_{1tt}\kappa_{1ss}\sum_{i=1}^{n}\sum_{k=1}^{n}\sigma_{i,n}^2\sigma_{k,n}^2\sum_{j=1}^{\min\{i,k\}-1}\sum_{l=1}^{\min\{i,k\}-1} c_{r,ij}c_{r,il}c_{r,kj}c_{r,kl}\sigma_{j,n}^2\sigma_{l,n}^2$$

$$\leq \frac{16}{(nT)^2}\sum_{t=1}^{T}\sum_{s=1}^{T}\kappa_{1tt}\kappa_{1ss}[\max_j(Ev_{jt}^{*2}v_{js}^{*2} - 3)]\sum_{i=1}^{n}(\max_i \sigma_{i,n}^2)$$

$$\sum_{k=1}^{n}\left(\max_{k}\sigma_{k,n}^{2}\right)\sum_{j=1}^{\min\{i,k\}-1}c_{r,ij}^{2}c_{r,kj}^{2}+$$

$$\frac{32}{(nT)^{2}}\sum_{t=1}^{T}\sum_{s=1}^{T}\kappa_{1ts}^{2}\kappa_{1tt}\kappa_{1ss}\sum_{i=1}^{n}\left(\max_{i}\sigma_{i,n}^{2}\right)\sum_{k=1}^{n}\left(\max_{k}\sigma_{k,n}^{2}\right)$$

$$\sum_{j=1}^{\min\{i,k\}-1}\left(\max_{j}\sigma_{j,n}^{2}\right)\times\sum_{l=1}^{\min\{i,k\}-1}c_{r,ij}c_{r,il}c_{r,kj}c_{r,kl}\left(\max_{l}\sigma_{l,n}^{2}\right)\leqslant$$

$$\frac{16}{(nT)^{2}}K_{\sigma}^{2}\left[\max_{j}\left(Ev_{jt}^{*2}v_{js}^{*2}-3\right)\right]\left(\sum_{t=1}^{T}\sum_{s=1}^{T}\kappa_{1tt}\kappa_{1ss}\right)\sum_{i=1}^{n}\sum_{j=1}^{n}\sum_{k=1}^{n}c_{r,ij}^{2}c_{r,kj}^{2}+$$

$$\frac{32}{(nT)^{2}}K_{\sigma}^{4}\left(\sum_{t=1}^{T}\sum_{s=1}^{T}\kappa_{1ts}^{2}\kappa_{1tt}\kappa_{1ss}\right)\sum_{i=1}^{n}\sum_{j=1}^{n}\sum_{k=1}^{n}\sum_{l=1}^{n}c_{r,ij}c_{r,il}c_{r,kj}c_{r,kl}$$

由于 $\sum_{i=1}^{n}\sum_{j=1}^{n}\sum_{k=1}^{n}c_{r,ij}^{2}c_{r,kj}^{2}=\sum_{j=1}^{n}\left(\sum_{i=1}^{n}c_{r,ij}^{2}\right)\left(\sum_{k=1}^{n}c_{r,kj}^{2}\right)=\sum_{j=1}^{n}c_{r,jj}^{*2}=$

$O(n)$，$\sum_{i=1}^{n}\sum_{j=1}^{n}\sum_{k=1}^{n}\sum_{l=1}^{n}c_{r,ij}c_{r,il}c_{r,kj}c_{r,kl}=\sum_{i=1}^{n}\sum_{j=1}^{n}\sum_{k=1}^{n}c_{r,ij}c_{r,kj}\left(\sum_{l=1}^{n}c_{r,il}\right.$

$\left.c_{r,kl}\right)=\sum_{i=1}^{n}\sum_{j=1}^{n}\sum_{k=1}^{n}c_{r,ij}c_{r,kj}c_{ik}^{*}=\sum_{i=1}^{n}\sum_{k=1}^{n}c_{r,ij}\left(\sum_{j=1}^{n}c_{r,kj}c_{ik}^{*}\right)=\sum_{i=1}^{n}\sum_{k=1}^{n}$

$c_{r,ij}c_{r,ji}^{**}=O(n)$。因此，可证 $E(H_3)^2=O\left(\frac{1}{nT}\right)=o(1)$。

当 n 趋向于无穷时，通过广义的 Chebychev 不等式，可证 $H_i=o_p$ (1)，$i=1,2,3$。因此，利用双重鞅差分序列的中心极限定理，可得 $\frac{Q_{r,nT}-\mu_{Q_{r,nT}}}{\sigma_{Q_{r,nT}}}\xrightarrow{d}N(0,1)$。再直接应用 Kelejian 和 Prucha (2010) 的定理 A1 即可完成证明。

定理 A4： 假定非随机 $n\times n$ 矩阵 A_n 的行和与列和一致有界且满足假设 5.1 至假设 5.6，那么：

(1) $(nT)^{-1}E\sum_{t=1}^{T}\left|u_{t}^{*'}A_{n}u_{t}^{*}\right|=O(1)$；$\mathrm{var}\left((nT)^{-1}\sum_{t=1}^{T}u_{t}^{*'}A_{n}u_{t}^{*}\right)=o(1)$ 和 $(nT)^{-1}\sum_{t=1}^{T}\tilde{u}_{t}^{*'}A_{n}\tilde{u}_{t}^{*}-(nT)^{-1}E\sum_{t=1}^{T}u_{t}^{*'}A_{n}u_{t}^{*}=o_{p}(1)$；

(2) $(nT)^{-1}E\sum_{t=1}^{T}\left|d_{\cdot s,nT}^{*'}A_{n}u_{t}^{*}\right|=O(1)$，$s=1,\cdots,p$，其中

$d_{s,nt}^{*'}$ 表示 D_t^* 的第 s 列，且有 $(nT)^{-1} \sum_{t=1}^{T} D_t^{*'} A_n \tilde{u}_t^* - (nT)^{-1} E \sum_{t=1}^{T} D_t^{*'} A_n u_t^* = o_p (1)$；

（3）假设 5.7 也满足，那么 $\alpha_{nT} = (nT)^{-1} E \sum_{t=1}^{T} D_t^{*'} (A_n + A_n') u_t^* = O(1)$，$(nT)^{-1/2} \sum_{t=1}^{T} \tilde{u}_t^{*'} A_n \tilde{u}_t^* = (nT)^{-1/2} E \sum_{t=1}^{T} u_t^{*'} A_n u_t^* + \alpha_{nT}' (nT)^{1/2} \Delta_{nT} + o_p (1)$。

证明：令 $B_n = (1/2) (S'(\lambda_0))^{-1} (A_n + A_n') (S(\lambda_0))^{-1}$。首先证明（1），由于

$$(nT)^{-1} E \sum_{t=1}^{T} |u_t^{*'} A_n u_t^*| = (nT)^{-1} E \sum_{t=1}^{T} |v_t^{*'} B_n v_t^*| = (nT)^{-1} \sum_{t=1}^{T} \sum_{i=1}^{n} \sum_{j=1}^{n} |b_{ij,n}| E|v_{it}^*||v_{jt}^*| \leq (nT)^{-1} \sum_{t=1}^{T} \kappa_{1tt} \sum_{i=1}^{n} \sum_{j=1}^{n} |b_{ij,n}| \sigma_{i,n} \sigma_{j,n} = O(1)。$$

令 $\vartheta_t = v_t^{*'} B_n v_t^*$，运用定理 A2，可得 $\mathrm{var} \left(\frac{1}{nT} \sum_{t=1}^{T} \vartheta_t \right) = o(1)$，因此，$\frac{1}{nT} \sum_{t=1}^{T} \vartheta_t - \frac{1}{nT} E \sum_{t=1}^{T} \vartheta_t = o_p (1)$。进一步地证明，$\frac{1}{nT} \sum_{t=1}^{T} \tilde{\vartheta}_t - \frac{1}{nT} \sum_{t=1}^{T} \vartheta_t = o_p (1)$。令 $C_n = (A_n + A_n') (S(\lambda_0))^{-1}$，根据假设 5.6，可得 $\frac{1}{nT} \sum_{t=1}^{T} \tilde{\vartheta}_t - \frac{1}{nT} \sum_{t=1}^{T} \vartheta_t = \phi_{nT} + \varphi_{nT}$，其中 $\varphi_{nT} = (nT)^{-1} \sum_{t=1}^{T} \Delta_{nT}' D_t^{*'} (A_n + A_n') u_t^* = (nT)^{-1} \sum_{t=1}^{T} \Delta_{nT}' D_t^{*'} C_n v_t^*$ 和 $\varphi_{nT} = (nT)^{-1} \sum_{t=1}^{T} \Delta_{nT}' D_t^{*'} A_n D_t^* \Delta_{nT}$。

对于 ϕ_{nT}，我们有 $\phi_{nT} = (nT)^{-1} \sum_{t=1}^{T} \Delta_{nT}' D_t^{*'} C_n v_t^* = \phi_{1nT} - \phi_{2nT}$，且 $|\phi_{nT}| \leq |\phi_{1nT}| + |\phi_{2nT}|$，其中 $\phi_{1nT} = (nT)^{-1} \sum_{t=1}^{T} \Delta_{nT}' D_t^{*'} C_n \sum_{h=0}^{h^*} \dot{\rho}(h) \varepsilon_{n,t-h}$ 和 $\phi_{2nT} = \sum_{t=1}^{T} \Delta_{nT}' D_t^{*'} C_n \sum_{h=0}^{h^*} \ddot{\rho}(h) \varepsilon_{n,T-h}$。应用三角不等式和 Hölder 不等式，可得：

$$|\phi_{1nT}| = (nT)^{-1} \left| \sum_{t=1}^{T} \Delta'_{nT} D_t^{*'} C_n \sum_{h=0}^{h^*} \dot{\rho}(h) \varepsilon_{n,t-h} \right| \leqslant$$

$$(nT)^{-1} \|\Delta_{nT}\| \sum_{t=1}^{T} \sum_{h=0}^{h^*} |\dot{\rho}(h)| \sum_{i=1}^{n} \|d^*_{\cdot i,nt}\| \sum_{j=1}^{n} |c_{ij,n}| |\varepsilon_{j,t-h}| \leqslant$$

$$(nT)^{-1} \|\Delta_{nT}\| \sum_{t=1}^{T} \sum_{h=0}^{h^*} |\dot{\rho}(h)| \sum_{j=1}^{n} |\varepsilon_{j,t-h}| \sum_{i=1}^{n} |c_{ij,n}| \|d^*_{\cdot i,nt}\| \leqslant$$

$$n^{\frac{1}{p}-\frac{1}{2}} T^{-\frac{1}{2}} \|(nT)^{\frac{1}{2}} \Delta_{nT}\| \left(T^{-1} \sum_{t=1}^{T} \sum_{h=0}^{h^*} |\dot{\rho}(h)| \right) \sum_{j=1}^{n} n^{-1} |\varepsilon_{j,t-h}| \left(\sum_{i=1}^{n} |c_{ij,n}|^q \right)^{\frac{1}{q}} \left(n^{-1} \sum_{i=1}^{n} \|d^*_{\cdot i,nt}\|^p \right)^{\frac{1}{p}} \circ$$

由于 $T^{-1} \sum_{t=1}^{T} \sum_{h=0}^{h^*} |\dot{\rho}(h)| = O(1)$, $(nT)^{\frac{1}{2}} \Delta_{nT} = o_p(1)$, 其他部分遵循 Kelejian 和 Prucha (2010) 的结论, 那么当 $n \to \infty / T \to \infty$ 时, 可得 $\phi_{1nT} = o_p(1)$。同理可证 $\phi_{2nT} = o(1)$。

下面证明 $\varphi_{nT} = o_p(1)$,

$$|\varphi_{nT}| = (nT)^{-1} \left| \sum_{t=1}^{T} \Delta'_{nT} D_t^{*'} A_n D_t^* \Delta_{nT} \right| \leqslant$$

$$(nT)^{-1} \|\Delta_{nT}\|^2 \sum_{t=1}^{T} \sum_{i=1}^{n} \|d^*_{\cdot i,nt}\| \left(n^{-1} \sum_{j=1}^{n} \|d^*_{\cdot j,nt}\|^p \right)^{\frac{1}{p}} \left(\sum_{i=1}^{n} |a_{ij,n}|^q \right)^{\frac{1}{q}} \leqslant$$

$$n^{\frac{1}{p}-1} T^{-1} \|(nT)^{\frac{1}{2}} \Delta_{nT}\|^2 \left(T^{-1} \sum_{t=1}^{T} \left(n^{-1} \sum_{i=1}^{n} \|d^*_{\cdot i,nt}\| \right) \right) \left(n^{-1} \sum_{j=1}^{n} \|d^*_{\cdot j,nt}\|^p \right)^{\frac{1}{p}} \left(\sum_{i=1}^{n} |a_{ij,n}|^q \right)^{\frac{1}{q}} \circ$$

由 $n \to \infty / T \to \infty$ 时, 可得 $\varphi_{nT} = o_p(1)$, 因此, $\frac{1}{nT} \sum_{t=1}^{T} \tilde{\vartheta}_t - \frac{1}{nT} \sum_{t=1}^{T} \vartheta_t = o_p(1)$。(1) 证明完毕。利用 Cauchy-Schwarz 和 Lyapunov 不等式, 可得:

$$(nT)^{-1} E \sum_{t=1}^{T} |d^{*'}_{\cdot s,nt} A_n u_t^*| = (nT)^{-1} E \sum_{t=1}^{T} |d^{*'}_{\cdot s,nt} A_n (S(\lambda_0))^{-1} v_t^*|$$

$$= (nT)^{-1} \sum_{t=1}^{T} \sum_{i=1}^{n} \sum_{j=1}^{n} |(A_n(S(\lambda_0))^{-1})_{ij,n}| E(|v_{it}^*||d_{js,nt}^{*'}|)$$

$$\leq (nT)^{-1} \sum_{t=1}^{T} \sum_{i=1}^{n} \sum_{j=1}^{n} |(A_n(S(\lambda_0))^{-1})_{ij,n}| E(|v_{it}^*|^2)^{\frac{1}{2}} E(|d_{js,nt}^{*'}|^2)^{\frac{1}{2}}$$

$$\leq (nT)^{-1} \sum_{t=1}^{T} \sum_{i=1}^{n} \sum_{j=1}^{n} |(A_n(S(\lambda_0))^{-1})_{ij,n}| E(|v_{it}^*|^2)^{\frac{1}{2}} E(|d_{js,nt}^{*'}|^p)^{\frac{1}{p}}$$

$$= O(1)$$

观察 $(nT)^{-1} \sum_{t=1}^{T} D_t^{*'} A_n \tilde{u}_t^* - (nT)^{-1} \sum_{t=1}^{T} D_t^{*'} A_n u_t^* = (nT)^{-1} \sum_{t=1}^{T} D_t^{*'} A_n D_t^* \Delta_{nT}$，且等式右边是 φ_{nT} 的一个特殊情形，利用结论 $\varphi_{nT} = o_p(1)$，可证得（2）。下面证明（3），在（1）部分证明的基础上，我们有：

$$(nT)^{-\frac{1}{2}} \sum_{t=1}^{T} \tilde{u}_t^{*'} A_n \tilde{u}_t^* = (nT)^{-\frac{1}{2}} E \sum_{t=1}^{T} u_t^{*'} A_n u_t^* + ((nT)^{-1} \sum_{t=1}^{T} u_t^{*'}$$

$(A_n + A'_n) D_t^*) (nT)^{\frac{1}{2}} \Delta_{nT} + (nT)^{\frac{1}{2}} \varphi_{nT}$。由于 $\varphi_{nT} = O(n^{\frac{1}{p}-1} T^{-1})$，因此，当 $n \to \infty / T \to \infty$ 时，$(nT)^{\frac{1}{2}} \varphi_{nT} = O(n^{\frac{1}{p}-\frac{1}{2}} T^{-\frac{1}{2}}) = o_p(1)$。结合（2）部分，可得 $(nT)^{-1} \sum_{t=1}^{T} u_t^{*'} (A_n + A'_n) D_t^* - \alpha'_{nT} = o_p(1)$。证明完毕。

附录 B 第五章五个定理证明

B1 第五章定理 5.1 证明

根据 Pöscher 和 Prucha (1997) 的定理 3.4，可知存在可测 $\tilde{\delta}_0$。加权非线性最小二乘的目标函数和相应的非随机对应部分分别为：

$$R_{nT}(\omega, \lambda) = (\tilde{g}_{nT} - \tilde{G}_{nT}\delta_{nT})'\tilde{\Pi}_{nT}(\tilde{g}_{nT} - \tilde{G}_{nT}\delta_{nT})$$

$$\bar{R}_{nT}(\lambda) = (g_{nT} - G_{nT}\delta_{nT})'\Pi_{nT}(g_{nT} - G_{nT}\delta_{nT})$$

利用假设 5.7，并根据统计的基本性质可得 $\lambda_{\min}(G'_{nT}G_{nT}) = \inf_x \frac{x'G'_{nT}G_{nT}x}{x'x} \geq \underline{\lambda}_{1*} > 0$，$\lambda_{\min}(\Pi_{nT}) = \inf_x \frac{x'\Pi_{nT}x}{x'x} \geq \underline{\lambda}_{2*} > 0$，其中 $x' = (x_1, x_2)$ 是 1×2 的任意向量。进而可得 $\lambda_{\min}(G'_{nT}\Pi_{nT}G_{nT}) = \inf_x \frac{x'G'_{nT}\Pi_{nT}G_{nT}x}{x'x} \geq \lambda_{\min}(\Pi_{nT}) \inf_x \frac{x'G'_{nT}G_{nT}x}{x'x} \geq \lambda_{\min}(\Pi_{nT})\lambda_{\min}(G'_{nT}G_{nT}) = \underline{\lambda}_{1*}\underline{\lambda}_{2*} = \underline{\lambda}_*$。令 x 的第 i 和第 j 元素为 1 且其他元素为 0，那么 $0 < |\Pi_{nT}|_{ij} \leq \bar{\lambda}_{2*}$。因此，根据假设 5.7 可知，$\Pi_{nT} = O(1)$，$\tilde{\Pi}_{nT} = O_p(1)$。首先我们证明 λ_{nT} 是最小化 $\bar{R}_{nT}(\lambda)$ 的唯一识别。由于 $\bar{R}_{nT}(\lambda) \geq 0$，$\bar{R}_{nT}(\lambda_{nT}) = 0$。通过式 (5-13) 可得 $g_{nT} = G_{nT}\delta_{nT}$。利用假设 5.6 可得，对一些 $\underline{\lambda}_* > 0$ 有：

$$\bar{R}_{nT}(\lambda) - \bar{R}_{nT}(\lambda_{nT}) = \bar{R}_{nT}(\lambda) = (\delta - \delta_{nT})'G'_{nT}\Pi_{nT}G_{nT}(\delta - \delta_{nT}) \geq \lambda_{\min}(\Pi_{nT})\lambda_{\min}(G'_{nT}G_{nT})(\delta - \delta_{nT})'(\delta - \delta_{nT}) \geq \underline{\lambda}_*(\lambda - \lambda_{nT})^2$$

因此，对任意 n 和 $\varepsilon > 0$ 有：

$$\inf_{\{\lambda \in (-a^\lambda, a^\lambda) : |\lambda - \lambda_{nT}| \geq \varepsilon\}} [\bar{R}_{nT}(\lambda) - \bar{R}_{nT}(\lambda_{nT})] \geq \inf_{\{\lambda \in (-a^\lambda, a^\lambda) : |\lambda - \lambda_{nT}| \geq \varepsilon\}} \underline{\lambda}_*(\lambda - \lambda_{nT})^2 = \underline{\lambda}_*\varepsilon^2 > 0$$

因此，参数是唯一可识别的。令 $\Phi_{nT} = [G_{nT}, -g_{nT}]$ 和 $\tilde{\Phi}_{nT} =$

$[\tilde{G}_{nT}, -\tilde{g}_{nT}]$,则有 $\Phi_{nT} = [G_{nT}, -g_{nT}]$ 和 $\tilde{\Phi}_{nT} = [\tilde{G}_{nT}, -\tilde{g}_{nT}]$,则

$$|\bar{R}_{nT}(\omega, \lambda) - \bar{R}_{nT}(\lambda)|$$

$$= |(\delta', 1)[\tilde{\Phi}'_{nT}\tilde{\Pi}_{nT}\tilde{\Phi}_{nT} - \Phi'_{nT}\Pi_{nT}\Phi_{nT}](\delta', 1)'|$$

$$\leq \|\delta', 1\|^2 \|\tilde{\Phi}'_{nT}\tilde{\Pi}_{nT}\tilde{\Phi}_{nT} - \Phi'_{nT}\Pi_{nT}\Phi_{nT}\| \times [1 + (a^\lambda)^2 + (a^\lambda)^4].$$

由于 Φ_{nT} 和 $\tilde{\Phi}_{nT}$ 均是 $(nT)^{-1}E\sum_{t=1}^{T}u_t^{*'}C_{r,n}u_t^*$,可得 $\tilde{\Phi}_{nT} - \Phi_{nT} \xrightarrow{P} 0$,并且 Φ_{nT} 和 $\tilde{\Phi}_{nT}$ 的元素均为 $O_p(1)$ 和 $O(1)$,因此,有

$$\sup\nolimits_{\lambda \in (-a^\lambda, a^\lambda)} |R_{nT}(\omega, \lambda) - \bar{R}_{nT}(\lambda)| \leq \|\tilde{\Phi}'_{nT}\tilde{\Pi}_{nT}\tilde{\Phi}_{nT} - \Phi'_{nT}\Pi_{nT}\Phi_{nT}\| \times [1 + (a^\lambda)^2 + (a^\lambda)^4] \xrightarrow{P} 0.$$

根据 Pöscher 和 Prucha (1997) 的定理 3.1,即可完成一致性的证明。

B2 第五章定理 5.2 证明

令 $(nT)^{\frac{1}{2}}v_{r,nT}(\lambda_{nT}, \Delta_{nT}) = (nT)^{\frac{1}{2}}(\tilde{g}_{nT} - \tilde{G}_{nT}\delta_{nT}) = (nT)^{-\frac{1}{2}}E\sum_{t=1}^{T}\tilde{u}_t^{*'}C_{r,n}\tilde{u}_t^*$,其中 $C_{r,n} = \frac{1}{2}S'(\lambda_{nT})(Q_{r,n} + Q'_{r,n})S(\lambda_{nT})$,并且满足行和与列和一致有界,运用定理 A4,那么:

$$(nT)^{\frac{1}{2}}v_{r,nT}(\lambda_{nT}, \Delta_{nT})$$

$$= (nT)^{-\frac{1}{2}}\sum_{t=1}^{T}u_t^{*'}C_{r,n}u_t^* + \alpha'_{nT}(nT)^{\frac{1}{2}}\Delta_{nT} + o_p(1)$$

其中 $\alpha_{nT} = (nT)^{-1}E\sum_{t=1}^{T}D_t^{*'}(C_{r,n} + C'_{r,n})u_t^*$。在 $(nT)^{1/2}\Delta_{nT} = (nT)^{-1/2}\sum_{t=1}^{T}T'_t u_t^*$ 的情况下,有 $(nT)^{\frac{1}{2}}v_{r,nT}(\lambda_{nT}, \Delta_{nT}) = (nT)^{-\frac{1}{2}}\sum_{t=1}^{T}(u_t^{*'}C_{r,n}u_t^* + \alpha_{r,t}^{*'}u_t^*) + o_p(1)$,其中 $\alpha_{r,t}^* = T_t\alpha_{r,nT}$。定理 5.1 已经证明式 (5-13) 定义的 $\tilde{\lambda}$ 是一致性的。因此,可以得到以下一阶

条件：

$$v_{r,nT}(\lambda_{nT}, \Delta_{nT})' \tilde{\Pi} \frac{\partial v_{r,nT}(\lambda_{nT}, \Delta_{nT})}{\partial \lambda} = 0。$$

利用中值定理，我们有：

$$v_{r,nT}(\tilde{\lambda}_{nT}, \Delta_{nT})$$

$$= v_{r,nT}(\theta_{nT}, \Delta_{nT}) + \frac{\partial q_{nT}(\tilde{\lambda}_{nT}, \Delta_{nT})}{\partial \lambda}(\tilde{\lambda} - \lambda_{nT})$$

将中值定理带入一阶条件，得：

$$\left[\frac{\partial v_{nT}(\tilde{\lambda}_{nT}, \Delta_{nT})}{\partial \lambda'} \tilde{\Pi} \frac{\partial v_{nT}(\bar{\lambda}_{nT}, \Delta_{nT})}{\partial \lambda}\right] \left[(nT)^{\frac{1}{2}}(\tilde{\lambda} - \lambda_{nT})\right]$$

$$= -\frac{\partial v_{nT}(\tilde{\lambda}_{nT}, \Delta_{nT})}{\partial \lambda'} \tilde{\Pi}(nT)^{\frac{1}{2}} v_{nT}(\lambda_{nT}, \Delta_{nT})$$

令 $\tilde{\Xi}_{nT} = \frac{\partial v_{nT}(\tilde{\lambda}_{nT}, \Delta_{nT})}{\partial \lambda'} \tilde{\Pi} \frac{\partial v_{nT}(\bar{\lambda}_{nT}, \Delta_{nT})}{\partial \lambda}$，$\frac{\partial v_{nT}(\tilde{\lambda}_{nT}, \Delta_{nT})}{\partial \lambda} = -\tilde{G}_{nT}\begin{bmatrix} 1 \\ 2\lambda_{nT} \end{bmatrix}$，因此：

$$\tilde{\Xi}_{nT} = \begin{bmatrix} 1 \\ 2\tilde{\lambda}_{nT} \end{bmatrix}' \tilde{G}'_{nT} \tilde{\Pi} \bar{G}_{nT} \begin{bmatrix} 1 \\ 2\bar{\lambda}_{nT} \end{bmatrix},$$

$$\Xi_{nT} = \begin{bmatrix} 1 \\ 2\lambda_{nT} \end{bmatrix}' G'_{nT} \Pi G_{nT} \begin{bmatrix} 1 \\ 2\lambda_{nT} \end{bmatrix}。$$

$\tilde{G}'_{nT} \tilde{\Pi} \tilde{G}_{nT} - G'_{nT} \Pi G_{nT} \xrightarrow{P} 0$ 已经在定理 1 证明过程中说明，运用定理 1，全部参数均是一致有界的，且 $\bar{\lambda}_{nT} \in [\min(\lambda_{nT}, \tilde{\lambda}_{nT}), \max(\lambda_{nT}, \tilde{\lambda}_{nT})]$，那么当 $nT \to \infty$ 时，$\tilde{\Xi}_{nT} = O_p(1)$，$\Xi_{nT} = O(1)$，$\tilde{\Xi}_{nT} - \Xi_{nT} \xrightarrow{P} 0$，$\lambda_{\min}(\Xi_{nT}) = \inf_x \frac{x' \Xi_{nT} x}{x'x} \geq \lambda_{\min}(G'_{nT} \Pi_{nT} G_{nT})(1 + 4\lambda_{nT}^2)$。在定理 5.1 的证明过程中，我们有 $\lambda_{\min}(G'_{nT} \Pi_{nT} G_{nT}) \geq \underline{\lambda}_*$。

因此，存在某些 λ_{3*} 满足 $\lambda_{\min}(\Xi_{nT}) \geq \lambda_* \lambda_{3*} = \lambda_\Xi$。因此，$\Xi_{nT}$ 是一个可逆矩阵且其逆矩阵的所有特征根均小于等于 $1/\lambda_\Xi$，可得：

$$0 < \lambda_{\min}(\Xi_{nT}^{-1})$$

$$= \inf_x \frac{x'\Xi_{nT}^{-1}x}{x'x} \leq \frac{x'\Xi_{nT}^{-1}x}{x'x} \leq \sup_x \frac{x'\Xi_{nT}^{-1}x}{x'x} = \lambda_{\max}(\Xi_{nT}^{-1}) \leq \frac{1}{\lambda_\Xi} < \infty。$$

当 x 的第 i 和第 j 元素为 1 且其他元素为 0 时，那么 $0 < |\Xi_{nT}^{-1}|_{ij} \leq \frac{1}{\lambda_\Xi}$。故 $\Xi_{nT}^{-1} = O(1)$。让 $\tilde{\Xi}_{nT}^+$ 表示 $\tilde{\Xi}_{nT}$ 的广义逆矩阵，利用 Pöscher 和 Prucha（1997）的定理 F1，可得当 $nT \to \infty$ 时，$\tilde{\Xi}_{nT}^+ = O_p(1)$，$\tilde{\Xi}_{nT}^+ - \Xi_{nT}^{-1} = o_p(1)$，通过左乘 $\tilde{\Xi}_{nT}^+$，可以得到：

$$(nT)^{\frac{1}{2}}(\tilde{\lambda}_{nT} - \lambda_{nT}) =$$

$$-\tilde{\Xi}_{nT}^+ \frac{\partial v_{nT}(\tilde{\lambda}_{nT}, \Delta_{nT})}{\partial \lambda'} \tilde{\Pi}(nT)^{\frac{1}{2}} v_{nT}(\lambda_{nT}, \Delta_{nT}) + o_p(1)$$

和 $\tilde{\Xi}_{nT}^+ \dfrac{\partial v_{nT}(\tilde{\lambda}_{nT}, \Delta_{nT})}{\partial \lambda'} \tilde{\Pi} - \Xi_{nT}^- \dfrac{\partial v_{nT}(\lambda_{nT}, \Delta_{nT})}{\partial \lambda'} \Pi = o_p(1)$。

假定方差—协方差矩阵 Ψ_{nT} 的最小特征根 $\lambda_{\min}(\Psi_{nT})$ 是一个远离 0 的常数，并利用定理 A3，可得：

$$\xi_{nT} = -\Psi_{nT}^{-1/2}(nT)^{-1/2}$$

$$\begin{bmatrix} \sum_{t=1}^{T}\left[\frac{1}{2}u_t^{*'}(H_{1,n}+H'_{1,n})u_t^* + \alpha_{1,t}^{*'}u_t^*\right] \\ \vdots \\ \sum_{t=1}^{T}\left[\frac{1}{2}u_t^{*'}(H_{p,n}+H'_{p,n})u_t^* + \alpha_{p,t}^{*'}u_t^*\right] \\ \sum_{t=1}^{T}\left[\frac{1}{2}u_t^{*'}(H_{p+1,n}+H'_{p+1,n})u_t^* + \alpha_{p+1,t}^{*'}u_t^*\right] \end{bmatrix} \xrightarrow{d} N(o, I_{p+1})$$

和 $\psi_{ro,nT} = \dfrac{1}{2nT}tr\left[(Q_{r,n}+Q'_{r,n})\sum_n(Q_{r,n}+Q'_{r,n})\sum_n\right]tr(J_{1,T}^2) + \dfrac{1}{nT}\alpha_r^{*'}(J_{1,T}\otimes\sum_n)\alpha_o^*$。

B3 第五章定理 5.3 证明

由于 $\hat{\rho}_{nT} - \rho_{nT} = [(\Delta v_{-2})'(\Delta v_{-1})]^{-1}[(\Delta v_{-2})'(\Delta \varepsilon)]$，cov $(\Delta v_{-2}, \Delta \varepsilon) = 0$，cov $(\Delta v_{-2}, \Delta v_{-1}) \neq 0$，那么我们有 $plim (\hat{\rho}_{nT} - \rho_{nT}) = 0$，即证明了定理 5.3 的第一项。根据定理 5.2 可知，$S(\tilde{\lambda}_{nT}) - S(\lambda_{nT}) = o_p(1)$。

此外，$\tilde{v}_t = S(\lambda_{nT})\tilde{u}_t = S(\lambda_{nT})(u_t + D_t^* \Delta_{nT})$，$\tilde{\rho}_{nT} = [(\Delta \tilde{v}_{-2})'(\Delta \tilde{v}_{-1})]^{-1}[(\Delta \tilde{v}_{-2})'(\Delta \tilde{v})]$。

因此，要证 $\tilde{\rho}_{nT} - \hat{\rho}_{nT} = o_p(1)$ 等价于证明：

$$\frac{1}{n(T-3)} \sum_{t=3}^{T} (\tilde{v}_{t-2} - \tilde{v}_{t-3})'(\tilde{v}_{t-1} - \tilde{v}_{t-2}) - \frac{1}{n(T-3)} \sum_{t=3}^{T} (v_{t-2} - v_{t-3})'(v_{t-1} - v_{t-2}) = o_p(1);$$

$$\frac{1}{n(T-3)} \sum_{t=3}^{T} (\tilde{v}_{t-2} - \tilde{v}_{t-3})'(\tilde{v}_t - \tilde{v}_{t-1}) - \frac{1}{n(T-3)} \sum_{t=3}^{T} (v_{t-2} - v_{t-3})'(v_t - v_{t-1}) = o_p(1)。$$

上述等价于证明 $\frac{1}{n(T-3)} \sum_{t=3}^{T} \tilde{v}'_{t-2} \tilde{v}_t - \frac{1}{n(T-3)} \sum_{t=3}^{T} v'_{t-2} v_t = o_p(1)$，其他部分类似证明。

$$\frac{1}{n(T-3)} \sum_{t=3}^{T} \tilde{v}'_{t-s} \tilde{v}_t - \frac{1}{n(T-3)} \sum_{t=3}^{T} v'_{t-s} v_t = \omega_1 + \omega_2 + \omega_3$$

$$= \frac{1}{n(T-3)} \sum_{t=3}^{T} \Delta'_{nT} D_t^{*'} S'_n v_{t-s} + \frac{1}{n(T-3)} \sum_{t=3}^{T} \Delta'_{nT} D_{t-s}^{*'} S'_n v_t + \frac{1}{n(T-3)} \sum_{t=3}^{T} \Delta'_{nT} D_t^{*'} S'_n D_{t-s}^* \Delta_{nT}$$

因此，等价于证明 $\omega_i = o_p(1)$，$i = 1, 2, 3$。

$$|\omega_1| = \frac{1}{n(T-3)} \sum_{t=3}^{T} \sum_{i=1}^{n} \Delta'_{nT} d_{i.,nt}^{*'} s'_{i.,n} v_{t-s}$$

$$\leq n^{\frac{1}{p} - \frac{1}{2}} T^{\frac{1}{2}} ((nT)^{\frac{1}{2}} \|\Delta_{nT}\|) \left(\frac{1}{T-3} \sum_{t=3}^{T} \sum_{h=0}^{h^*} \dot{\rho}(h) \right) \left(\frac{1}{n} \sum_{j=3}^{n} |\varepsilon_{j,t-s-h}| \right)$$

$$\left(\frac{1}{n}\sum_{i=1}^{n}\|d_{i.,nt}^{*'}\|^{p}\right)^{\frac{1}{p}}\left(\sum_{i=1}^{n}|s_{ij,n}|^{q}\right)^{\frac{1}{q}}\times$$

$$\left(\frac{1}{n}\sum_{j=1}^{n}|\varepsilon_{j,t-s-h}|\right)\leq\frac{1}{n}\max_{j,t-s-h}|\varepsilon_{j,t-s-h}|=O_{p}(1)_{\circ}$$

$$\frac{1}{n}\sum_{i=1}^{n}\|d_{i.,nt}^{*'}\|^{p}\leq\frac{1}{n}\sum_{i=1}^{n}\max_{i,t}\|d_{i.,nt}^{*'}\|^{p}\text{ 和 }\frac{1}{T-3}\sum_{t=3}^{T}\sum_{h=0}^{h^{*}}\dot{\rho}(h)=$$

$O(1)$,因此,$\omega_1 = o_p(1)$。相似地,很容易证得 $\omega_2 = o_p(1)$。由于 ω_3 是 φ_{nT} 的一个特殊情形,故 $\omega_3 = o_p(1)$。因此,得证 $\tilde{\rho}_{nT} - \hat{\rho}_{nT} = o_p(1)$。

B4 第五章定理 5.4 证明

由 $\psi_{ro,nT} = \frac{1}{2nT} tr\left[(Q_{r,n}+Q'_{r,n})\sum_{n}(Q_{r,n}+Q'_{r,n})\sum_{n}\right] tr(J_{1,T}^{2}) + \frac{1}{nT}\alpha_{r}^{*'}(J_{1,T}\otimes\sum_{n})\alpha_{o}^{*}$,当时间相关系数为 0 时,$\psi_{ro,nT}^{\rho=0} = \frac{1}{2n} tr\left[(Q_{r,n}+Q'_{r,n})\sum_{n}(Q_{r,n}+Q'_{r,n})\sum_{n}\right] + \frac{1}{nT}\alpha_{r}^{*'}(I_{T}\otimes\sum_{n})\alpha_{o}^{*}$,这是 Kelejian 和 Prucha (2010) 在面板数据中的扩展。因此,根据 Kelejian 和 Prucha (2010) 的定理 C.3—C.6,可知 $\tilde{\psi}_{ro,nT}^{\rho=0} - \psi_{ro,nT}^{\rho=0} \xrightarrow{P} 0$。根据定理 5.3 结论可知,$\tilde{\rho} - \rho \xrightarrow{P} 0$,且 $\tilde{J}_{1,T} - J_{1,T} \xrightarrow{P} 0$。因此,$\tilde{\psi}_{ro,nT} - \psi_{ro,nT} \xrightarrow{P} 0$,从而可得 $\tilde{\Psi}_{ro,nT} - \Psi_{ro,nT} \xrightarrow{P} 0$。结合假设 5.5,直接可得 $\tilde{\Omega}_{i\tilde{\lambda}}(\tilde{\Pi}_{nT}) - \Omega_{i\tilde{\lambda}}(\Pi_{nT}) \xrightarrow{P} 0$。利用定理 5.3 的结论可得 $\tilde{\Omega}_{\tilde{\rho}_{nT}}^{IV_i} - \Omega_{\rho_{nT}}^{IV_i} \xrightarrow{P} 0$, $i=1,2$, $\tilde{\Omega}_{\tilde{\rho}_{nT}}^{GMM} - \Omega_{\rho_{nT}}^{GMM} \xrightarrow{P} 0$。

B5 第五章定理 5.5 证明

由 $(nT)^{\frac{1}{2}}(\hat{\beta}^{GLS} - \beta) = \left[(nT)^{-1}\sum_{t=1}^{T}X_{nt}^{***'}\sum_{n}X_{nt}^{***}\right]^{-1}(nT)^{-\frac{1}{2}}\sum_{t=1}^{T}X_{nt}^{***'}\sum_{n}\varepsilon_{nt}$,可得

$p\lim (\hat{\beta}^{GLS} - \beta) = 0$，$\text{var}[(nT)^{\frac{1}{2}}(\hat{\beta}^{GLS} - \beta)] = O(1)$，第一部分得证。

要证 $(\beta^{GLS} - \hat{\beta}^{GLS}) = o_p(1)$ 等价于证明

(1) $(nT)^{-1} \sum_{t=1}^{T} \tilde{X}_{nt}^{***'} \tilde{\sum}_{n} \tilde{X}_{nt}^{***} - (nT)^{-1} \sum_{t=1}^{T} X_{nt}^{***'} \sum_{n} X_{nt}^{***} = o_p(1)$；

(2) $(nT)^{-1} \sum_{t=1}^{T} \tilde{X}_{nt}^{***'} \tilde{\sum}_{n} \tilde{\varepsilon}_{nt} - (nT)^{-1} \sum_{t=1}^{T} X_{nt}^{***'} \sum_{n} \varepsilon_{nt} = o_p(1)$。

应用附录 A 定理 A1 至定理 A4 即可证明。

附录 C 第七章相关定理证明

C1 转换性质

证明：

WCND $(x^1 + \alpha g_{xi}, z, z, x^2 + \alpha g_{xp}, y + \alpha g_{yr}; g|e)$

$= \sup \left\{ \gamma_{c1} \left| \begin{array}{l} \gamma_{c1} = \varpi_1 (\sum_{i=1}^{m} \omega_i \beta_{xi}) + \varpi_2 (\varpi_{x^2} \sum_{p=1}^{q} \omega_p \beta_{xp} + \\ \varpi_y \sum_{r=1}^{s} \omega_r \beta_{yr}), \\ (x_i^1 + \alpha g_{xi} + \beta_{xi} g_{xi}, z_d, z_d, x_p^2 + \alpha g_{xp} + \beta_{xp} g_{xp}, y_r + \\ \alpha g_{yr} + \beta_{yr} g_{yr}) \in \hat{\psi}_{N-DEA}^c \end{array} \right. \right\}$

$= \sup \left\{ \gamma_{c1} \left| \begin{array}{l} \gamma_{c1} = \varpi_1 (\sum_{i=1}^{m} \omega_i \beta_{xi}) + \varpi_2 (\varpi_{x^2} \sum_{p=1}^{q} \omega_p \beta_{xp} + \\ \varpi_y \sum_{r=1}^{s} \omega_r \beta_{yr}), \\ (x_i^1 + (\alpha + \beta_{xi}) g_{xi}, z_d, z_d, x_p^2 + (\alpha + \beta_{xp}) g_{xp}, y_r + \\ (\alpha + \beta_{yr}) g_{yr}) \in \hat{\psi}_{N-DEA}^c \end{array} \right. \right\}$

$= \sup \left\{ \gamma_{c1} \left| \begin{array}{l} \gamma_{c1} = \varpi_1 (\sum_{i=1}^{m} \omega_i (\alpha + \beta_{xi})) + \varpi_2 (\varpi_{x^2} \sum_{p=1}^{q} \\ \omega_p (\alpha + \beta_{xp}) + \varpi_y \sum_{r=1}^{s} \omega_r (\alpha + \beta_{yr})) - \alpha, \\ (x_i^1 + (\alpha + \beta_{xi}) g_{xi}, z_d, z_d, x_p^2 + (\alpha + \beta_{xp}) g_{xp}, y_r + \\ (\alpha + \beta_{yr}) g_{yr}) \in \hat{\psi}_{N-DEA}^c \end{array} \right. \right\}$

WCND $(x^1, z, z, x^2, y; g|e)$

$= \sup \left\{ \gamma_{c0} \left| \begin{array}{l} \gamma_{c0} = \varpi_1 (\sum_{i=1}^{m} \omega_i (\alpha + \beta_{xi})) + \varpi_2 (\varpi_{x^2} \sum_{p=1}^{q} \omega_p \\ (\alpha + \beta_{xp}) + \varpi_y \sum_{r=1}^{s} \omega_r (\alpha + \beta_{yr})), \\ (x_i^1 + (\alpha + \beta_{xi}) g_{xi}, z_d, z_d, x_p^2 + (\alpha + \beta_{xp}) g_{xp}, y_r + \\ (\alpha + \beta_{yr}) g_{yr}) \in \hat{\psi}_{N-DEA}^c \end{array} \right. \right\}$

则 WCND $(x^1+\alpha g_{xi}, z, z, x^2+\alpha g_{xp}, y+\alpha g_{yr}; g|e)$ = WCND $(x^1, z, z, x^2, y; g|e) -\alpha$, $\alpha \in \Re$。

C2 负一阶齐次性

证明：

WCND $(x^1, z, z, x^2, y; \lambda g|e)$

$$= \sup \left\{ \gamma_{c2} \left| \begin{array}{l} \gamma_{c2} = \varpi_1(\sum_{i=1}^{m} \omega_i \beta_{xi}) + \varpi_2(\varpi_{x^2} \sum_{p=1}^{q} \omega_p \beta_{xp} + \\ \varpi_y \sum_{r=1}^{s} \omega_r \beta_{yr}), \\ (x_i^1 + \beta_{xi}(\lambda g_{xi}), z_d, z_d, x_p^2 + \beta_{xp}(\lambda g_{xp}), \\ y_r + \beta_{yr}(\lambda g_{yr})) \in \hat{\psi}_{N-DEA}^c \end{array} \right. \right\}$$

$$= \sup \left\{ \gamma_{c2} \left| \begin{array}{l} \gamma_{c2} = \lambda^{-1}[\varpi_1(\sum_{i=1}^{m} \omega_i \lambda \beta_{xi}) + \varpi_2(\varpi_{x^2} \sum_{p=1}^{q} \omega_p \lambda \beta_{xp} + \\ \varpi_y \sum_{r=1}^{s} \omega_r \lambda \beta_{yr})], \\ (x_i^1 + (\lambda \beta_{xi}) g_{xi}, z_d, z_d, x_p^2 + (\lambda \beta_{xp}) g_{xp}, \\ y_r + (\lambda \beta_{yr}) g_{yr}) \in \hat{\psi}_{N-DEA}^c \end{array} \right. \right\}$$

WCND $(x^1, z, z, x^2, y; g|e)$

$$= \sup \left\{ \gamma_{c0} \left| \begin{array}{l} \gamma_{c0} = [\varpi_1(\sum_{i=1}^{m} \omega_i \lambda \beta_{xi}) + \varpi_2(\varpi_{x^2} \sum_{p=1}^{q} \omega_p \lambda \beta_{xp} + \\ \varpi_y \sum_{r=1}^{s} \omega_r \lambda \beta_{yr})], \\ (x_i^1 + (\lambda \beta_{xi}) g_{xi}, z_d, z_d, x_p^2 + (\lambda \beta_{xp}) g_{xp}, \\ y_r + (\lambda \beta_{yr}) g_{yr}) \in \hat{\psi}_{N-DEA}^c \end{array} \right. \right\}$$

则 WCND $(x^1, z, z, x^2, y; \lambda g|e) = \lambda^{-1} \cdot$ WCND $(x^1, z, z, x^2, y; g|e)$，$\lambda > 0$。

C3 正一阶齐次性

证明：

WCND $(\lambda x^1, \lambda z, \lambda z, \lambda x^2, \lambda y; g|e)$

$$= \sup \left\{ \gamma_c \left| \begin{array}{l} \gamma_c = \varpi_1 (\sum_{i=1}^{m} \omega_i \beta_{xi}) + \varpi_2 (\varpi_{x^2} \sum_{p=1}^{q} \omega_p \beta_{xp} + \\ \varpi_y \sum_{r=1}^{s} \omega_r \beta_{yr}), \\ (\lambda x_i^1 + \beta_{xi} g_{xi}, \lambda z_d, \lambda z_d, \lambda x_p^2 + \beta_{xp} g_{xp}, \lambda y_r + \beta_{yr} g_{yr}) \\ \in \hat{\psi}_{N-DEA}^c \end{array} \right. \right\}$$

$$= \sup \left\{ \gamma_c \left| \begin{array}{l} \gamma_c = \varpi_1 (\sum_{i=1}^{m} \omega_i \beta_{xi}) + \varpi_2 (\varpi_{x^2} \sum_{p=1}^{q} \omega_p \beta_{xp} + \\ \varpi_y \sum_{r=1}^{s} \omega_r \beta_{yr}), \\ \lambda (x_i^1 + \beta_{xi} \lambda^{-1} g_{xi}, z_d, z_d, x_p^2 + \beta_{xp} \lambda^{-1} g_{xp}, y_r + \beta_{yr} \lambda^{-1} g_{yr}) \\ \in \hat{\psi}_{N-DEA}^c \end{array} \right. \right\}$$

使用单位不变性和负一阶齐次性性质，可得正一阶齐次性。

C4 性质证明

CND 距离函数可以表示为：

CND $(x^1, z, z, x^2, y; g|e) = \sup \{\beta | (x_i^1 + \beta g_{xi}, z_d, z_d, x_p^2 + \beta g_{xp}, y_r + \beta g_{yr}) \in \hat{\psi}_{N-DEA}^c\}$

记 $\beta_{xi} = \frac{s_{xi}}{g_{xi}} = \beta + \frac{sb_{xi}}{g_{xi}}$, $\beta_{xp} = \frac{s_{xp}}{g_{xp}} = \beta + \frac{sb_{xp}}{g_{xp}}$, $\beta_{yr} = \frac{s_{yr}}{g_{yr}} = \beta + \frac{sb_{yr}}{g_{yr}}$, 其中 sb 表示松弛偏差。则 WCND $(x^1, z, z, x^2, y; g|e)$

$$= \sup \left\{ \gamma_c \left| \begin{array}{l} \gamma_c = \varpi_1 \left(\sum_{i=1}^{m} \omega_i \left(\beta + \frac{sb_{xi}}{g_{xi}} \right) \right) + \varpi_2 \left(\varpi_{x^2} \sum_{p=1}^{q} \omega_p \left(\beta + \frac{sb_{xp}}{g_{xp}} \right) + \right. \\ \left. \varpi_y \sum_{r=1}^{s} \omega_r \left(\beta + \frac{sb_{yr}}{g_{yr}} \right) \right), \\ \left(x_i^1 + \left(\beta + \frac{sb_{xi}}{g_{xi}} \right) g_{xi}, z_d, z_d, x_p^2 + \left(\beta + \frac{sb_{xp}}{g_{xp}} \right) g_{xp}, y_r + \left(\beta + \frac{sb_{yr}}{g_{yr}} \right) g_{yr} \right) \\ \in \hat{\psi}_{N-DEA}^c \end{array} \right. \right\}$$

$$= \sup\left\{\gamma_c \;\middle|\; \begin{array}{l} \gamma_c = \beta + \left[\varpi_1\left(\sum_{i=1}^m \omega_i\left(\dfrac{sb_{xi}}{g_{xi}}\right)\right) + \varpi_2\left(\varpi_{x^2}\sum_{p=1}^q \omega_p\left(\dfrac{sb_{xp}}{g_{xp}}\right) + \varpi_y\sum_{r=1}^s \omega_r\left(\dfrac{sb_{yr}}{g_{yr}}\right)\right)\right], \\ \left(x_i^1 + \left(\beta + \dfrac{sb_{xi}}{g_{xi}}\right)g_{xi},\; z_d,\; z_d,\; x_p^2 + \left(\beta + \dfrac{sb_{xp}}{g_{xp}}\right)g_{xp},\; y_r + \right. \\ \left.\left(\beta + \dfrac{sb_{yr}}{g_{yr}}\right)g_{yr}\right) \in \hat{\psi}_{N-DEA}^c \end{array}\right\}$$

$= \mathrm{CND}\,(x^1,\,z,\,z,\,x^2,\,y;\,g\,|\,e)\, + \mathrm{SlackBias}\,(x^1,\,z,\,z,\,x^2,\,y;\,g\,|\,e)$

其中 SlackBias $(x^1,\,z,\,z,\,x^2,\,y;\,g\,|\,e)$

$$= \sup\left\{\gamma_c \;\middle|\; \begin{array}{l} \gamma_c = \varpi_1\left(\sum_{i=1}^m \omega_i\left(\dfrac{sb_{xi}}{g_{xi}}\right)\right) + \varpi_2\left(\varpi_{x^2}\sum_{p=1}^q \omega_p\left(\dfrac{sb_{xp}}{g_{xp}}\right) + \varpi_y\sum_{r=1}^s \omega_r\left(\dfrac{sb_{yr}}{g_{yr}}\right)\right), \\ \left(x_i^1 + \left(\beta + \dfrac{sb_{xi}}{g_{xi}}\right)g_{xi},\; z_d,\; z_d,\; x_p^2 + \left(\beta + \dfrac{sb_{xp}}{g_{xp}}\right)g_{xp},\; y_r + \right. \\ \left.\left(\beta + \dfrac{sb_{yr}}{g_{yr}}\right)g_{yr}\right) \in \hat{\psi}_{N-DEA}^c \end{array}\right\}。$$

因此,当 SlackBias $(x^1,\,z,\,z,\,x^2,\,y;\,g\,|\,e) = 0$ 时,我们有 WCND $(x^1,\,z,\,z,\,x^2,\,y;\,g\,|\,e) = $ CND $(x^1,\,z,\,z,\,x^2,\,y;\,g\,|\,e)$。

C5 定理 4.2 证明

当 $h \to \infty$ 时,WCND $(x^1,\,z,\,z,\,x^2,\,y;\,g\,|\,e) = $ WND $(x^1,\,z,\,z,\,x^2,\,y;\,g)$。

如果 $\beta_{xi} = s_i^-/g_{xi}$, $\beta_{xp} = s_p^\#/g_{xp}$, $\beta_{yr} = s_r^+/g_{yr}$, 且 $\varpi_1\omega_i = 1/3m$, $\varpi_2\varpi_{x^2}\omega_p = 1/3q$, $\varpi_2\varpi_y\omega_r = 1/3s$, 则式 (4-2) 转化为

WND $(x^1,\,z,\,z,\,x^2,\,y;\,g)$

$$= \sup\left\{\gamma_c \left| \begin{array}{l} \gamma_c = \frac{1}{3}\left[\frac{1}{m}\left(\sum_{i=1}^{m}\frac{s_i^-}{g_{xi}}\right) + \frac{1}{q}\left(\sum_{p=1}^{q}\frac{s_{pi}^{\#}}{g_{xp}}\right) + \right. \\ \left. \frac{1}{s}\left(\sum_{r=1}^{s}\frac{s_r^+}{g_{yr}}\right)\right], \\ (x_i^1 + s_i^-, z_d, z_d, x_p^2 + s_{pi}^{\#}, y_r + s_r^+) \in \hat{\psi}_{N-DEA}^c \end{array}\right.\right\}$$

$$= \text{NSBI}(x^1, z, z, x^2, y; g) \tag{C.1}$$

因此,NSBI 是 WND 距离函数的一个特例,也表明 NSBI 是 WCND 距离函数的一个特例,WCND 是更一般化的非径向非导向网络效率测度类型。当 $g_{xi} = -x_i^1$, $g_{xp} = -x_p^1$, $g_{yr} = y_r$ 时,对于所有的 i, p 和 r, 式 (C.1) 转化为

WCND $(x^1, z, z, x^2, y; g|e)$

$$= \sup\left\{\gamma_c \left| \begin{array}{l} \gamma_c = \frac{1}{3}\left[\frac{1}{m}\left(\sum_{i=1}^{m}\frac{s_i^-}{-x_i^1}\right) + \frac{1}{q}\left(\sum_{p=1}^{q}\frac{s_{pi}^{\#}}{-x_p^1}\right) + \right. \\ \left. \frac{1}{s}\left(\sum_{r=1}^{s}\frac{s_r^+}{y_r}\right)\right], \\ (x_i^1 + s_i^-, z_d, z_d, x_p^2 + s_{pi}^{\#}, y_r + s_r^+) \in \hat{\psi}_{N-DEA}^c \end{array}\right.\right\}$$

$$= \text{NSBM}(x^1, z, z, x^2, y) \tag{C.2}$$

C.2 表明 WCND 距离函数具有和 NSBM 相同的约束条件。由于 WCND 的值大于等于零,可得

$$\gamma_c = \frac{1}{3}\left[\frac{1}{m}\left(\sum_{i=1}^{m}\frac{s_i^-}{-x_i^1}\right) + \frac{1}{q}\left(\sum_{p=1}^{q}\frac{s_{pi}^{\#}}{-x_p^1}\right) + \frac{1}{s}\left(\sum_{r=1}^{s}\frac{s_r^+}{y_r}\right)\right] \geq 0$$

$$\Leftrightarrow \rho = \frac{1 - \left[\frac{1}{m}\left(\sum_{i=1}^{m}\frac{s_i^-}{x_i^1}\right) + \frac{1}{q}\left(\sum_{p=1}^{q}\frac{s_{pi}^{\#}}{x_p^1}\right)\right]}{1 + \frac{1}{s}\left(\sum_{r=1}^{s}\frac{s_r^+}{y_r}\right)} \leq 1 \tag{C.3}$$

其中第二个不等式的左边是 Tone and Tsutui 的 NSBM 的最优值。因此,当满足上述条件时,WCND $(x^1, z, z\ x^2, y; g)$ 与 NSBM (x^1, z, z, x^2, y) 具有一致的效率测度结果。定理 4.2 证明完毕。

参考文献

一 中文文献

蔡昉：《人口转变、人口红利与刘易斯转折点》，《经济研究》2010年第4期。

蔡昉：《未来的人口红利：中国经济增长源泉的开拓》，《中国人口科学》2009年第1期。

仇怡：《城镇化的技术创新效应——基于1990—2010年中国区域面板数据的经验研究》，《中国人口科学》2013年第1期。

邓峰：《教育收益率估算中的计量偏误及调整方法的综述》，《教育与经济》2013年第5期。

邓峰、丁小浩：《人力资本、劳动力市场分割与性别收入差距》，《社会学研究》2012年第5期。

都阳：《人口转变、劳动力市场转折与经济发展》，《国际经济评论》2010年第6期。

都阳：《中国低生育率水平的形成及其对长期经济增长的影响》，《世界经济》2005年第12期。

戈艳霞：《中国的城镇化如何影响生育率？——基于空间面板数据模型的研究》，《人口学刊》2015年第3期。

龚锋、余锦亮：《人口老龄化、税收负担与财政可持续性》，《经济研究》2015年第8期。

郭剑雄：《人力资本、生育率与城乡收入差距的收敛》，《中国社会科学》2005 年第 3 期。

郭凯明、龚六堂：《社会保障、家庭养老与经济增长》，《金融研究》2012 年第 10 期。

郭凯明、余靖雯、龚六堂：《人口政策、劳动力结构与经济增长》，《世界经济》2013 年第 11 期。

郭志刚：《流动人口对当前生育水平的影响》，《人口研究》2010 年第 1 期。

韩国高等：《中国制造业产能过剩的测度、波动及成因研究》，《经济研究》2011 年第 12 期。

胡鞍钢、刘生龙、马振国：《人口老龄化、人口增长与经济增长——来自中国省际面板数据的实证证据》，《人口研究》2012 年第 3 期。

胡翠、许召元：《人口老龄化对储蓄率影响的实证研究——来自中国家庭的数据》，《经济学（季刊）》2014 年第 4 期。

黄志岭、姚先国：《教育回报率的性别差异研究》，《世界经济》2009 年第 7 期。

贾男、甘犁、张劼：《工资率、"生育陷阱"与不可观测类型》，《经济研究》2013 年第 5 期。

简必希、宁光杰：《教育异质性回报的对比研究》，《经济研究》2013 年第 2 期。

靳永爱：《低生育率陷阱：理论、事实与启示》，《人口研究》2014 年第 1 期。

李兵、任远：《人口结构是怎样影响经常账户不平衡的？——以第二次世界大战为工具变量的经验证据》，《经济研究》2015 年第 10 期。

李建民：《后人口转变论》，《人口研究》2000 年第 4 期。

李楠、邵凯、王前进：《中国人口结构对碳排放量影响研究》，《中国人口·资源与环境》2011 年第 7 期。

李实、丁赛：《中国城镇教育收益率的长期变动趋势》，《中国社会科学》2003 年第 6 期。

李晓阳、林恬竹、张琦：《人口流动与经济增长互动研究——来自重庆市的证据》,《中国人口科学》2015 年第 6 期。

李子联:《收入与生育:中国生育率变动的解释》,《经济学动态》2016 年第 5 期。

林毅夫、巫和懋、邢亦青:《"潮涌现象"与产能过剩的形成机制》,《经济研究》2010 年第 10 期。

刘穷志、何奇:《人口老龄化、经济增长与财政政策》,《经济学(季刊)》2012 年第 10 期。

刘生龙、胡鞍钢、郎晓娟:《预期寿命与中国家庭储蓄》,《经济研究》2012 年第 8 期。

刘爽、卫银霞、任慧:《从一次人口转变到二次人口转变——现代人口转变及其启示》,《人口研究》2012 年第 1 期。

刘学军、赵耀辉:《劳动力流动对城市劳动力市场的影响》,《经济学(季刊)》2009 年第 2 期。

刘泽云:《女性教育收益率为何高于男性?——基于工资性别歧视的分析》,《经济科学》2008 年第 2 期。

陆铭:《大国大城——当代中国的统一、发展与平衡》,上海人民出版社 2016 年版。

陆旸、蔡昉:《人口结构变化对潜在增长率的影响:中国和日本的比较》,《世界经济》2014 年第 1 期。

潘文卿:《中国的区域关联与经济增长的空间溢出效应》,《经济研究》2012 年第 1 期。

潘文卿、刘婷、王丰国:《中国区域产业 CO_2 排放影响因素研究:不同经济增长阶段的视角》,《统计研究》2017 年第 3 期。

彭璐璐等:《中国居民消费碳排放影响因素的时空异质性》,《中国环境科学》2021 年第 1 期。

彭希哲、胡湛:《公共政策视角下的中国人口老龄化》,《中国社会科学》2011 年第 3 期。

佘群芝、吴肖丽、潘安:《气候资金对受援国碳排放的影响》,《资源科学》2020 年第 6 期。

沈可、史倩：《人口结构与家庭规模对生活能源消费的影响：基于中国省级面板数据的实证研究》，《人口研究》2018年第6期。

石人炳：《低生育率陷阱：是事实还是神话？》，《人口研究》2010年第2期。

史琴琴等：《中原经济区城镇居民消费间接碳排放时空格局及其影响因素》，《资源科学》2018年第6期。

孙爱军、刘生龙：《人口结构变迁的经济增长效应分析》，《人口与经济》2014年第1期。

孙志军：《基于双胞胎数据的教育收益率估计》，《经济学（季刊）》2014年第4期。

田成诗等：《中国人口年龄结构对碳排放的影响》，《资源科学》2015年第12期。

汪伟、艾春荣：《人口老龄化与中国储蓄率的动态演化》，《管理世界》2015年第6期。

王兵、吴延瑞、颜鹏飞：《中国区域环境效率与环境全要素生产率增长》，《经济研究》2010年第5期。

王德文、蔡昉、张学辉：《人口转变的储蓄效应和增长效应——论中国增长可持续的人口因素》，《人口研究》2004年第5期。

王芳、周兴：《人口结构、城镇化与碳排放——基于跨国面板数据的实证研究》，《中国人口科学》2012年第2期。

王维国、刘丰、胡春龙：《生育政策、人口年龄结构优化与经济增长》，《经济研究》2019年第1期。

魏楚、沈满洪：《能源效率及其影响因素：基于DEA的实证分析》，《管理世界》2007年第8期。

吴帆：《欧洲家庭政策与生育率变化——兼论中国低生育率陷阱的风险》，《社会学研究》2016年第1期。

吴帆、林川：《欧洲第二次人口转变理论及其对中国的启示》，《南开学报》（哲学社会科学版）2013年第6期。

吴昊、车国庆：《中国人口年龄结构如何影响了地区碳排放？——基于动态空间 STIRPAT 模型的分析》,《吉林大学社会科学学报》2018 年第 3 期。

伍海霞、李树茁、悦中山:《城镇外来农村流动人口的生育观念与行为分析——来自深圳调查的发现》,《人口研究》2006 年第 1 期。

徐博、杨来科、钱志权:《全球价值链分工地位对于碳排放水平的影响》,《资源科学》2020 年第 3 期。

杨玲、张新平:《人口年龄结构、人口迁移与东北经济增长》,《中国人口·资源与环境》2016 年第 9 期。

袁晓玲、张宝山、杨万平:《基于环境污染的中国全要素能源效率研究》,《中国工业经济》2009 年第 2 期。

袁志刚:《中国的乡—城劳动力流动与城镇失业:一个经验研究》,《管理世界》2006 年第 8 期。

赵昌文等:《当前我国产能过剩的特征、风险及对策研究——基于实地调研及微观数据的分析》,《管理世界》2015 年第 4 期。

郑勤华、赖德胜:《人力资本与中国城市化的地区差异研究》,《中国人口科学》2008 年第 1 期。

钟笑寒:《劳动力流动与工资差异》,《中国社会科学》2006 年第 1 期。

二 英文文献

Acemoglu, Daron, "Directed Technical Change", *The Review of Economic Studies*, 2002, Vol. 69, No. 4.

Acemoglu, Daron and Pascual Restrepo, "The Race between Machine and Man: Implications of Technology for Growth, Factor Shares and Employment", *American Economic Review*, 2018, Vol. 108, No. 6.

Acemoglu, Daron and Pascual Restrepo, "The Wrong Kind of AI? Artificial Intelligence and the Future of Labour Demand", *Cambridge Journal of Regions, Economy and Society*, Cambridge Political Economy Society, 2020, Vol. 13, No. 4.

Ahituv, Avner, "Be Fruitful or Multiply: On the Interplay between Fertility and Economic Development", *Journal of Population Economics*, 2001, Vol. 14, No. 1.

Almeida, Alexandre N. and Livia R. S. Souza, "Analysis of the Consumption Patterns in Families with and without Elderly Members between 1987 and 2009 in the Metropolitan Regions of Brazil", *Journal of Population Ageing*, 2019, Vol. 12, No. 11.

Alonzo, A. Angelo, "Long-Term Health Consequences of Delayed Childbirth", *Women's Health Issues*, 2002, Vol. 12, No. 1.

Amuedo-Dorantes, Catalina and Jean Kimmel, "The Motherhood Wage Gap in the United States: The Importance of Fertility Delay", *Review of Economics of the Household*, 2005, Vol. 3, No. 1.

Angeles, Luis, "Demographic Transitions: Analyzing the Effects of Mortality on Fertility", *Journal of Population Economics*, 2010, Vol. 23, No. 1.

Arellano, Manuel and Stephen R. Bond, "Some Tests of Specification for Panel Data: Monte Carlo Evidence and an Application to Employment Equations", *Review of Economic Studies*, 1991, Vol. 58, No. 2.

Ashenfelter, Orley and Cecilia E. Rouse, "Income, Schooling and Ability: Evidence from a New Sample of Identical Twins", *Quarterly Journal of Economics*, 1998, Vol. 113, No. 1.

Bădin, Luiza, Cinzia Daraio and Léopold Simar, "Optimal Bandwidth Selection for Conditional Efficiency Measures: A Data-driven Approach", *European Journal of Operational Research*, 2018, Vol. 201.

Baltagi, Badi H., Seuck H. Song and Byoung C. Jung, et al., "Testing for Serial Correlation, Spatial Autocorrelation and Random Effects Using Panel Data", *Journal of Econometrics*, 2007, Vol. 140, No. 1.

Banker, Rajiv D. and Richard C. Morey, "Efficiency Analysis for Exogenously Fixed Inputs and Outputs", *Operational Research*, 1986, Vol. 34, No. 4.

Bardazzi, Rossella and Maria G. Pazienza, "Switch off the Light, Please! Energy Use, Aging Population and Consumption Habits", *Energy Economics*, 2017, Vol. 65, No. 6.

Beck, Nathaniel and Jonathan N. Katz, "What to Do (and Not to Do) with Time-series Cross-section Data", *American Political Science Review*, 1995, Vol. 89, No. 3.

Becker, Gary S. and Harold G. Lewis, "On the Interaction between the Quantity and Quality of Children", *Journal of Political Economy*, 1973, Vol. 81, No. 2.

Becker, Gary S. and Robert J. Barro, "A Reformulation of the Economic Theory of Fertility", *The Quarterly Journal of Economics*, 1988, Vol. 103, No. 1.

Becker, Gary S., "Human Capital, Effort, and the Sexual Division of Labor", *Journal of Labor Economy*, 1985, Vol. 3, No. 1.

Becker, Gary S., Kevin M. Murphy and Robert F. Tamura, "Human Capital, Fertility, and Economic Growth", *Journal of Political Economy*, 1990, Vol. 98, No. 5.

Belaid, Fateh, Adel B. Youssef and Nessrine Omrani, "Investigating the Factors Shaping Residential Energy Consumption Patterns in France: Evidence form Quantile Regression", *The European Journal of Comparative Economics*, 2020, Vol. 17, No. 1.

Billari, Francesco C., Hans-Peter Kohler and Gunnar Andersson, "Approaching the Limit: Long-term Trends in Late and Very Late Fertility", *Population and Development Review*, 2007, Vol. 33, No. 1.

Blackburn, Mckinley K. L., David E. Bloom and David Neumark, "Fertility Timing, Wages, and Human Capital", *Journal of Population Economics*, 1993, Vol. 6, No. 1.

Bloom, David E., David Canning and Richard K. Mansfield, "Demographic Change, Social Security Systems, and Savings", *Journal of*

Monetary Economics, 2007, Vol. 54, No. 1.

Blundell, Richard and Stephen Bond, "Initial Conditions and Moment Restrictions in Dynamic Panel Data Models", *Journal of Econometrics*, 1998, Vol. 87, No. 1.

Brandt, Loren and Carsten A. Holz, "Spatial Price Differences in China: Estimates and Implications", *Economic Development and Cultural Change*, 2006, Vol. 55, No. 1.

Bratti, Massimiliano and Konstantinos Tatsiramos, "The Effect of Delaying Motherhood on the Second Childbirth in Europe", *Journal of Population Economics*, 2012, Vol. 25, No. 1.

Buckles, Kasey, "Stopping the Biological Clock: Infertility Treatments and the Career-Family Tradeoff", 2007, http://www.nd.edu/-kbuckles (Unpublished Manuscript).

Buckles, Kasey, "Understanding the Returns to Delayed Childbearing for Working Women", *American Economic Review*, 2008, Vol. 98, No. 2.

Budig, Michelle J. and Paula England, "The Wage Penalty for Motherhood", *American Sociological Review*, 2001, Vol. 66, No. 2.

Caliendo, Marco and Sabine Kopeinig, "Some Practical Guidance for the Implementation of Propensity Score Matching", *Journal of Economic Surveys*, 2008, Vol. 22, No. 1.

Cazals, Catherine, Jean-Pierre Florens and Léopold Simar, "Nonparametric Frontier Estimation: A Robust Approach", 2002, Vol. 106, No. 1.

Cervellati, Matteo and Uwe Sunde, "Human Capital Formation, Life Expectancy, and the Process of Development", *American Economic Review*, 2005, Vol. 95, No. 5.

Cervellati, Matteo and Uwe Sunde, "Human Capital, Mortality and Fertility: A Unified Theory of the Economic and Demographic Transition", *IZA Discussion Paper*, No. 2905, 2007.

Cervellati, Matteo and Uwe Sunde, "Life Expectancy and Economic Growth:

The Role of the Demographic Transition", *Journal of Economic Growth*, 2011, Vol. 16, No. 2.

Chandler, Timothy D., Yoshinori Kamo and James D. Werbel, "Do Delays in Marriage and Childbirth Affect Earnings?", *Population and Development Review*, 1994, Vol. 75, No. 4.

Charnes, Abraham, William W. Cooper and Edwardo Rhodes, "Measuring the Efficiency of Decision Making Units", *European Journal of Operational Research*, 1978, Vol. 2, No. 6.

Choi, Seongsoo, Riley Taiji and Manting Chen, et al., "Cohort Trends in the Association between Sibship Size and Educational Attainment in 26 Low-fertility Countries", *Demography*, 2020, Vol. 57, No. 3.

Cleland, John, "The Effects of Improved Survival on Fertility: A Reassessment", *Population and Development Review*, 2001, Vol. 27, No. S.

Cole, Matthew A. and Eric Neumayer, "Examining the Impact of Demographic Factors on Air Pollution", *Population and Environment*, 2004, Vol. 26, No. 9.

Dalton, Michael, Brian C. O'Neill and Alexia Prskawetz, et al., "Population Aging and Future Carbon Emissions in the Unites States", *Energy Economics*, 2008, Vol. 30, No. 2.

Daraio, Cinzia and Léopold Simar, "Introducing Environmental Variables in Nonparametric Frontier Models: A Probabilistic Approach", *Journal of Productivity Analysis*, 2005, Vol. 24, No. 1.

Daraio, Cinzia and Léopold Simar, "Conditional Nonparametric Frontier Models for Convex and Nonconvex Technologies: A Unifying Approach", *Journal of Productivity Analysis*, 2007, Vol. 28, No. 1.

Deardorff, Alan V., "The Optimum Growth Rate for Population: Comment", *International Economic Review*, 1976, Vol. 17, No. 2.

DeBrauw, Alan and Scott Rozelle, "Reconciling the Returns to Education in Off-farm Wage Employment in Rural China", *Review of Develop-

ment Economics, 2008, Vol. 22, No. 2.

Dodson, Jenna C., Patrícia Dérer and Philip Cafaro, et al., "Population Growth and Climate Change: Addressing the Overlooked Threat Multiplier", *Science of the Total Environment*, 2020, Vol. 748, No. 12.

Elhorst, Jean P., "Specification and Estimation of Spatial Panel Data Models", *International Regional Science Review*, 2003, Vol. 26, No. 3.

Elhorst, Jean P., "Matlab Software for Spatial Panels", *International Regional Science Review*, 2014a, Vol. 37, No. 3.

Elhorst, Jean P., "Spatial Econometrics: From Cross-Sectional Data to Spatial Panels", New York: Springer, 2014b.

Elhorst, Jean P., Eelco Zandberg and Jakob De Haan, "The Impact of Interaction Effects among Neighbouring Countries on Financial Liberalization and Reform: A Dynamic Spatial Panel Data Approach", *Spatial Economic Analysis*, 2013, Vol. 8, No. 3.

Ellwood, David, Ty Wilde, Lily Batchelder, "The Mommy Track Divides: The Impact of Childbearing on Wages of Women of Differing Skill Levels", Cambridge: Harvard University, 2004.

Erosa, Andrés, Luisa Fuster and Diego Restuccia, "Fertility Decisions and Gender Differences in Labor Turnover, Employment, and Wages", *Review of Economic Dynamics*, 2002, Vol. 5, No. 4.

Ertur, Cem and Wilfride Koch, "Growth, Technological Interdependence and Spatial Externalities: Theory and Evidence", *Journal of Applied Econometrics*, 2007, Vol. 22, No. 6.

Estiri, Hossein and Emilio Zagheni, "Age Matters: Ageing and Household Energy Demand in the United States", *Energy Research & Social Science*, 2019, Vol. 55, No. 9.

Fan, Ying, Lan-Cui Liu and Gang Wu, et al., "Analyzing Impact Factors of CO2 Emissions Using the STIRPAT Model", *Environmental Impact Assessment Review*, 2006, Vol. 26, No. 4.

Färe, Rolf and Shawna Grosskopf, "Theory and Application of Directional Distance Functions", *Journal of Productivity Analysis*, 2000, Vol. 13, No. 2.

Feenstra, Robert C., Robert Inklaar and Marcel P. Timmer, "The Next Generation of the Penn World Table", *American Economic Review*, 2015, Vol. 105, No. 10.

Franzese, Robert J. and Jude C. Hays, "Spatial Econometric Models of Cross-sectional Interdependence in Political Science Panel and Time-series-cross-section Data", *Political Analysis*, 2007, Vol. 15, No. 2.

Fried, Harold O., Ca K. Lovell, S. S. Schmidt, et al., "Accounting for Environmental Effects and Statistical Noise in Data Envelopment Analysis", *Journal of Productivity Analysis*, 2002, Vol. 17, No. 1.

Fujita, Masahisa and Jacques-François Thisse, "Economics of Agglomeration", Cambridge: Cambridge University Press, 2002.

Fujita, Masahisa, Paul R. Krugman and Anthoney J. Venables, "The Spatial Economy: Cities, Regions and International Trade", Cambridge, MA: The MIT Press, 1999.

Fukuyama, Hirofumi and William L. Weber, "A Slacks-based Measure for a Two-stage System with Bad Outputs", *Omega*, 2010, Vol. 38, No. 5.

Gage, Timothy B., "The Decline in Mortality in England and Wales, 1861-1964. Decomposition by Cause of Death and Components of Mortality", *Population Studies*, 1993, Vol. 49, No. 1.

Galor, Oded and David N. Weil, "Population, Technology and Growth: from Malthusian Stagnation to the Demographic Transition and Beyond", *American Economic Review*, 2000, Vol. 90, No. 4.

Galor, Oded, "From Stagnation to Growth: Unified Growth Theory", in Aghion, Philippe and Steven Durlauf, eds. *Handbook of Economic Growth*, Amsterdam: North-Holland, 2005.

Galor, Oded, "Unified Growth Theory", Princeton: Princeton University Press, 2011.

Galor, Oded, "The Demographic Transition: Causes and Consequences", *Cliometrica*, 2012, Vol. 6, No. 1.

Goldin, Claudia and Lawrence F. Katz, "The Race between Education and Technology", Cambriage, MA: The Belknap Press of Harvard University Press, 2008.

Guanjian, Cheng and Kaihua Chen, "Measuring the Innovation Production Process: A Cross-region Empirical Study of China's High-tech Innovations", *Technovation*, 2010, Vol. 30, No. 5 – 6.

Halkos, George E., Nickolaos G. Tzeremes, "A Conditional Directional Distance Function Approach for Measuring Regional Environmental Efficiency: Envidence from UK Regions", *European Journal of Operational Research*, 2013, Vol. 227, No. 1.

Hall, Peter, Jeff Racine and Qi Li, "Cross-validation and the Estimation of Conditional Probability Densities", *Journal of the American Statistical Association*, 2004, Vol. 99, No. 468.

Hansen, Morten T. and Julian Birkinshaw, "The Innovation Value Chain", *Harvard Business Review*, 2007, Vol. 85, No. 6.

Hanushek, Erick, "The Trade-off between Child Quantity and Quality", *Journal of Political Economy*, 1992, Vol. 100, No. 1.

Hazan, Moshe and Hosny Zoabi, "Does Longevity Cause Growth? A Theoretical Critique", *Journal of Economic Growth*, 2006, Vol. 11, No. 4.

Herzer, Dierk, Holger Strulik and Sebastian Vollmer, "The Long-run Determinants of Fertility: One Century of Demographic Change 1900 – 1999", *Journal of Economic Growth*, 2012, Vol. 17, No. 4.

Hewlett, Sylvia Ann, "Fast-track Women and the Quest for Children", *Fertility and Sterility*, 2004, Vol. 81, No. S2.

Hofferth, Sandra L., "Long-term Economic Consequences for Women of Delayed Childbearing and Reduced Family Size", *Demography*, 1984,

Vol. 21, No. 2.

Horioka, Charles Yuji, "Aging and Saving on Asia", *Pacific Economic Review*, 2010, Vol. 15, No. 1.

Kalemli-Ozcan, Sebnem, "Does the Mortality Decline Promote Economic Growth?", *Journal of Economic Growth*, 2002, Vol. 7, No. 4.

Kalemli-Ozcan, Sebnem, Harl E. Ryder and David N. Weil, "Mortality Decline, Human Capital Investment, and Econommic Growth", *Journal of Development Economics*, 2000, Vol. 62, No. 1.

Kalist, David E., "Does Motherhood Affect Productivity", *Jourbal of Labor Resource*, 2008, Vol. 29, No. 3.

Kao, Chiang and Min-Hsien Chiang, "On the Estimation and Inference of a Cointegrated Regression in Panel Data", in Badi H. Baltagi, Thomas B. Fomby, R. Carter Hill, eds. *Nonstationary Panels, Panel Cointegration, and Dynamic Panels (Advances in Econometrics)*, Bingley, England, Emerald Group Publishing Limited, 2000.

Kao, Chiang, "Network Data Envelopment Analysis: A Review", *European Journal of Operational Research*, 2014, Vol. 239, No. 1.

Kapoor, Mudit, Harry H. Kelejian and Ingmar R. Prucha, "Panel Data Models with Spatially Correlated Error Components", *Journal of Econometrics*, 2007, Vol. 140, No. 1.

Kelejian, Harry H. and Ingmar R. Prucha, "A Generalized Moments Estimator for the Autoregressive Parameter in a Spatial Model", *International Economic Review*, 1999, Vol. 40.

Kelejian, Harry H. and Ingmar R. Prucha, "Specification and Estimation of Spatial Autoregressive Models with Autoregressive and Heteroskedastic Disturbances", *Journal of Econometrics*, 2010, Vol. 157, No. 1.

Keller, Wolfgang and Carol H. Shiue, "The Origin of Spatial Interaction", *Journal of Econometrics*, 2007, Vol. 140, No. 1.

Kelley, Allen C. and Robert M. Schmidt, "Aggregate Population and Economic Growth Correlations: The Role of the Components of Demographic Change", *Demography*, 1995, Vol. 32, No. 4.

Ketenci, Natalya and Vasudeva N. R. Murthy, "Some Determinants of Life Expectancy in the United States: Results from Cointegration Tests under Structural Breaks", *Journal of Economics and Finance*, 2018, Vol. 42, No. 3.

Kim Jaehyeok, Hyungwoo Lim and Jo Ha-Hyun, "Do Aging and Low Fertility Reduce Carbon Emissions in Korea? Evidence from IPAT Augmented EKC Analysis", *International Journal of Environmental Research and Public Health*, 2020, Vol. 17, No. 8.

Kim, Jaehyeok, Minwoo Jang and Donghyun Shin, "Examining the Role of Population Age Structure upon Residential Electricity Demand: A Case from Korea", *Sustainability*, 2019, Vol. 11, No. 14.

Kimball, Miles S., "Precautionary Saving in the Small and in the Large", *Econometrica*, 1990, Vol. 58, No. 1.

Kirk, Dudley, "Demographic Transition Theory", *Population Studies*, 1996, Vol. 50, No. 3.

Korniotis, George M., "Estimating Panel Models with Internal and External Habit Formation", *Journal of Business and Economic Statistic*, 2010, Vol. 28, No. 1.

Lee, Lung-fei and Jihai Yu, "Spatial Panels: Random Components Versus Fixed Effects", *International Economic Review*, 2012, Vol. 53, No. 4.

Lee, Lung-fei and Jihai Yu, "Efficient GMM Estimation of Spatial Dynamic Panel Data Models with Fixed Effects", *Journal of Econometrics*, 2014, Vol. 180, No. 4.

Lee, Lung-fei and Jihai Yu, "Estimation of Fixed Effects Panel Regression Models with Separable and Non Separable Space-time Filters", *Journal of Econometrics*, 2015, Vol. 184, No. 4.

Lee, Ronald D. and Andrew Mason, "Fertility, Human Capital and Economic Growth over the Demographic Transition", *European Journal of Population*, 2010, Vol. 26, No. 2.

Levin, Andrew, Chien-Fu Lin and Chia-Shang J. Chu, "Unit Root Tests in Panel Data: Asymptotic and Finite-sample Properties", *Journal of Econometrics*, 2002, Vol. 108, No. 1.

Lewis, W. Arthur, "Economic Development with Unlimited Supplies of Labour", *Manchester School of Economic and Social Studies*, 1954, Vol. 22, No. 2.

Li, Haizheng and Yi Luo, "Reporting Errors, Ability Heterogeneity, and Returns to Schooling in China", *Pacific Economic Review*, 2004, Vol. 9, No. 3.

Li, Hongbin, Jie Zhang and Junsen Zhang, "Effects of Longevity and Dependency Rates on Saving and Growth: Evidence from A Panel of Cross Countries", *Journal of Development Economics*, 2007, Vol. 84, No. 1.

Li, Shijie and Chunshan Zhou, "What Are the Impacts of Demographic Structure on CO2 Emissions? A Regional Analysis in China via Heterogeneous Panel Estimates", *Science of the Total Environment*, 2019, Vol. 650, No. 2.

Li, Yongjun, Yao Chen and Liang Liang, et al., "DEA Models for Extended Two-stage Network Structures", *Omega*, 2012, Vol. 40, No. 5.

Liddle, Brant and Sidney Lung, "Age-structure, Urbanization and Climate Change in Developed Countries: Revisiting STIRPAT for Disaggregated Population and Consumption Related Environmental Impacts", *Population and Environment*, 2010, Vol. 31, No. 2.

Lin, Xu and Lung-fei Lee, "GMM Estimation of Spatial Autoregressive Models with Unknown Heteroskedasticity", *Journal of Econometrics*, 2010, Vol. 157, No. 1.

Lottmann, Franziska, "Spatial Dependencies in German Matching Functions", *Regional Science and Urban Economics*, 2012, Vol. 42, No. 1-2.

Lucas, Robert E., "On the Mechanics of Economic Development", *Journal of Monetary Economics*, 1988, Vol. 22, No. 1.

Mason, Andrew and Ronald Lee, "Reform and Support Systems for the Elderly in Developing Countries: Capturing the Second Demographic Dividend", *Genus*, 2006, Vol. 62, No. 2.

McDonald, John, "Using Least Squares and Tobit in Second Stage DEA Efficiency Analysis", *European Journal of Operational Research*, 2009, Vol. 197, No. 2.

Miller, Amali R., "The Effects of Motherhood Timing on Career Path", *Journal of Political Economy*, 2011, Vol. 24, No. 3.

Modigliani, Franco and Richard Brumberg, "Utility Analysis and Consumption Function: An Interpretation of Cross-section Data", in Kurihara, Kenneth K., eds. Post-keynesian Economics, New Brunswick, NJ: Rutgers University Press, 1954.

Mohl, Philipp and Tobias Hagen, "Do EU Structural Funds Promote Regional Growth? New Evidence from Various Panel Data Approaches", *Regional Science and Urban Economics*, 2010, Vol. 40, No. 5.

Murtin, Fabrice, "Long-term Determinants of the Demographic Transition: 1870-2000", *Review of Economics and Statistics*, 2012, Vol. 95, No. 2.

Okon, Emmanuel O., "Population Structure and Environmental Degradation: Implication for EKC Hypothesis", *Bussecon Review of Social Sciences*, 2019, Vol. 1, No. 2.

Ota, Toru, Makoto Kakinaka and Koji Kotani, "Demographic Effects on Residential Electricity and City Gas Consumption in the Aging Society of Japan", *Energy Policy*, 2018, Vol. 115, No. 4.

Parent, Olivier and James P. Lesage, "A Space-time Filter for Panel Data

Models Containing Random Effects", *Computational Statistics and Data Analysis*, 2011, Vol. 55, No. 1.

Parent, Olivier and James P. Lesage, "Spatial Dynamic Panel Data Models with Random Effects", *Regional Science and Urban Economics*, 2012, Vol. 42, No. 4.

Park, Byeong U., Léopold Simar and Valentin Zelenyuk, "Local Likelihood Estimation of Truncated Regression and Its Partial Derivative: Theory and Application", *Journal of Econometrics*, 2008, Vol. 146, No. 1.

Pesaran, M. Hashem and Ron P. Smith, "Estimating Long Run Relationship for Dynamic Heterogenous Panels", *Journal of Econometrics*, 1995, Vol. 68, No. 1.

Racine, Jeffrey S., "Nonparametric Econometrics: A Primer, Foundation and Trends® in Econometrics", *Now Publishers*, 2008, Vol. 3, No. 1.

Racine, Jeffrey S., Jeffrey Hart and Qi Li, "Testing the Significance of the Categorical Predictor Variables in Nonparametric Regression Models", *Econometric Reviews*, 2006, Vol. 25, No. 4.

Ranis, Gustav and John C. H. Fei, "A Theory of Economic Development", *American Economic Review*, 1961, Vol. 51, No. 4.

Razzell, Peter E., "An Interpretation of the Rise of Population in Europe: A Critique", *Population Studies*, 1974, Vol. 28, No. 1.

Reinhard, Stijn, C. A. Knox Lovell, Geert J. Thijssen, "Environmental Efficiency with Multiple Environmentally Detrimental Variables Estimated with SFA and DEA", *European Journal of Operational Research*, 2000, Vol. 121, No. 2.

Revelli, Federico, "Spatial Patterns in Local Taxation: Tax Mimicking or Error Mimicking", *Applied Economics*, 2001, Vol. 33, No. 9.

Romer, Paul M., "Increasing Returns and Long-Run Growth", *Journal* of *Political Economy*, 1986, Vol. 94.

Rosenbaum, Paul R. and Donald B. Rubin, "The Central Role of the Propensity Score in Observational Studies for Causal Effects", *Biometrika*, 1983, Vol. 70, No. 2.

Rosenbaum, Paul R. and Donald B. Rubin, "Constructing a Control Group Using Multivariate Matched Sampling Methods that Incorporate the Propensity Score", *American Statistician*, 1985, Vol. 39, No. 1.

Royer, Heather, "Does Maternal Age Affect Infant Health?: Evidence from Sibling Comparisons", Mimeo: University of Michigan, 2005.

Saka, Abdulrasaki, "An Investigation of the Role of Population Age Structure and Carbon Dioxide Emissions in Africa", *Journal of Economics, Management and Trade*, 2017, Vol. 19, No. 10.

Schofield, Roger and David Reher, "The Decline of Mortality in Europe", in Schofield, Roger, David Reher, and Alain Bideau, eds. The Decline of Mortality in Europe, Oxford, England: Clarendon Press, 1991.

Schultz, T. Paul, "Demand for Children in Low Income Countries", in Rosenzweig, Mark R. and Oded Stark, eds. Handbook of Population and Family Economics, Amsterdam: North Holland, 1997.

Simar, Léopold and Anne Vanhems, "Probabilistic Characterization of Directional Distances and Their Robust Versions", *Journal of Econometrics*, 2012, Vol. 166, No. 2.

Simar, Léopold and Paul W. Wilson, "Estimation and Inference in Two-stage, Semi-parametric Models of Production Processes", *Journal of Econometrics*, 2007, Vol. 136, No. 1.

Song, Zheng, Storesletten Kjetil and Zilibotti Fabrizio, "Growing Like China", *American Economic Review*, 2011, Vol. 101, No. 1.

Strulik, Holger, "Geography, Health, and the Pace of Demo-economic Development", *Journal of Development Economics*, 2008, Vol. 86, No. 1.

Su, Liangjun and Zhenlin Yang, "QML Estimation of Dynamic Panel Data Models with Spatial Errors", *Journal of Econometrics*, 2015, Vol. 185, No. 1.

Su, Liangjun, "Semiparametric GMM Estimation of Spatial Autoregressive Models", *Journal of Econometrics*, 2012, Vol. 167, No. 2.

Sun, Licheng, Xiaoxiao Cao and Majed Alharthi, et al., "Carbon Emission Transfer Strategies in Supply Chain with Lag Time of Emission Reduction Technologies and Low-carbon Preference of Consumers", *Journal of Cleaner Production*, 2020, Vol. 264, No. 8.

Tamara, Fioroni, "Child Mortality and Fertility: Public VS Private Education", *Journal of Population Economics*, 2010, Vol. 23, No. 1.

Taniguchi, Hiromi, "The Timing of Childbearing and Women's Wages", *Journal of Marriage and the Family*, 1999, Vol. 61, No. 4.

Todaro, Michael P., "A Model of Migration and Urban Unemployment in Less-developed Countries", *American Economic Review*, 1969, Vol. 59, No. 1.

Todaro, Michael P., "Internal Migration in Developing Countries: A Survey in Population and Economic Change in Developing Countries", in Easterlin, Richard A., eds. Population and Economic Change in Developing Countries, Chicago, American: University of Chicago Press, 1980.

Tone, Kaoru and Miki Tsutsui, "Network DEA: A Slacks-based Measure Approach", *European Journal of Operational Research*, 2009, Vol. 197, No. 1.

Vollset, Stein E., Emily Goren and Chun W. Yuan, et al., "Fertility, Mortality, Migration, and Population Scenarios for 195 Countries and Territories from 2017 to 2100: A Forecasting Analysis for the Global Burden of Disease Study", *Demography*, 2020, Vol. 57, No. 3.

Wei, Taoyuan, Qin Zhu and Solveig Glomsrød, "How Will Demographic Characteristics of the Labor Force Matter for the Global Economy and

Carbon Dioxide Emissions?", *Ecological Economics*, 2018, Vol. 147, No. 5.

Yang, Hongliang and Michael Pollitt, "Incorporating both Undesirable Outputs and Uncontrollable Variables into DEA: The Performance of Chinese Coal-fired Power Plants", *European Journal of Operational Research*, 2009, Vol. 197, No. 3.

Yang, Ting and Qiang Wang, "The Nonlinear Effect of Population Aging on Carbon Emission: Empirical Analysis of Ten Selected Provinces in China", *Science of the Total Environment*, 2020, Vol. 740, No. 10.

Yang, Yu, Yannan Zhou and Jessie Poon, et al., "China's Carbon Dioxide Emission and Driving Factors: A Spatial Analysis", *Journal of Cleaner Production*, 2019, Vol. 211, No. 2.

Yu, Jihai and Lung-fei Lee, "Estimation of Unit Root Spatial Dynamic Panel Data Models", *Econometric Theory*, 2010, Vol. 26, No. 5.

Yu, Jihai, Robert De Jong, Lung-fei Lee, "Quasi-maximum Likelihood Estimators for Spatial Dynamic Panel Data with Fixed Effects When both N and T Are Large", *Journal of Econometrics*, 2008, Vol. 146, No. 1.

Yu, Jihai, Robert De Jong, Lung-fei Lee, "Estimation for Spatial Dynamic Panel Data with Fixed Effects: The Case of Spatial Cointegration", *Journal of Econometrics*, 2012, Vol. 167, No. 5.

Yu, Yu, Yuru Deng and Feifan Chen, "Impact of Population Aging and Industrial Structure on CO_2 Emissions and Emissions Trend Prediction in China", *Atmospheric Pollution Research*, 2018, Vol. 9, No. 5.

Zhang, Chuanguo and Zheng Tan, "The Relationships between Population Factors and China's Carbon Emissions: Does Population Aging Matter?", *Renewable and Sustainable Energy Reviews*, 2016, Vol. 65, No. 11.

Zhang, Junsen, Jie Zhang and Ronald D. Lee, "Mortality Decline and Long-run Economic Growth", *Journal of Public Economics*, 2001, Vol. 80.

Zhang, Yue-Jun, Xiao-Juan Bian and Weiping Tan, et al., "The Indirect Energy Consumption and CO2 Emission Caused by Household Consumption in China: An Analysis Based on the Input-output Method", *Journal of Cleaner Production*, 2017, Vol. 163, No. 10.

Zhou, Peng, Kim L. Poh, Beng W. Ang, "A Non-radial DEA Approach to Measuring Environmental Performance", *European Journal of Operational Research*, 2007, Vol. 178, No. 1.

索 引

C

参数估计　16，52，98，112，117，118

城乡人口流动　4-6，14-16，21，23，24，27，141-151，153-165，194

出生时预期寿命　90

出生婴儿死亡率　12，30，35，103，105-108，110，113，138，140，192，193

储蓄效应　13，103，104，107-110，138，140，157，192，193

创新生产过程　169，181，182

存活概率　33，44，48，53，82-84，86-89

D

动态空间面板数据模型　5，25，113，194

F

负担效应　13，104，140，192，194

G

工具变量　11，12，24，27，28，56，61，63，71，72，98，114，121，122，125，130，139，160，161

固定效应　11，16-18，50，95，96，106，115，116

广义矩估计量　9，18，28，114，116，118-125，128，129

H

环境变量　5，6，19-21，24，25，27，28，44，167-182，184，185，188，194

J

极化效应　55，58，62，67，68，70-73，76，77，79

技术创新　21，22，24-27，44，48，53，163，166-169，181-189，192，194，195

教育回报率 55，57，58，61，68-72，76-79

经济增长 1，2，4-6，12-16，20-27，44，48，80-82，86-95，97-113，116，138-142，147，149-151，153-155，158，160-166，187，188-195，197

L

老年抚养比 13，138

M

蒙特卡洛模拟 5，23，24，128，131-133，135，136，139，169，176，179，188，194

面板数据模型 5-7，16-18，21，23，25，27，113，114，138，193，194，197，198

N

内生性问题 21，24，25，51，63，72，94，95，107，160，197

Q

"全面二孩"政策 3，54，81

R

人均GDP 9，35-40，42-44，47，53，89-91，190，191，195，197

人口城乡结构 3-6，14，21-24，26，27，142，164，166，181-183，185，187-189，192，194

人口抚养比 14，156，157

人口红利 2，12，13，16，29，44，100，142，163-165，187，188，191，193，194

人口结构 2-7，12-14，22，24-27，29，30，80-82，89，92，93，98-102，109，110，138-140，166-169，181-186，188，190，192-195，197，198

人口老龄化 1-3，13，14，35，50，54，81，102，139，195，196，198

人口年龄结构 1-6，12，14，16，21-27，80，84，103-105，109，111-113，138-140，142，145，146，164，166，181-183，185-188，192，194

人口转变 24，29-31，33，37，44，48，169，191

人力资本投资 4，10，11，13，15，21，23，24，26，28，32，33，53，56，86，103，104，107-110，139，140，151-153，163，164，191-195，198

S

少儿抚养比 103-107，109，138-

140，192

生育数量　5，12，16，20，28，33，35，44，48，53，84，86－89，98，109，110，139，142，151－155，162，164，195

生育政策　2，3，5，23，26，38，46，48－52，54，81，108，110，140，157，196，198

生育质量　16，29，142，151，152－155，162，164，194，195

时间序列分析　23，35，50，52，53，191

世代交叠模型　5，23，27，82，109，192

收入水平　1，2，8，9，29，31－35，44，46，48，53，55，56，58－60，65，70，75，77，86，93，155，162，190，191，195－197

收入效应　9－12，20，23，24，28，31－34，44，53，55，56，74，75，77，86－89，97，100，109，110，192

T

替代效应　10，31－34，44，53，56，86－89，97，100，109，110

W

网络方向距离函数　25，28，169，171，173，188

网络数据包络分析　19，25

微观数据　12，23，79，164，198

未富先老　81，195

X

协整分析　25，31，38，50

Y

异方差分布　6，21，23，25，27，113，114，116，119，194，197

育龄延迟　10，20，28，54－58，60－64，66，68－79，190，192

预防性储蓄　13，103，104，107，108，110，138，140，157，192，193，195

预期寿命　1，5，6，12，13，21，22，27，30，36，81，82，89－93，97－111，113，138，140，155－157，192，193

Z

生育率　1，3－9，12，13，16，20－33，35，38，40，44，46，48，50－54，79，81，82，88－91，93，97－103，105－111，113，138－140，142，151，152，154－160，163，164，190－195，197

后　　记

　　人口问题始终是我国面临的全局性、长期性、战略性问题，我党各个历史时期发展面临的重大问题几乎都与人口问题密切相关。随着我国经济发展进入新时代，人口发展亦面临着更为深刻而复杂的形势变化，人口负增长下的"少子老龄化"将成为常态。本书系统性地研究人口结构变动的经济增长效应对于当下"积极应对人口老龄化、实现经济高质量发展"具有参考价值。

　　本书的写作灵感源于笔者对人口与经济问题的持续关注，我在硕士在读期间便已开始思考人口年龄结构变动对我国经济增长的影响。在进入博士学习阶段后，我将研究方向聚焦于人口结构变动的经济效应。本书成型于笔者的博士学位论文，并结合近年来的研究成果，后经多轮修改，使本书得以最终定稿并付梓面世。本书的出版也见证了笔者一路的成长。这一路走来，我获得了许多亲朋师友的鼓励与帮助。借本书出版之机，谨以此向他们致以最诚挚的谢意。

　　感谢我的硕士生导师国涓教授，她是我的学术引路人，开启了我对科研的了解和探索，她教会了我对待科研要像对待艺术品一样进行精雕细琢，反复揣摩。本书的创作离不开博士生导师王维国教授的谆谆教导。恩师不仅传授我理论知识，更是教会了我进行学术问题研究的系统性方法——博学之，审问之，慎思之，明辨之，笃行之。感谢我的博士后导师丁鹏，他教会了我在学问思辨的同时，要身体力行，更让我明白要与时俱进，要不断追求自我极限的突破。

　　除三位导师外，还要特别感谢加州大学河滨分校的 Aman Ullah

教授、新加坡管理大学余俊教授对本书提出的指导和建议。此外，本书的创作离不开刘德海教授、陈飞教授、范丹教授、李兆丹、孙晓霞、佘宏俊、殷亮、刘鑫、薛景、杜重华、胡春龙等各位老师与同门的帮助和鼓励。

感谢国家社科基金优秀博士论文出版项目的资助，这是对本人博士在读期间研究成果的肯定，也是对本人未来科研工作的支持。感谢中国社会科学出版社对本书出版工作的支持，特别感谢责任编辑李斯佳老师对本书的辛勤付出。

最后，感谢我的家人！是你们在背后的默默付出与无条件支持，让我可以心无旁骛，无后顾之忧。带着感恩的心，扬帆继续航行，有你们，每一天都是幸福满满，元气满满！

学无止境！每一阶段性的认识总存在着一定的局限性，本书不足乃至谬误之处，还恳请前辈及同道不吝赐教。继续怀揣着那份学术执着，静静地翻阅着厚重的文献，享受着学术钻研的时光，路曼曼其修远兮，吾将上下而求索。

刘 丰

2023 年 4 月 3 日